株価チャートの鬼100則

石井勝利
Katsutoshi Ishii

明日香出版社

まえがき

株の売買で成功するのは、そう簡単ではない。

そこで、投資家は様々なツールを駆使して、儲ける確率の向上を狙う。

ローソク足は、古くは江戸時代の米相場から伝わる酒田五法に基づく、世界でも最も古く、現在もなお活用されている株価の先読みの方法である。

それだけに、類書は極めて多く、人気もある。

ローソク足は、陰線であれ陽線であれ、また、その応用型であれ変形型であれ、**それが出た裏には、売買に参加している投資家の様々な思惑が詰まっている**。

また、その時々の経済指標や政治外交、地政学のリスクなども織り込まれる。

実に奥の深いものが詰め込まれている。

たかがローソク足。されど、ローソク足なのである。

これを甘く見た人に勝ち目はないし、儲けのチャンスも少ない。

ただ、本書は、その類書に安易に加わるつもりは毛頭ない。

酒田新値に基本を置き、実際に眼前に見られるそれぞれの銘柄の足の動きや組み合わせをもとに、売買の判断をどうすれば、儲けのチャンスをつかめるか、リアルタイムの動きの中で、解説や売買の戦法を考えたい。

すなわち、ローソク足の形の解説を行っても、それが出た場面を前提にしないと「強いのか、弱いのか」「底なのか、まだなのか」「天井か、そうではないか」などの判断は難しく、確率が悪い。

それぞれの銘柄の最近の動きを取り上げて、売買の判断の基準を紹介し、それによって、売買の成功の確率アップに寄与したいと考える。

底値はどれか、天井はどれか。

買いのタイミング、買い乗せのタイミング、売りのタイミング、損切りのタイミングはどこか。

実際のローソク足を参考にしながら、頻度の高い形の解説を試みた。

また、同じ買い時のシグナルでも、できるだけ類似の形を取り上げ、読者の疑問に答えられるような内容に工夫を凝らしている。

どうか、今までの成果をさらに上げるため、負けが多ければ、勝ち組に入れるようなテクニックを本書から手に入れていただきたいと考える。

この解説は、私の45年にわたる株式投資生活で生んだ多くの損と成果を踏まえて書いたもので、卓上の遊びではないことを断っておきたい。

本書を読んで、多くの成功談が寄せられるのを期待している。

令和元年秋

石井勝利

※本書では特定の銘柄・取引を推奨するものではございません。取引に当たっては、ご自身のご判断でお願いいたします。売買で被られた損失に対し、著者・版元は何らの責任も持ちません。

株価チャートの鬼100則　もくじ

序章

チャートに騙されるべからず

チャートは都合良く使われていることがある　18
上がると見せかけて下げさせる本当の理由は　20
好材料が当面の高値の理由は何なのか　22
チャートは「海図」。しかし、正しい海図とは限らない　24
「ダマし」に堪える株式投資の生き残りのローソク足の活用　26

第1章

チャート以前の株で勝つ鉄則

第2章

たった1本のローソク足から相場が見える

熟知する得意銘柄のチャートで勝負する 30
銘柄の癖をつかんでおけば、慌てず勝てる 32
自身の目で銘柄を選び、自身の手で儲けをつかむ 34
政治経済の動きで注目の銘柄を類推する 36
日常の風景の中から当たり銘柄を感じる 38
陰陽の大きな足は上下の強さの表現だ 42
上ヒゲは売りの圧迫の強さを示す 44
下ヒゲは買いの強さ、下値限界のシグナルになる 46
寄引同時線は売買の綱引きで出る 48
小さな陰陽線は取引閑散、小動きを表す 50

第3章

足の組み合わせでその先が見える

コマに込められたメッセージを読む 52
1本の横線は、ストップ高がほとんどだ 54
かぶせ線は位置が問題 58
連続線と不連続線 60
上放れ、下放れの意味 62
上放れの「たすき線」 64
下放れの「たすき線」 66
寄り切り線は強さを示す 68
「たぐり線」が下値に出れば 70
「放れ三手」は方向転換 72

第4章

最高の買い時はここに注目

「抱き線」は天井、底値の兆し　74
「陽のはらみ線」は上げポイント　76
「空《くう》」の読み方　78
長い相場の「三羽ガラス」　80
戻り売りの「三手打ち」　82
「急落後の二つの下ヒゲ」はチャンス　86
底値近辺での明けの明星、類似線は買い　88
「持ち合いの動き」からの上放れ　90
鍋底の動きからの上げは買い　92
抱き線が出た後の上放れは買い　94
上げの「二つ星」「三ツ星」を確認せよ　96
ダブル底・二点底は確率の高い底値　98

第5章

利益確定で逃げる売り時

トリプル底からの上げ 100
「移動平均線の上の持ち合い放れ」につく 102
「長期の下値持ち合い」からの棒上げにつく 104
「三手大黒線」の底値 106
「下値持ち合い」からの急騰 108
「三空」は集団での動きでも買いになる 110
陰線続きの後の陽線で売りの終わり 112
「ペナント」からの放れはチャンス 114
「フラッグ型」からの上げに注目 116
「放れ大陰線」が出れば限界 120
「坊主頭型」の なだらかな天井を見極める 122
上げの後の長い「上ヒゲ陰線」は限界だ 124

「窓開けの陰線」続きの下落は逃げろ　126
「宵の明星」で上値限界が鮮明になる　128
「ダブル天井」後の下げには注意　130
大陽線の後の「連続陰線」は上値限界　132
「首つり線」の大天井に注意　134
上放れ上ヒゲ陽線の後に「陰のはらみ線」　136
「持ち合い抜けからの下落」は即売りだ　138
「ペナント型」の上値持ち合い抜けの下落　140
上放れの後の「窓開け陰線」は売り　142
移動平均線との「デッドクロス」が出たら逃げる　144
上げの後の「陽のはらみ線」は限界になる　146
急な陽線連続は陰線連続につながる　148
「長ーい上ヒゲ」は株価の限界　150
陰線と首つり線のダブルで天井付ける　152

第6章

手出し無用の扱えないローソク足

落ちる途中での「値ぼれ買い」は厳禁 156
上に飛んだ株価も「陽線と陰線のはらみ」で限界に 158
「だらだらの下げ」は間違っても拾うな 160
急騰の後には必ず「利益確定」があるので用心だ 162
「ストップ高」はどれだけメリットがあるのか 164
「材料先食い」の株価の押し目は 166
「ストップ安銘柄」は追跡が賢明だ 168

第7章

底値を探る技術

第8章

天井まで株価と付き合う術

「リターンリバーサル」の原理を知ろう　172
「急落」は下値確認のチャンス　174
「地道な追跡」が儲けの宝庫になる　176
「損切り」しても追いかけてものにする　178
「上げ下げ」のサイクルからチャンスをつかむ　180
わかりやすい「ジグザク持ち合い」で稼ぐ　182
上げトレンド、移動平均線とのつながりを活用　184
テーマをにらみ「上げの初動」に即座に乗る　186
上げに乗ったら、「最後まで」　190
「持ち合いで逃げる」と利益を逃す　192
上げの「途中で」乗っても良い動き／悪い動き　194
上げ「途中の試練」に耐えられるか　196

「出来高増加」の上げに乗る 198

第9章
仕手株特有の癖を読む

「ストップ高、ストップ安」の激しい動き 202
「思惑で動く」仕手株の特徴 204
「国策を背景」に思惑が動く 206
「相場の流れ」を活用した仕掛け 208
「企業の吸収」で人気化する動き 210
「仕手の勢い」に買い向かう 212
ゲーム株は「ダウンロードが命」 214
「往年の仕手株」の下値を拾えるか 216
「シリコンサイクル」にかける思惑 218
「企業再生」に思惑が集まる 220
「持ち合い抜け」から本領発揮の株価 222

第10章

ゲーム株に見るチャートの心理学

「空売りが入りやすい」ので株価が飛ぶ　224
「急騰急落の波」に乗ろう　226
「業界トップ」銘柄の戦い方　230
長期では下げも、「ここにきて反発」を狙う　232
IPO関連の銘柄の戦い方　234
「ストップ高銘柄」の関連株の戦い方　236

カバーデザイン：krran　西垂水 敦・市川 さつき
チャート提供　：みんなの株式

序章

チャートに騙されるべからず

投機家にとって最大の敵は無知、欲、そして恐怖と希望の感情である。

ジェシー・リバモア

株式相場が大衆投資家を負かすのではない。大衆投資家が自分の弱さに負け、自滅するのである。

鬼100則 01

チャートは都合良く使われていることがある

チャート、ローソク足の読み方がわかれば、株式投資で簡単に勝てる。

そう考えている人が多い。

しかし、これは間違いである。

なぜか。

「株式投資は騙し合いの上に成り立っている」という事実があるからだ。

株で勝つためには、他人を出し抜かなければならない。

実は昨今の株式市場では、チャート（別名・海図）を自分の都合の良いように活用する、つまりは悪用することが日常的になっている。

だから、個人投資家から「チャートにはダマしがいっぱい」という嘆きをよく聞く。

例えば出来高が増えて、株価が急騰して、大陽線が出た。

そうしたチャートを「買いシグナル」と見る考え方が一般的だ。

しかし、**ここが実は危ない。**

高値で売りたい筋は「急騰、出来高増加」を演出して自らの売り時をセットして仕込んでいる。

これを知らない投資家が、買いに回った時に、「利益確定の売り」を出す。

だから「買ったら下がる」のである。

個人投資家ならば、誰もが経験していることだろう。

皆が「買いのチャンス」と考えるタイミングが、実は最後の上げだった。

寄り付き高値の後に株価が急落した。

これを見抜かないと、いつになっても株では勝てない。

「チャートは学ぶ」のではなく、「裏を読む」技が必要なのである。

7956　ピジョン

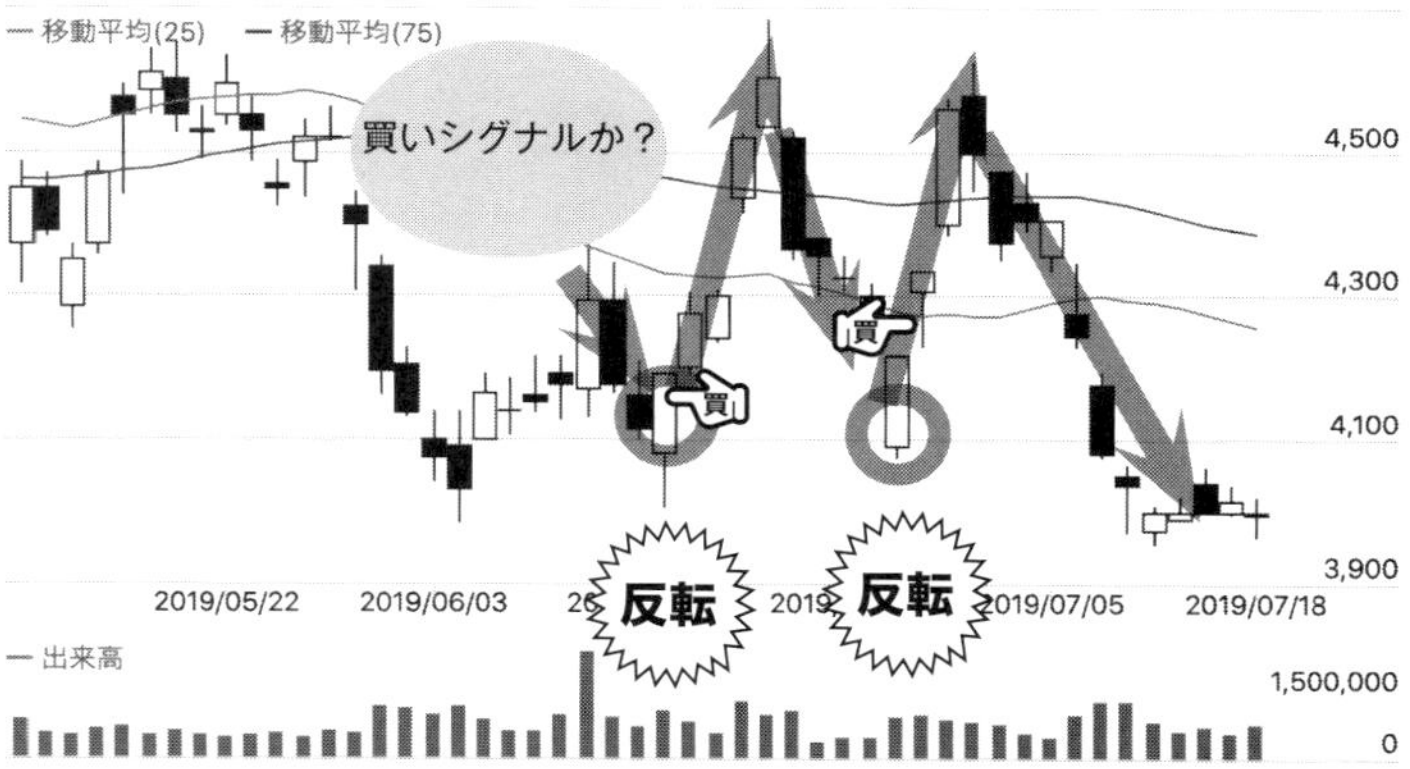

「みんなの株式」https://minkabu.jp

鬼100則 02

上がると見せかけて下げさせる本当の理由は

株ではよく「ふるい落とし」がある。

これは仕手筋が好んで使う手法である。

ある銘柄の株価を上げたい、その銘柄を買わせたいというタイミングで、意図的に情報を流し、買い煽る。すると個人投資家の買いが集まる。

しかし、集まり過ぎるのも問題で、あまり買いばかりになれば、後は売る人ばかりになる。

そこで、株価を意図的に動かしている筋は「冷やし玉」を用意していて、売って利益を出す。

仕手筋だけではなく、ファンドや大手証券なども常に行う手段である。

売りが多ければ、当然ながら下がる。

上がると思って買った個人投資家は「失敗した」とばかりに売る。

つまり、「売り待ち」の球を投げさせるのだ。

そうすれば、上値での「売り待ち」の株数は減るので、再び上げやすくなる。

そこで、また、株価の上げを演出する。

その後に下げる。

買い煽りとふるい落としの交互の作戦である。

これをチャートで見ると、**上げ下げで次第に上がっているかのように見える**。

まるで理想的な上げトレンド。

しかし、個人投資家は儲かっていない。

押し目を買わないで、吹き値で買っているからだ。

そう。ローソク足は、実際問題、利用され、ダマしの道具になっているのである。

この事実を知らなければならない。

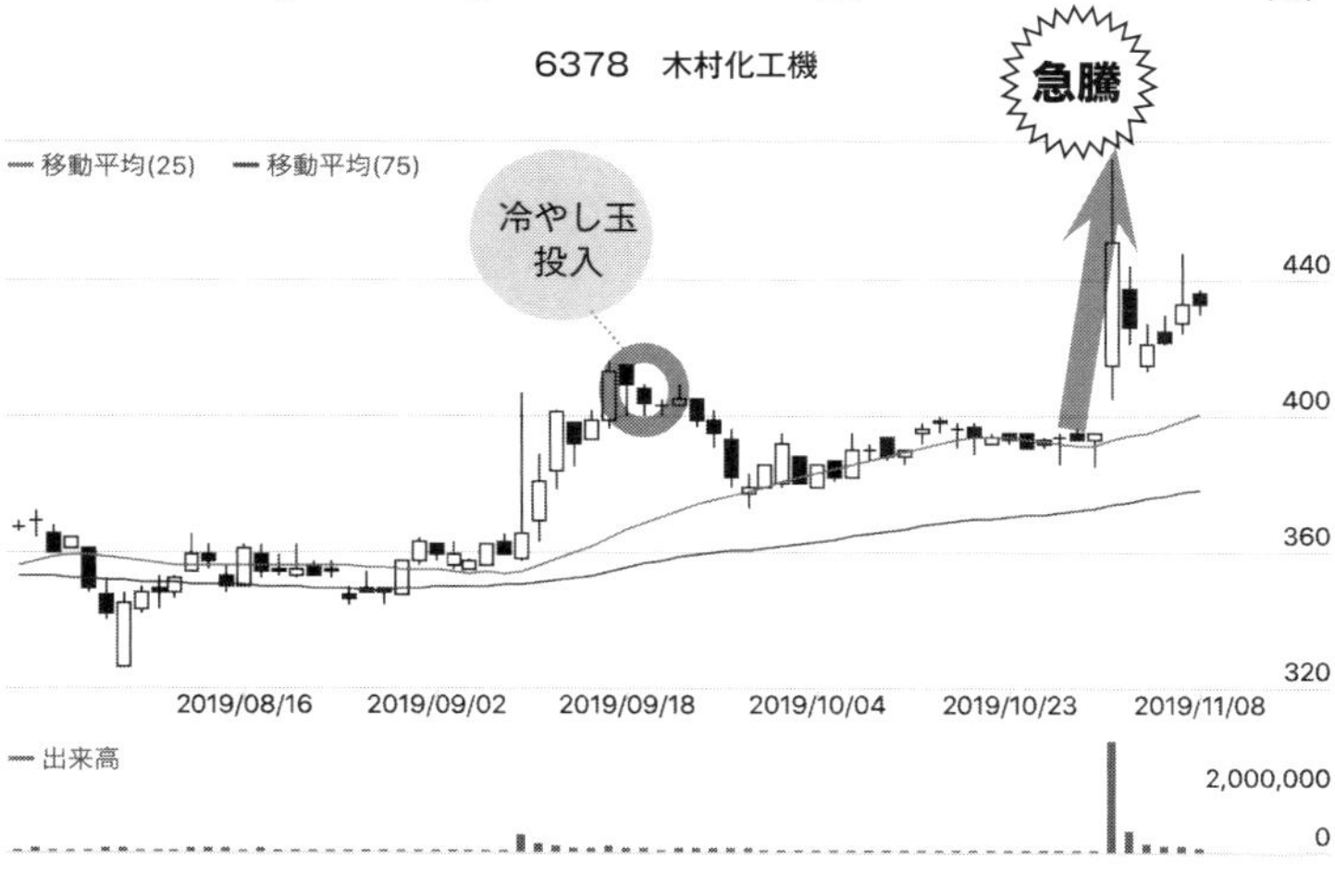

「みんなの株式」https://minkabu.jp

鬼100則 03

好材料が当面の高値の理由は何なのか

好業績や良い材料が出れば、皆が買う。

しかし、買った後は大抵下がる。

なぜなら、「知ったらお終《しま》い」という格言の通りである。

良い材料が出れば、当たり前のように買いが多くなり、株価は上げる。

しかし、大手ファンドや仕手筋はそのタイミングで「利益確定」を行う。一番間違いのない「売り」のタイミングだからだ。

良い材料の後に、更なる好材料が出れば別だが、そんなことは稀である。

だから、好材料が出た時が「当面の高値」になる（ものすごい材料は別として）。

そこで、良い材料が出た時のチャートの推移を見ていただきたい。

大抵は、好材料が出て株価が上がる前に、出来高はすでに増えていて、若干上がっているものである。

そうなのだ。

材料は事前に漏れているのだ。

「インサイダー取引ではないか」

そう思うのも当然だろう。

しかし、意図的な相場操縦が行われたという証拠はなかなかつかみづらい。ばれないのだ。

だから、企業の決算数値や新規事業、事業提携などのニュースは、表に出る時は、「古い材料」と思った方が良い。

それがチャートにも出ている。

チャートは嘘をつけない。

それを見抜いて挑むことが大切である。

4063　信越化学工業

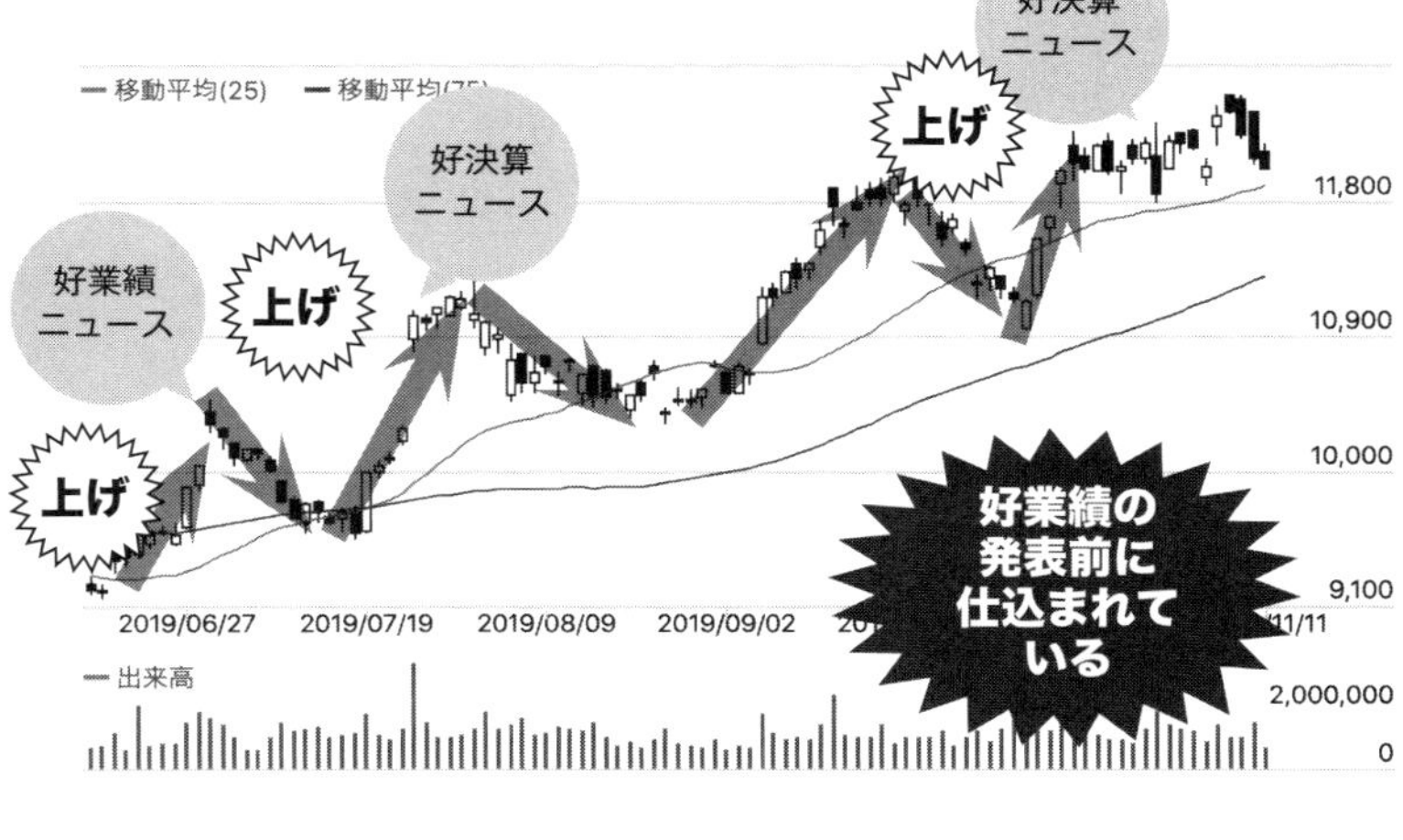

「みんなの株式」 https://minkabu.jp

鬼100則 04

チャートは「海図」。しかし、正しい海図とは限らない

チャートというのは、「海図」のことである。

昔は物資の運送や移動のほとんどが、船によるものであった。

鉄道や飛行機がなかった頃の話である。

経済活動における役目が極めて大きな船が間違いなく目的地に着くには、航海のナビゲーターとなる「海図」が必要とされたのだ。

株式投資も「こうなったら、こうなる」という方程式が欲しい。それがあれば、チャートを勉強して、100点満点を取れば、「株式投資で全勝」となるはずだ。

しかし、お勉強だけでは成果は上がらない。

「努力が簡単に報われない」

これが株式投資の世界の現実である。

ならば、どうするか。

郵便はがき

恐れ入りますが
切手を貼って
お出しください

112-0005

東京都文京区水道 2-11-5

明日香出版社

プレゼント係行

感想を送っていただいた方の中から
毎月抽選で 10 名様に図書カード（500 円分）をプレゼント！

ふりがな お名前	
ご住所	郵便番号（　　　　）電話（　　　　） 都道 府県
メールアドレス	

＊ ご記入いただいた個人情報は厳重に管理し、弊社からのご案内や商品の発送以外の目的で使うことはありません。
＊ 弊社 WEB サイトからもご意見、ご感想の書き込みが可能です。

明日香出版社ホームページ　http://www.asuka-g.co.jp

ご愛読ありがとうございます。
今後の参考にさせていただきますので、ぜひご意見をお聞かせください。

本書の
タイトル

年齢：　　　歳	性別：男・女	ご職業：	月頃購入

● 何でこの本のことを知りましたか？

① 書店　② コンビニ　③ WEB　④ 新聞広告　⑤ その他

(具体的には →　　　　　　　　　　　　　　　　)

● どこでこの本を購入しましたか？

① 書店　② ネット　③ コンビニ　④ その他

(具体的なお店 →　　　　　　　　　　　　　　　　)

● 感想をお聞かせください

① 価格	高い・ふつう・安い
② 著者	悪い・ふつう・良い
③ レイアウト	悪い・ふつう・良い
④ タイトル	悪い・ふつう・良い
⑤ カバー	悪い・ふつう・良い
⑥ 総評	悪い・ふつう・良い

● 購入の決め手は何ですか？

● 実際に読んでみていかがでしたか？（良いところ、不満な点）

● その他（解決したい悩み、出版してほしいテーマ、ご意見など）

● ご意見、ご感想を弊社ホームページなどで紹介しても良いですか？

① 名前を出して良い　② イニシャルなら良い　③ 出さないでほしい

ご協力ありがとうございました。

チャート、ローソク足の上手な活用法、裏読みの方法、騙されない読み方を身に付ける以外にない。


巷間にあふれている「チャートの読み方」は、原理原則を解説したにとどまる。

だから、教科書通りに学び、実行しても、思うような成果は上がらないのだ。

株の世界は「海図」だけではなく、雲霞のごとく群がる「海賊」すなわち、「ダマしの情報」「売買の動向」の裏を読まなければならない。


実に厄介である。

それでも、株式投資に人は集まる。

手持ちの資金を100倍にも1000倍にもできる可能性があるからだ。

株式投資は「高度な知恵比べ」である。

そのように考えて、ローソク足の足取りを読まなければならない。

「陽線とは何か、陰線とは」

これを知っただけでは、株式投資で「勝ち組」にはなれない。

そこをよく心得て、ローソク足に見える「癖」を読み込む必要があるのだ。

鬼100則 05

「ダマし」に堪《た》える株式投資の生き残りのローソク足の活用

「ここからどう動けば良いのか」

そのヒントを与えているのが、チャート、ローソク足であるはずだ。

一つ一つのローソク足に、特に秘密はない。

過去の値をただ視覚的に置き換えただけのものだから、**誰もが同じ情報を目にできる。**

しかし、大半の人が読み解けず、株式投資で損を拡大している。

正しい経済活動である、資本市場に資金を投じて損をする。

これは耐えられないことである。

もちろん、極めて長いスパンで考えると、短期的な変動は飲み込まれて、上げトレンド、下げトレンドが形成される。

ビジネス環境の動きが速い昨今は、2年先、5年先を見るわけにはいかない。

今日はどうなるどころか、1分先の株価を知りたいのが現実である。

そこで必要なのは、**陰線、陽線、同時線に現れる投資家の思惑の集大成を読み解く力**である。

　暴落の後に暴騰が来るかもしれない。

その兆候をどのようなシグナルで読み解くか。

高度なテクニカルの判別の力が必要になる。

　一般的な「教科書的な教本」では、それを教えてくれない。

　そこで、本書では「実践的なチャート読み」を心掛けた。それが株式市場では絶対に必要であるからだ。

「騙されない投資」「負けない投資力」が、株の世界では必要だ。

　本書では、多くの失敗から学んだ投資家だから語れる真実を書いていく。

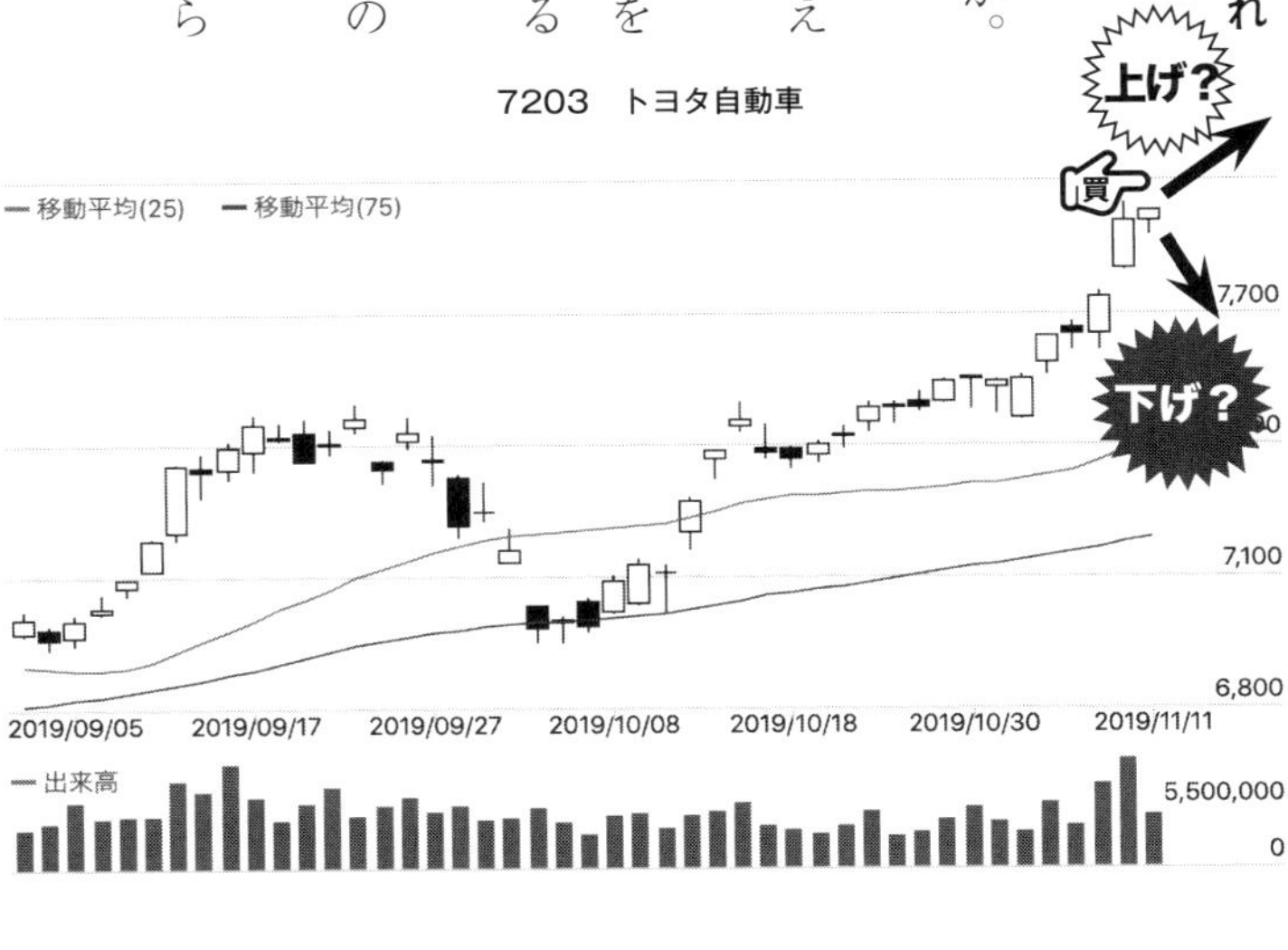

「みんなの株式」https://minkabu.jp

第1章

チャート以前の株で勝つ鉄則

市場を支配しているのは数学ではなく人間の心理だ。

ジョージ・ソロス

旗が動いているのでもなく、風で動いているのでもない。旗を見ている私たちの心が動いているのだ。

本間宗久

鬼100則 06

熟知する得意銘柄のチャートで勝負する

株式のトレードでは、儲けの確率を高くするために、ほとんどがチャートを読む。

何のために読むかといえば、ローソク足の形で、100%ではなくても、**他人より有利に「先読み」ができる**からである。

株価の変動を形にしたローソク足には一定の癖があり、それを覚えることで、**売買の判断の狂いを少なくできる。**

しかし、それは完ぺきではない。

同じチャートを読むのでも、知らない銘柄と知っている銘柄では、読み方に違いが出る。

前々からトレードの対象にしていて、「こうなったらこうなるはず」という経験則があれば、上げても下げても、売買タイミングの判断は間違いが少ない。

ここにあげたチャートは、食品銘柄だが、結構な値幅で上げ下げをしながら、大勢は右肩上がりになっている（下げもあるが…）。

この動きでは、押し目を買い、含み益を放置して、中長期で持つのが良い。

しかし、株価は完全に右肩上がりが続くとは限らないので、チャートに出てくる陰線と陽線の動きを見ながら、目先の「今日押したから買い」「明日上げたら売る」この繰り返しで、利益を積み重ねるのも一つの方法だ。

俄かに見た銘柄ではなく、株価変動の癖をつかんでいるので、大きな間違いをせず取引できる。

「知っている銘柄が良い」

これは、知っているが故の安心感のなせる技である。

「隣の芝生は青く見える」とばかりに、あちこちよそ見をしないで、得意銘柄、知っている銘柄で勝負するのが得策だ。

2802　味の素

「みんなの株式」https://minkabu.jp

鬼100則 07

銘柄の癖をつかんでおけば、慌てず勝てる

株価変動は、銘柄それぞれに癖があり、好調で右肩上がりだから、皆同じ動きになるとは限らない。

私が苦々しく思っている銘柄に、センサーで有名な電機関連のこれがある。

世界的に知名度があり、ブランド力抜群、ガイジンもたくさん持っている銘柄である。

だから変な動きをするのだろうか。

業績であっても何かのＩＲが理由であっても、その翌日はすんなり上げる。

しかも、ほとんどが「窓開け」である。

それだけ、人気が集まる。

しかし、この動きを追って1日遅れで買えば、大体は高値づかみになる。

一般的な銘柄は、強い材料があれば、2、3日は上げて行くものだ。

しかし、この銘柄は「窓開けの高値」で、材料を消化する。株価が上げている局面では

陰線が多く見られるが、これは好材料の日に、「寄り付き高値」になる。

これが「銘柄それぞれの癖」である。

この形は、材料を知って寄り付きで買った人は、手持ちの残高ではマイナスになってしまう。

「面白くない動き」の銘柄である。

この手の銘柄で利益を取るには、**人気圏外で調整し、株価も底を這っている時点で仕込んでおかなければならない**。そして、好材料が出た時は、むしろ「利益確定」のタイミングなのだ。

押し目を買い、吹き値を売るのは、株式投資の常道であるが、ここにあげた銘柄は、それをきっちりしないと許してくれない。

癖を知り、勝利をものにしよう。

6758　ソニー

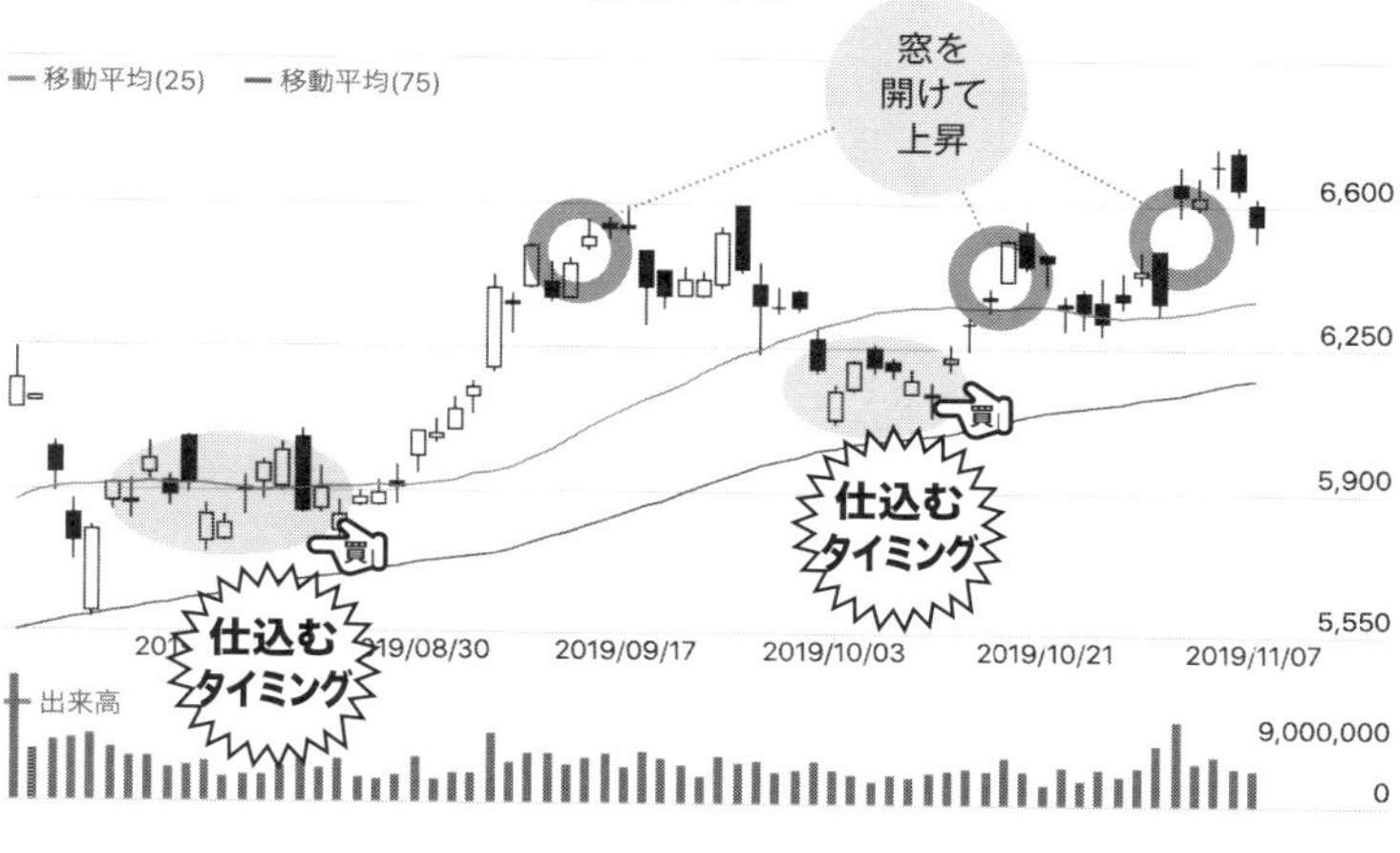

「みんなの株式」https://minkabu.jp

鬼100則 08

自身の目で銘柄を選び、自身の手で儲けをつかむ

日々のトレードにあたって、どの銘柄を手掛けるかという問題がある。

方法としては、

①サイトで探す

②誰かに聞く

③流れを見て、自分で決める

大きく分けて、こうした考えがあるが、できるならば、**銘柄選択も、買い時・売り時の見極めも、誰にも頼らないで自分でやって欲しい。**

株式投資の儲けも損も自分持ちである。

これを誰かに頼ると、投資の力を付けることができない。

好ましくはないのだ。

自分で選んだ時は、その銘柄に対する買い時、売り時のポリシーがあるので、ぶれるこ

とは少ない。

ここにあげた建機メーカーは、中国関連と言われるくらい、中国の景気動向に左右される。

もちろん、ほかにも関連銘柄はたくさんあるが、ここでは、最もシンボル的な建機メーカーの一つを取り上げた。

ご存じのように２０１９年年頭からトランプ大統領の関税攻勢で高い関税にさらされた中国経済は後退していた。

しかし、年末にかけて、米中関係は貿易戦争の逆戻しの動きがあり、ここで、中国関連に目を付けるのは当たっている。

日足を見ても、それを先取りした動きである。

6305　日立建機

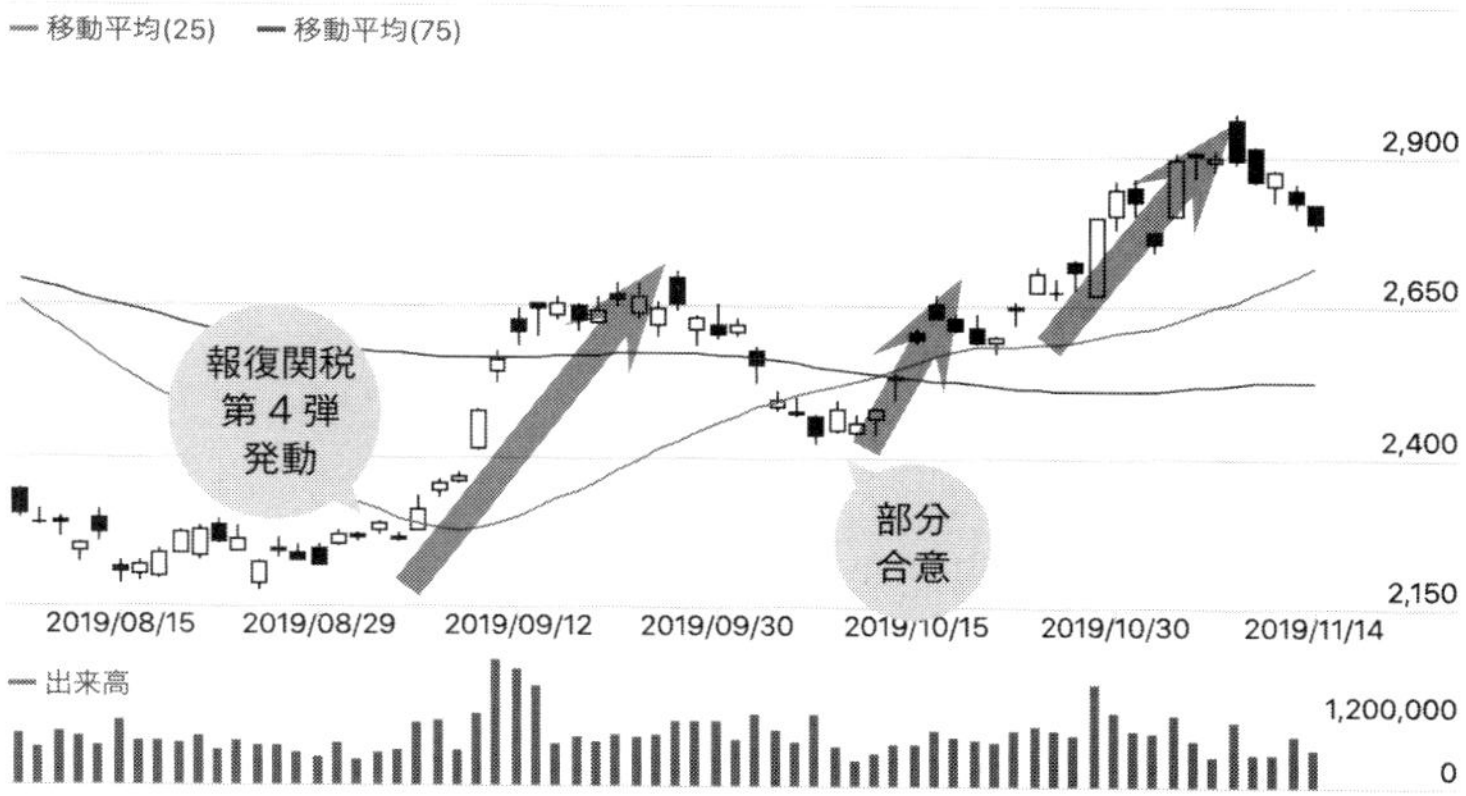

「みんなの株式」https://minkabu.jp

鬼100則 09

政治経済の動きで注目の銘柄を類推する

投資では、どの企業にプラスの材料があるかという**「流れ」に敏感になる**ことが、その後の株価のリターンを得られる可能性をもたらす。

前項では米中の話をしたが、日韓もまた執筆時点で好ましからず悪い関係になり、政治外交、民間の企業活動もマイナスに作用して、関連企業にはつらい状況だ。

そこに、俄かに動いた日韓の首脳。

タイで行われていたＡＳＥＡＮ関連首脳会議で、安倍総理と文大統領の会談が行われたのだ。

その中で、両首脳は改善に向けた対話の継続を望み、閉会の壇上では並んで握手をした。

これまで一切の接触を断ち、韓国の元徴用工の問題に厳しい態度をとっていた安倍総理。

かたや、日本半導体関連の禁輸とも見られる処置に対して、ＷＴＯに提訴する姿勢の韓国。

まさに、ガチンコ対決。

この煽りで、韓国内では日本製品の不買運動が広がり、訪日韓国人は激減した。

しかし、本格的ではないが雪解けの雰囲気に、韓国関連の銘柄が「ピクリ」と動いたのだ。

この原稿の時点では先を断定できないが、関係の改善があれば、どの銘柄にチャンスがあるのか。

この**新しい動きに素早く注目する**のも、大切な投資のまなざしである。

いち早く、政治経済の変動や兆しをつかんで投資銘柄を決める。

これは大切なことである。

6561　HANATOUR JAPAN

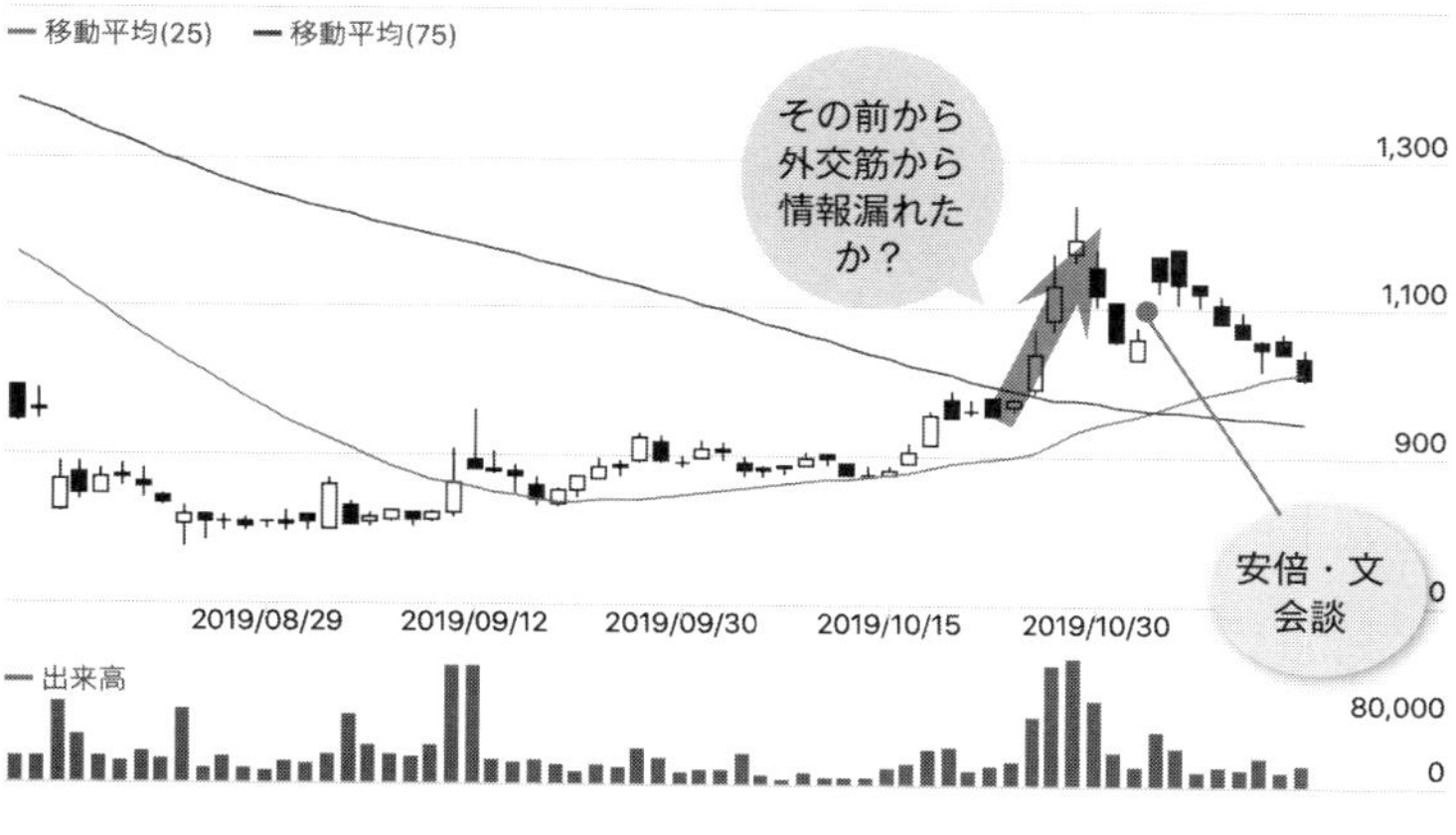

「みんなの株式」https://minkabu.jp

鬼100則 10

日常の風景の中から当たり銘柄を感じる

どの銘柄が、これから注目されるか。

儲けを出す企業はどこか。

これは意外にも、**身近なところにヒントがある**ものである。

かつて、ユニクロのお店の前に、すごい行列ができて話題になった。それに気が付いて株を買った人が、利益を得た。


それに代わる**何かの異変**が今あるだろうか。

あるある。

ありまくりである。

日常の風景の中に、それはある。

ここにあげた銘柄は、作業服のイメージが強い企業だ。

お店がネットを通じて思いもかけないユーザーに支持され、活用され、逆に、ユーザーから「こういうのを作れないか」というようなフィードバックが見られて、今では、女性が好むアイテム、ファッションにまでアイテムが広がり、話題となっている。

それがチャートにも見てとれる。

これからどうなるのか。

夢を与える小売りの業態の誕生だ。

株価は相当高いが、すでに６万円を超えた銘柄（ユニクロ＝ファーストリテイリング）がある中で、それを追う株価への期待が広がる。

株式市場には、宝物が結構たくさん転がっている。魅力の投資の場である。

7564　ワークマン

「みんなの株式」https://minkabu.jp

第2章

たった1本のローソク足から相場が見える

人が冷静さを失っているとき、あなたが冷静さを失わなければ、あなたは富を築くことができます。

マーク・リッチ

大上放れ、大下放れは相場につけ。

鬼100則 11

陰陽の大きな足は上下の強さの表現だ

株の買い時・売り時を正しく読むためのローソク足の一番の注目は、**陰陽線の大きなもの**である。

株価の動きはローソク足に瞬時に記録される。

板の動きが買いに動いているのか、それとも売りなのかは、ローソク足になることで、よりビジュアル化される。

この動きを見て、投資家は「買うか売るか」を考える。

大きな陽線になれば、「買いが強いな」と見られるし、逆に、大きな陰線となれば、「売りが強い、利益確定かな」というような見方をする。

日中に見る時は、5分足がメインとなる。

至近の株価のトレンドならば、日足の推移をたどることになる。

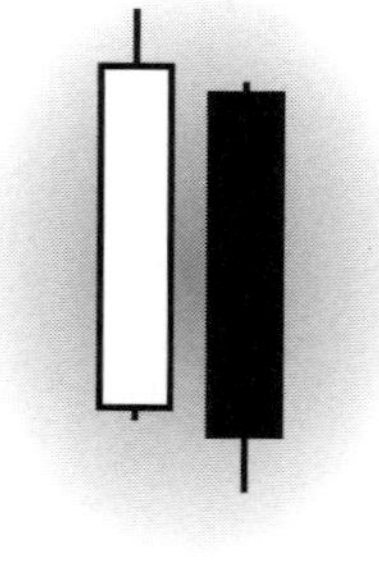

さらに、先々のトレンドが見たければ、週足、月足となる。

いずれのチャートも、変動を投資家達が目を皿のようにして見ていることだろう。

チャートは誰でもいつでも見ることができる。

問題はそのデータをどのように見るかである。

大きなローソク足は陰陽どちらも、いたるところに出てくる。

後で詳しく述べるが、大陽線だから、際限なく上がるわけではない。逆に、大陰線だからさらに下げるわけでもない。

この癖をつかまないと投資で勝つことはできない。

「みんなの株式」https://minkabu.jp

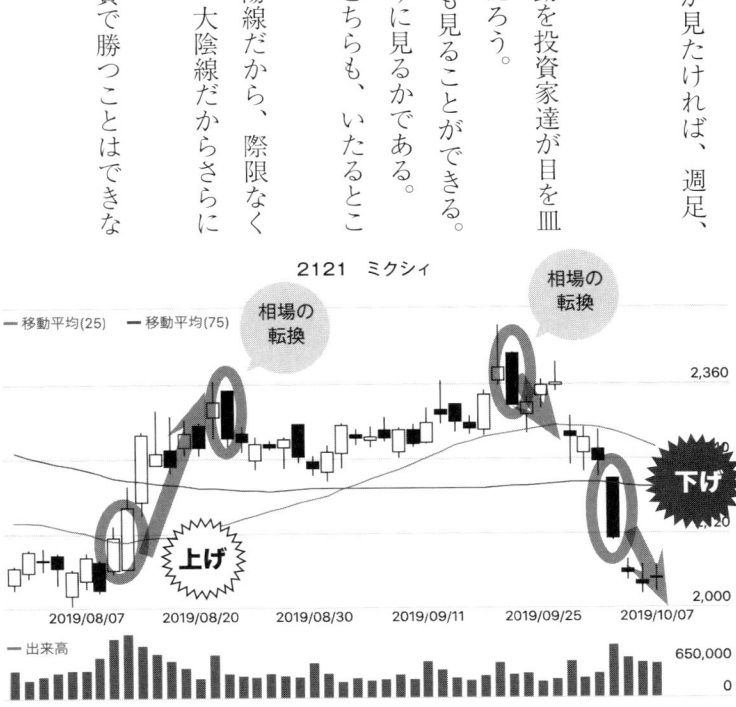

鬼100則 12

上ヒゲは売りの圧迫の強さを示す

株式の売買の力関係は、板にも表れるが、ローソク足に極めて鮮明に表れる。

そのシグナルをきちんと読み取ることが肝心である。


中でも上値に出た時に注意したいのが、「**上ヒゲ**」である。

これは陰線にできた時も陽線でも同じことを示している。

株価が大きく動き、大きくプラスになった。

一時的にはプラス圏に上げた。

あるいは売りに押されてマイナスに引けた。

状況は色々だが、要するに**株価が高値引けにはならず、上値から押し戻された**形だ。

これが「上ヒゲ」であり、**売り圧迫の強さ**を示す。

これを見れば、**「上げの限界か」という印象**を誰もが持つのだ。

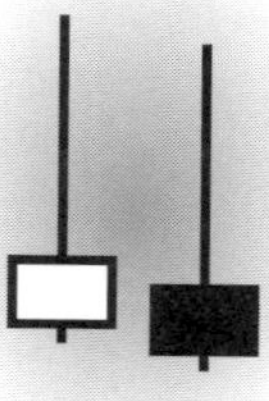

もちろん、この足を無視して株価が上に行くことはいくらでもある。

その時には、売りをこなしながらも更なる上値を目指す「強気筋」の買いに誘導されるかのように、トレンドは右肩上がりになる。そうなると、無視された上ヒゲは、上げの途中に出たことになる。

しかし、このデータにあるように、上ヒゲがその存在感を出すのは、**ある程度株価が上げて、何本も上ヒゲが出始めた**時だ。

この足を見れば、「株価がこれ以上は上に伸びない。売りに押されて、さらに買う人が少なくなる」というシグナルとなりやすい。

誰もがそのようにとらえるので、株価はその考え方を反映して動くわけである。

9424　日本通信

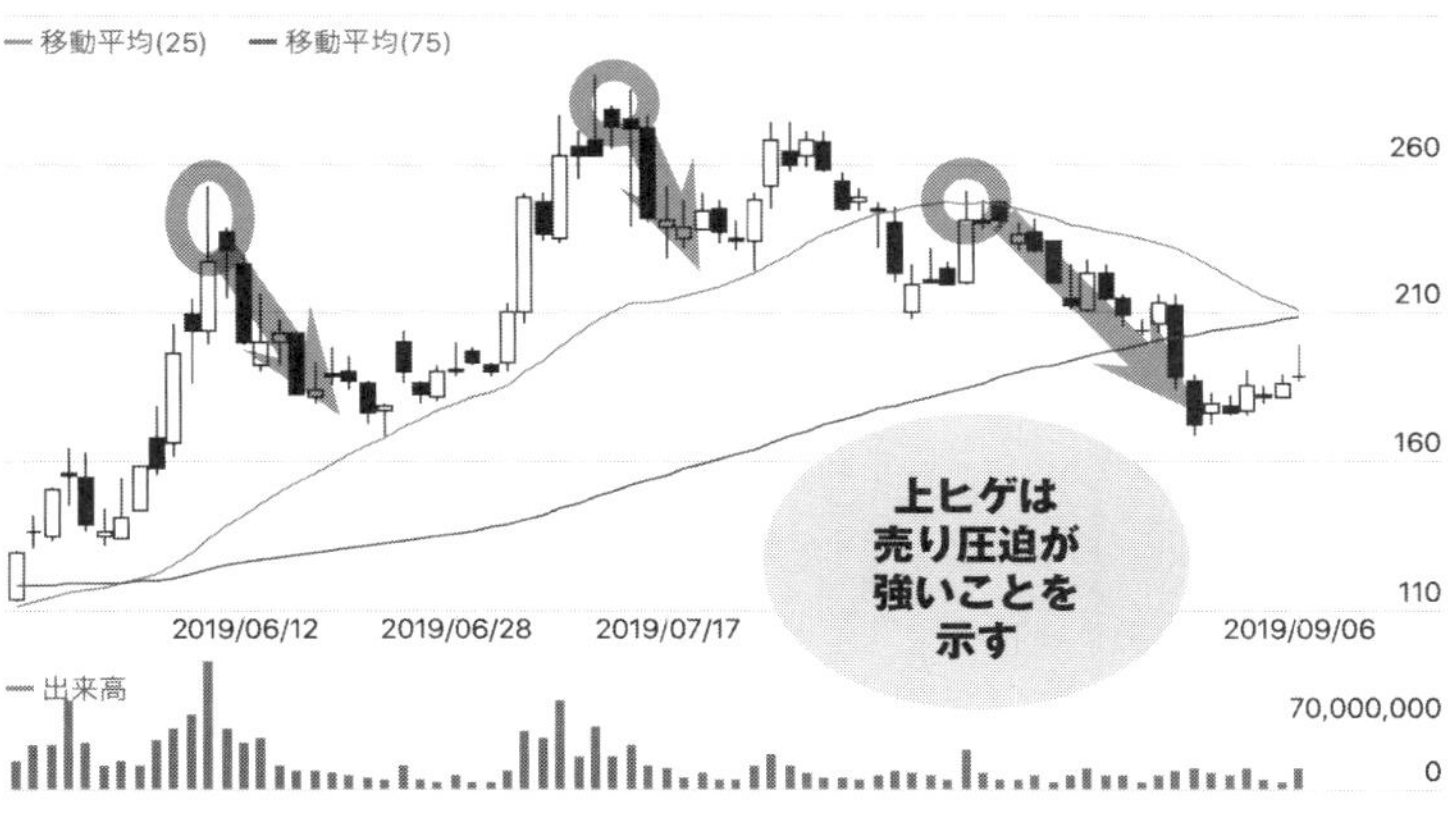

「みんなの株式」https://minkabu.jp

鬼100則 13

下ヒゲは買いの強さ、下値限界のシグナルになる

下ヒゲは、下値に出ることが多い。

株価が大きく売り込まれたが、下値では買い待ちの人が多くいて、「待ってました」とばかりに買いが入る。

それで、株価は上に押し戻され、結果的にローソク足の形は「下ヒゲ」となる。

実体（ローソク足の四角い部分）は小さいことが多い。

この場合、ローソク足の実体は陰線でも陽線でも大した意味はなく、**下に長いヒゲがあるところに、「下値限界」が見える。**

すなわち、売りが途切れたという意味を表す。

トレンド的に株価が下に行き、誰もが見向きもしない状態で、

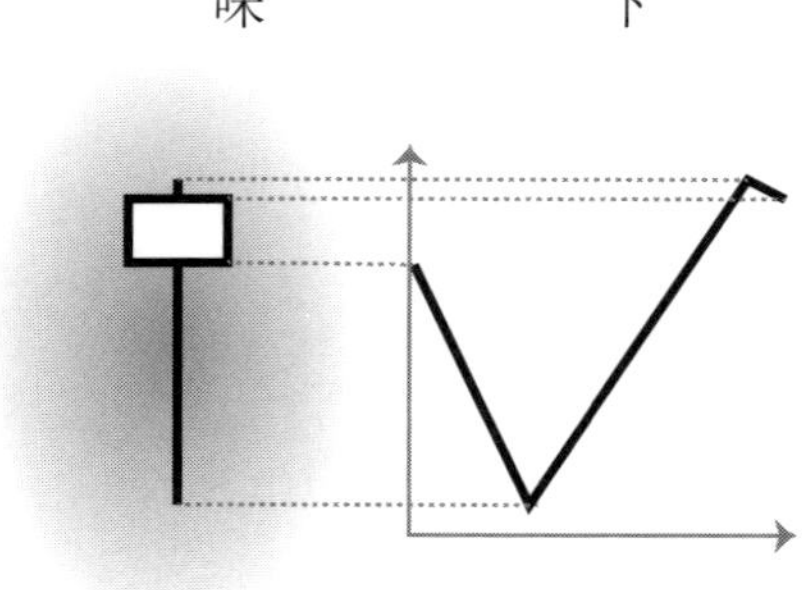

大底を迎え、最後に「損切り」「投げ」の動きが起きたが、そこでの買戻し。

こうして下ヒゲが見られることが多い。

下ヒゲで「下げの終わり」が確認されれば、皆が「これ以下には下げないだろう」と思い、買いを入れるとともに売りが減る。

チャート初心者なら、下ヒゲが長く伸びた時の板を勉強までに見てみると良い。買いと売りの勢いの差が板にそのまま表れている。上昇トレンド、相場の転換を実感できるだろう。

このシグナルは**「大底買い」の大チャンス**であり、株で勝つには最も大切なシグナルである。

これを見逃さない人が株式投資で成功する。

3092 ZOZO

「みんなの株式」https://minkabu.jp

鬼100則 14

寄引同時線は売買の綱引きで出る

寄引同時線は、始値と終値が同じになったローソク足である。

寄り付きと大引けが同じならば、日足にそのように出るし、週の初めの終値と週の終わりの営業日の終値が同じならば、週足が同じように同時線となる。

始値と終値が同じだが、日足であれば、ザラ場は上に下に動いている。

しかし、最終的には、始値と同じ株価に戻った。

この形には値動きによって様々あり、ヒゲが上に長いものや下に長いものがある。また、ほとんど株価が動かず1本に近い線というのもある。

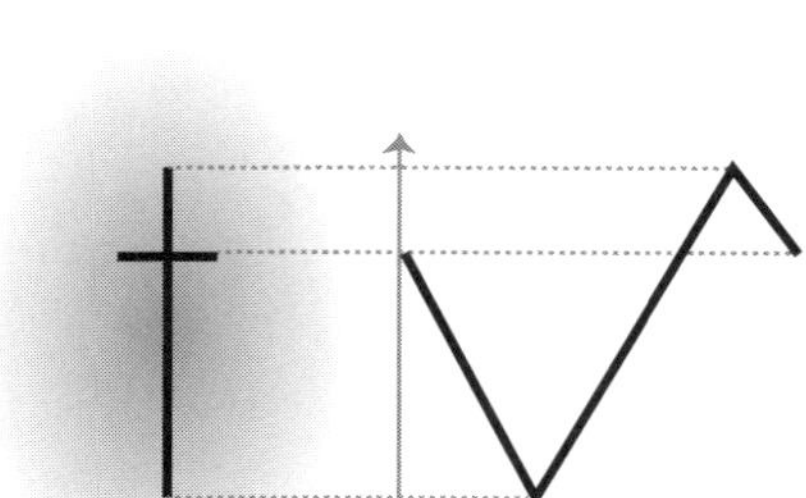

総じてこれは**薄商い銘柄**である。

形はどうあれ、同時線は、買いと売りが綱引きを行い、**強弱感が対立して身動きがとれない「迷い」の相場**を表している。

では、どう戦うか。

綱引きなので、どちらも勝たないかといえば、そうではない。

動きだしたら、片方に傾くことは十分にある。

相場の分岐点に現れ、警戒しなければならない**「嵐の前の静けさ」**の足である。

上値に出ても、下値でも、あるいは中間に出ても、株価はその後に大きく動くことが多いのである。

6861 キーエンス

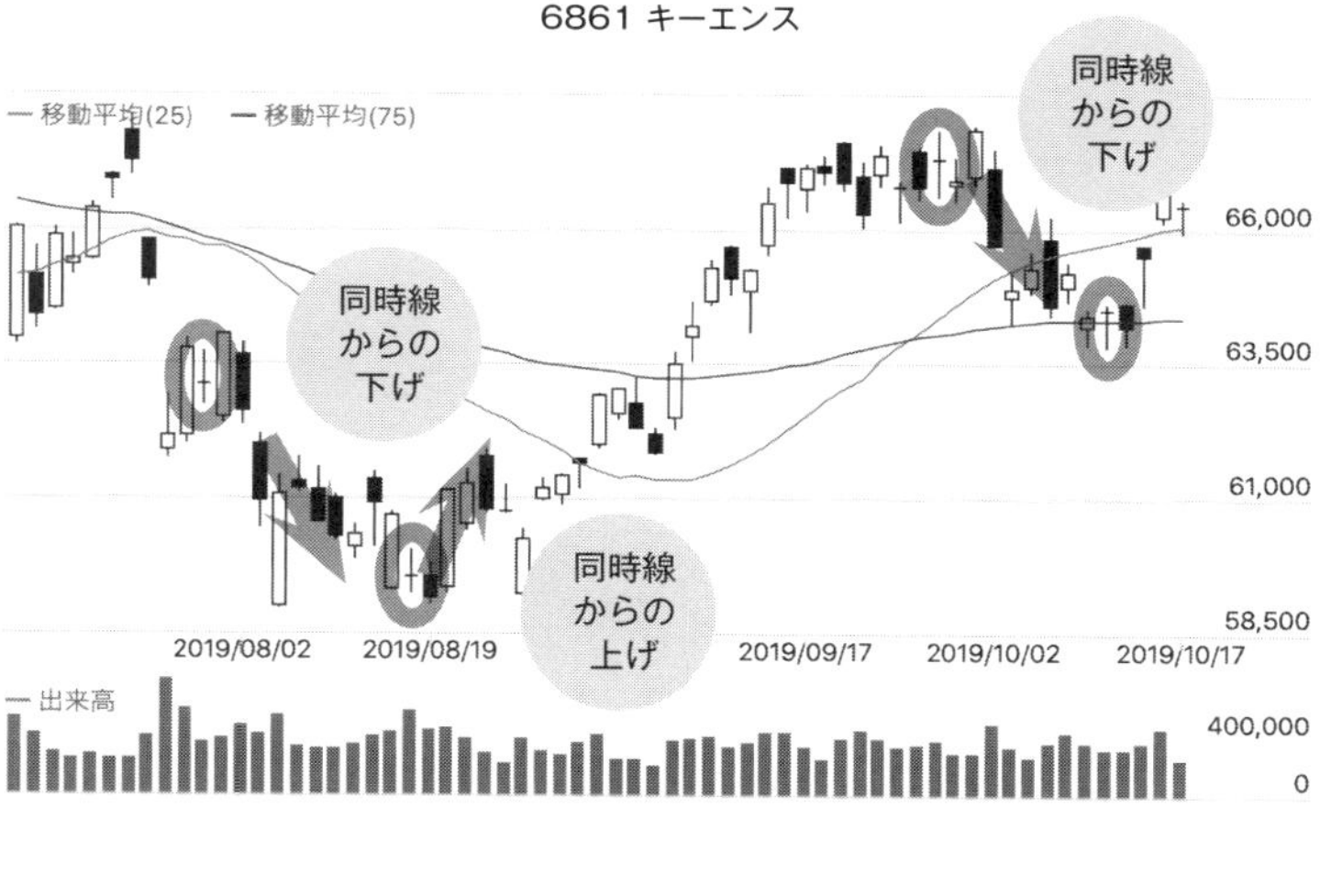

鬼100則 15

小さな陰陽線は取引閑散、小動きを表す

ローソク足は、派手に動く大きな足ばかりではない。

小さな足もいくらでもある。

小さいということは、値動きが少ないということだ。

大きく上がることもなければ、下がることもない。

足が小さいのはその銘柄がさしたる材料がない、売買出来高が少ない、相場全体が小動きである、など様々な要因がある。

ただ、それが長く続く時もあれば、わずかの日にちで急変するものもある。

覚えておいてもらいたいのは、**小動きが続く時には概してエネルギーが溜まり、やがては爆発することが多い**ということだ。

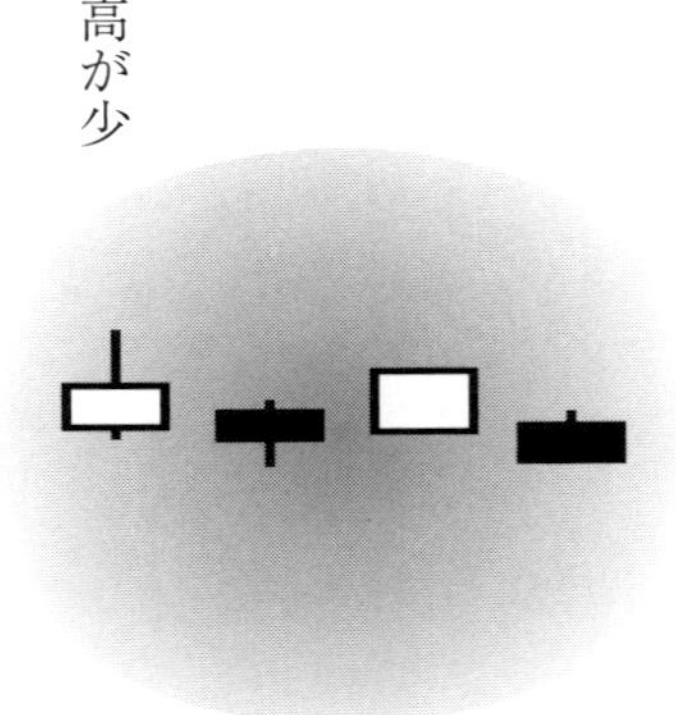

「小動きだからつまらない」というのは大きな間違いだ。

むしろ、次なる大きな動きを予測して、静かに買いを入れるのも一つの方法である。

株価が動かない時は、「休んでいる」わけだから、その銘柄の業績や割高割安、将来性などをしっかり見る良い機会だ。

派手に動いている銘柄にばかり投資をすれば、誰かが利益確定するためにお金を出していることになりかねない。

小動きは大切なターニングポイントである。

この時にこそ、チャンスがあると考えたい。

6594 日本電産

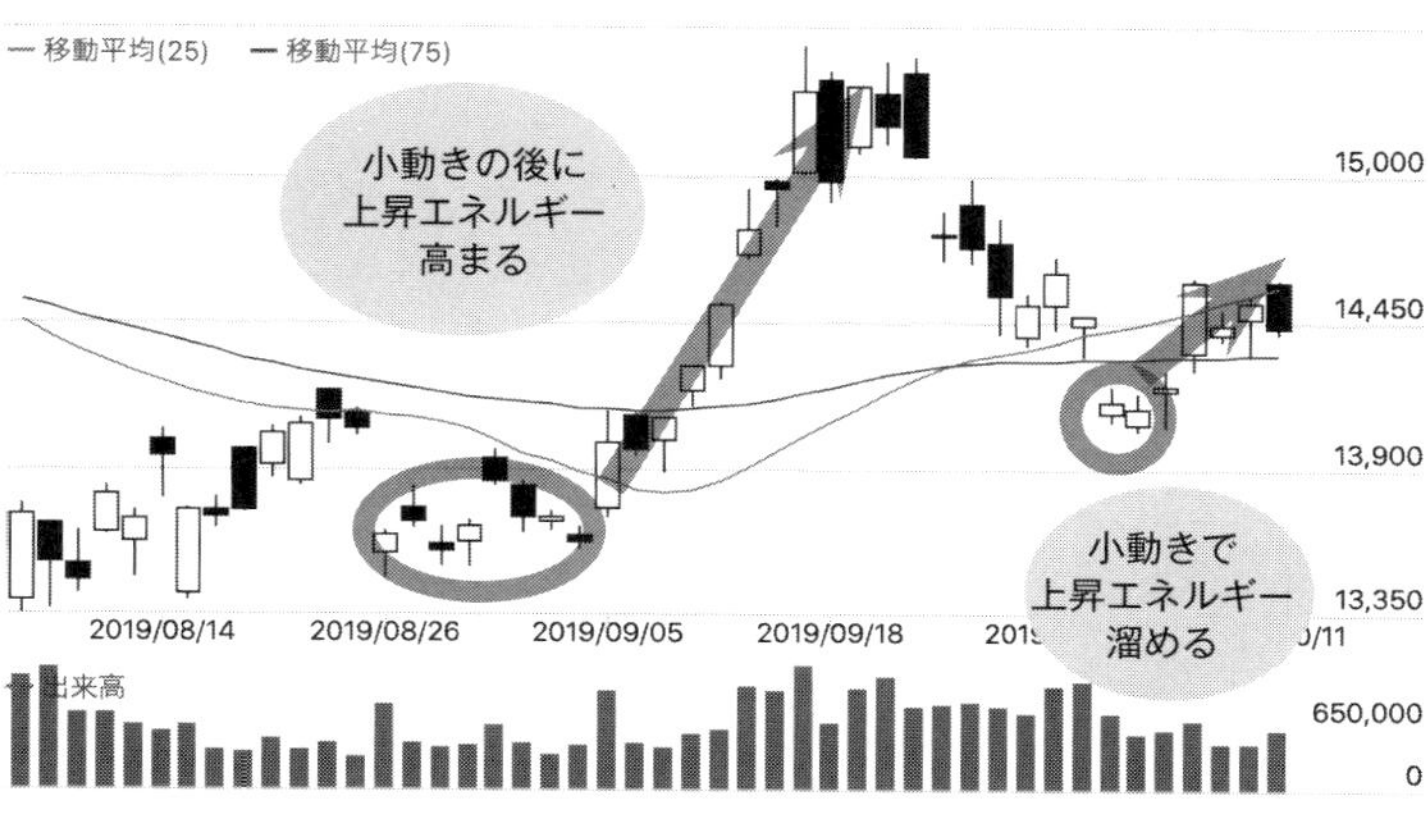

「みんなの株式」 https://minkabu.jp

鬼100則 16

コマに込められたメッセージを読む

ローソク足で「**コマ**」と呼ばれるのは、文字通り、**割合短いローソク足の実体に、上下のヒゲが出ているもの**である。

これは先に述べた「小さな陰陽線」と似たところがあるが、それほど小さくもないので、そこそこの出来高でトレンドは一つの方向に出ていることが多い。

ただ、コマになっているのは、やはり、売り買いのせめぎ合いになっているためなので、**間もなくトレンド転換がある**ことを知っておく必要がある。

コマになっているのは、上下に株価が振らされてはいるが、ある一定のところに株価が押さえ込まれているためだ。

しかし、押さえ込まれただけで、売り買いどちらかのバランスが崩れれば、上昇か下落

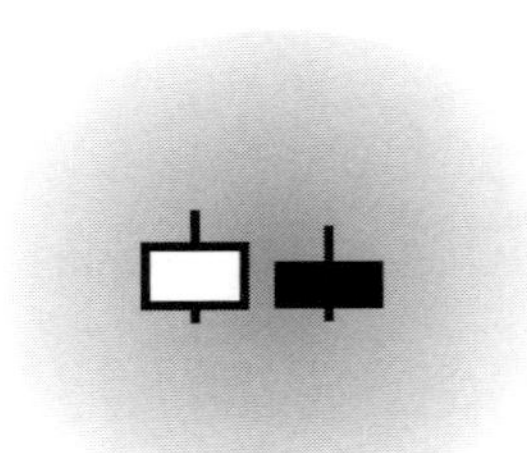

のどちらかに傾く。

このローソク足が出た時は、次なるトレンド転換への心の準備をしておくことだ。

どうせ上がるだろうからと放置すれば、たちまち、含み益がなくなるか、大きなマイナスを抱え込むことになりかねない。

逆も言える。底値からの転換で、上げ本番となる可能性があるので、仕込みのタイミングとなり、大きく上がる前の仕込みのポイントになる。

上がり過ぎないうちの大切なタイミングを暗示する指標なわけだ。

もちろん、この一つの足だけでは判断できないので、いくつかのシグナルでの判断となるが、コマが出るような力関係の綱引きの後には、バランスが崩れる可能性があることを知っておきたい。

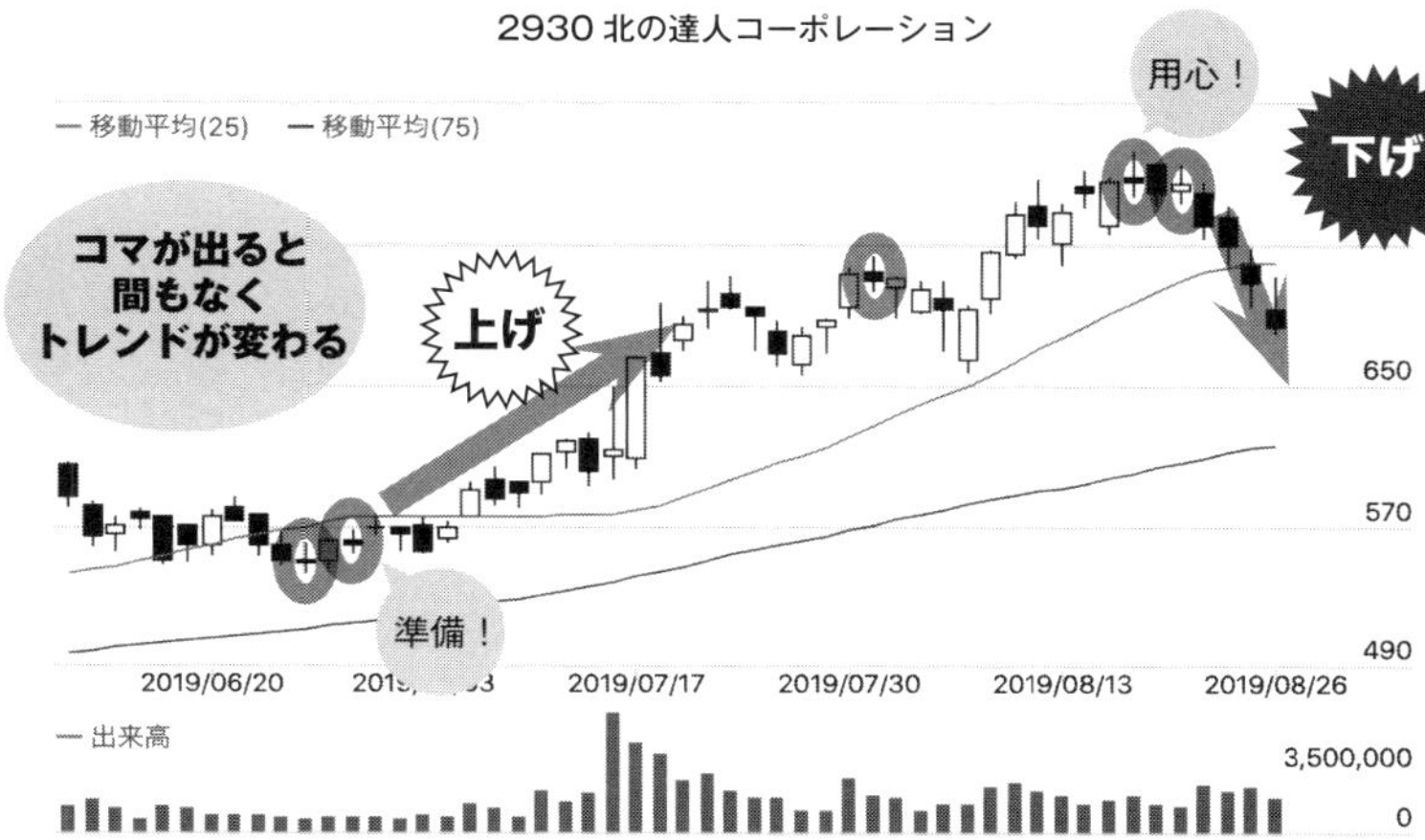

鬼100則 17

1本の横線は、ストップ高がほとんどだ

新興市場の銘柄に多いのが「横一本」のローソク足である。

これは1日のうちで、**大引けだけで株価が成立する「ストップ高比例配分」**だ。

新興市場では、浮動株が少ないので、多くの買いが集まると、たちまちのうちに買いが圧倒的に多くなり、同じ枚数の売りがないために、大引けでの比例配分扱いとなる。

強力な買いが入り、人気化すると、このストップ高は1日では収まらないで、2日も3日も続くことがある。

そうなれば、横一本のローソク足は何日も続き、相当な高値になって初めて通常の売買が成立する。

株価が成立するのは、あくまでも需給の枚数の一致であり、買いが多過ぎるうちは、高値を目指す。

ただ、**株価が買い一色から、利益確定の売り一色となりがちなのが小型の銘柄の特徴**である。

ストップ高の後にストップ安が来かねない。

ストップ高になる銘柄は、１日で80円高、100円高、300円高になるので個人投資家が群がりがちだが、これを操作しているのはおおむね仕手筋。

参加しても、よほどの上級者でないと利益を上げるのは難しいものだ。**近寄らない方が得策**と言えよう。

6190 フェニックスバイオ

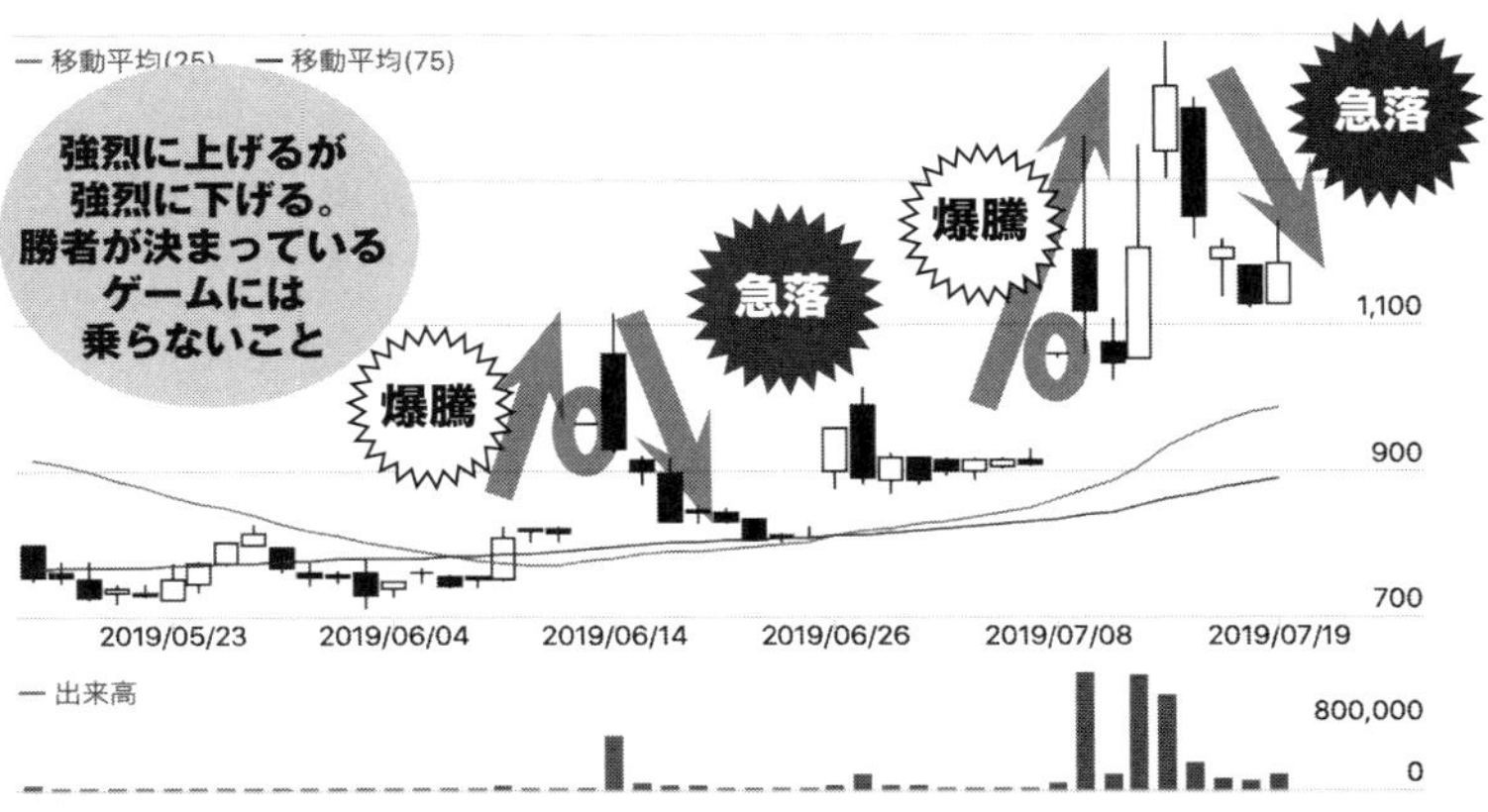

第3章

足の組み合わせでその先が見える

チャートは、感情に流されやすいマーケットに、極めて冷静な示唆を与えてくれる。

リチャード・ドライハウス

相場の反転は多数派が納得した瞬間から始まる。

鬼100則 18

かぶせ線は位置が問題

前章では1本のローソク足の話をしたが、**二つのローソクがあれば、ある日の動きに対して、次の日に株価がどう動いたかで、その後の株価の方向性が見えてくる。**

まずは、「**かぶせ線**」である。

前日株価を上げて大陽線を出し、翌朝は前日終値よりも高く始まったものの下落し、終値は前日の陽線の範囲内に収まってしまう形だ。

勢い良く上げた銘柄が、さてその後はどうなるのか。

ここが悩みどころである。

大陽線の後に、陽線が出れば悩まないで済む。

しかし、陰線が出た時が問題だ。それをしっかり読み込まないと、せっかくの含み益を溶かしてしまう。

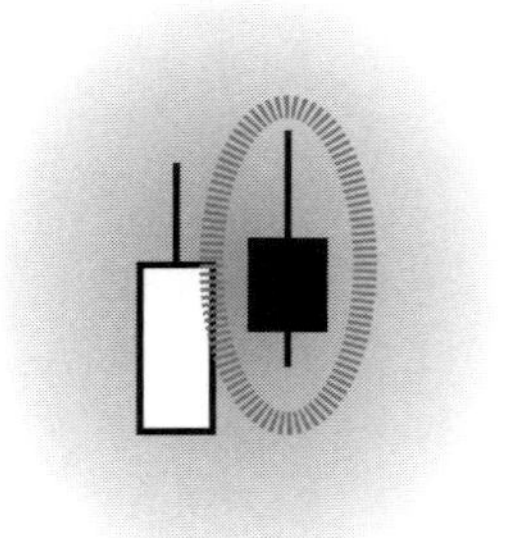

ここにあげる「かぶせ線」は、要注意のローソク足の組み合わせである。

前の日に大陽線が出たのに、**翌日、前の日の勢いで高く始まったが、利益確定の売りが多くなったのか、株価はだらだらと下げてきて、ついには前の日の株価の半ばまで割り込んでしまった。**それが表されている。

少しくらいの割り込みならば気にしないで良いが、**半分近くやそれ以上割り込めば、**「売りが多い」という感想を持ち、投資家が一斉に利益確定に出やすい。

すなわち前の日の陽線と翌日の高く始まった株価が当面の高値で、後は下落になるのだ。

この**かぶせ線は上げ一服、下落のシグナル**。ただ、初動では**押し目買いのチャンス**にもなる。

2181　パーソルホールディングス

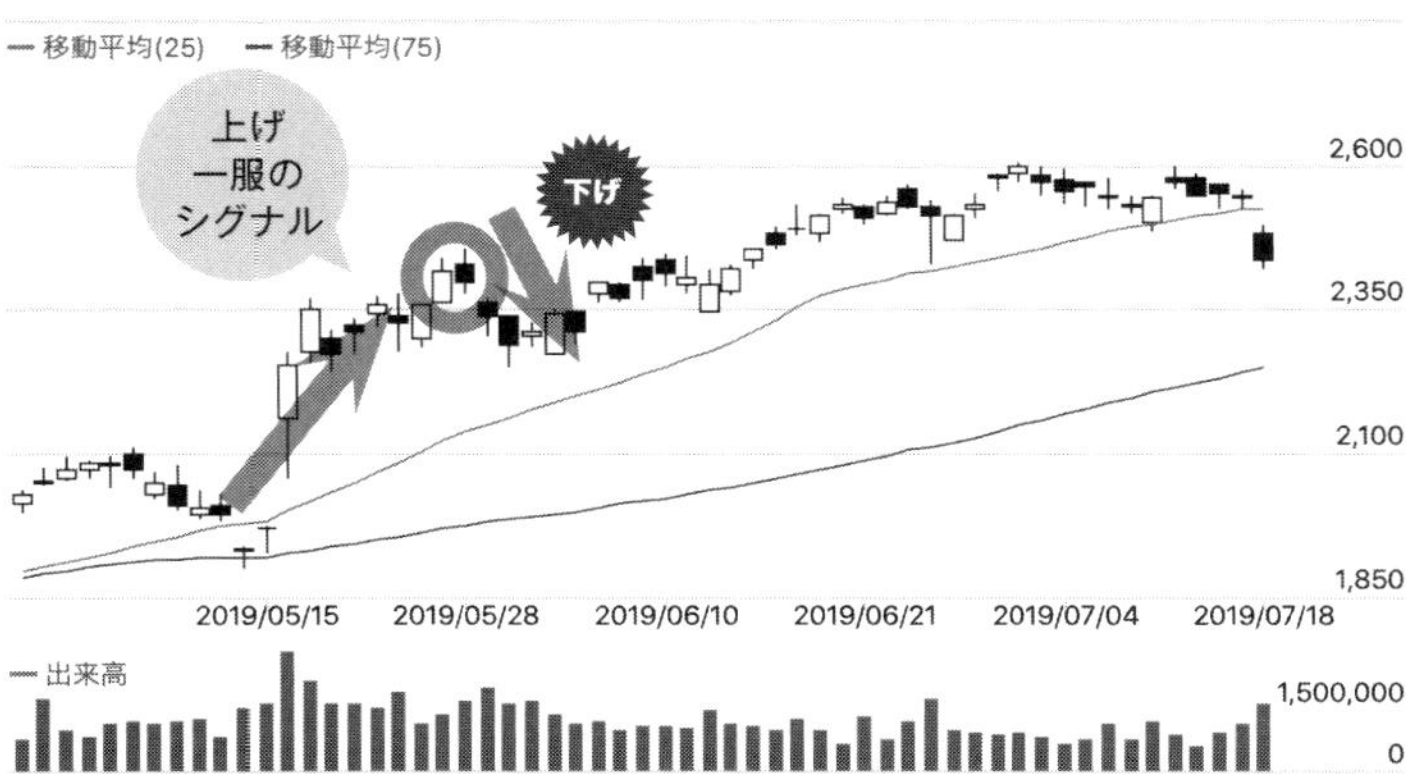

「みんなの株式」https://minkabu.jp

鬼100則 19

連続線と不連続線

一般的に、株価の動きは、連続している。

すなわち、前の日のローソク足とつかず離れず、上値か下値がくっついているのが一般的だ。

ここにあるような「持ち合い相場」では、大体が陽線、陰線の繰り返しである。

じわじわ動き、投資家をジリジリさせる。このローソク足が横につながっているのがいわゆる**連続線**だ。

しかし、株価は急変動することもある。

前日の株価とかぶらない値にローソク足が、ポンとできる。

つまり連続した線が断ち切られ、**不連続線**が出現する。

そこに、チャンスがある。

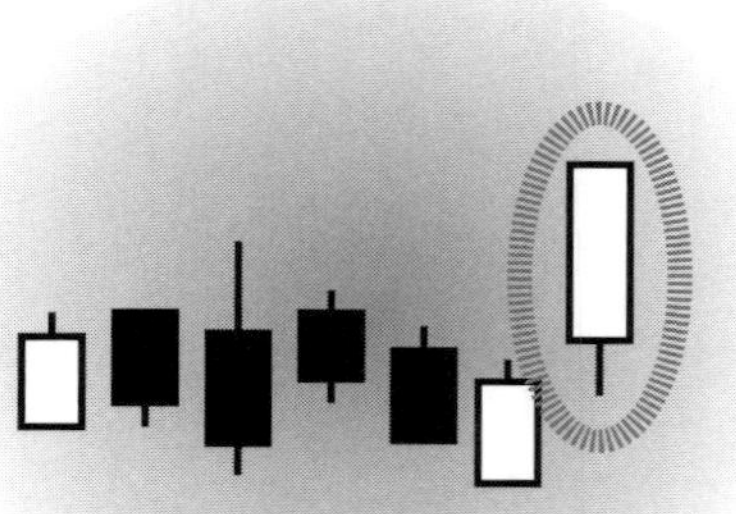

この不連続線というのは、どの銘柄でもやってくる。持ち合いの後に来るのは、突然の上げや下げだ。

上に飛んだ足を発見したら、「強さ」のシグナルなので、私なら**翌朝に成り行き**で入る。指値は成立するとは限らないのでムダである。

投資家が連続線の動きにしびれを切らせば、次なる激変、すなわち、急な上昇の果実を得ることが困難である。

その意味で、投資は我慢比べなのだ。

私はせっかちなので、投資を始めた頃はそれで何回も苦汁をなめている。

不連続線が出る、その時を待つ胆力を持とう。

4716　日本オラクル

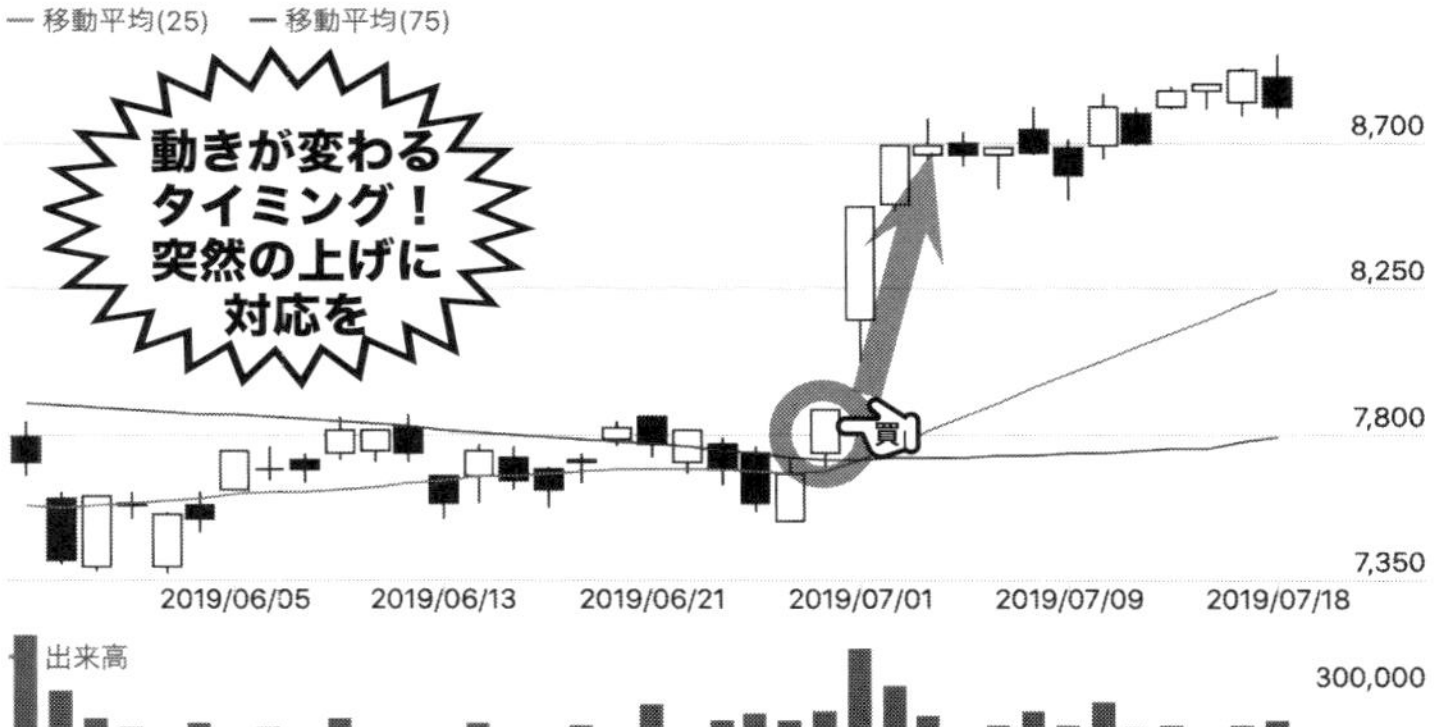

「みんなの株式」https://minkabu.jp

鬼100則 20

上放れ、下放れの意味

株価の方向には売買のバランスが大きく狂った時に「**放れ**」が起きる。

前日のローソク足から「窓」が開く形だ。買いが極端に多く集まれば上に放れ、逆に利益確定や投げが多くなれば、下に放れる。

もちろん、通常はよほどの品薄、小型の銘柄でなければ、そうは値が飛ばない。

しかし、持ち合い、横並びの動きが継続する中でエネルギーが溜まり、何かの材料があれば、急激に上がったり、下がったりする。

そこに、投資家の気持ちが反映されるのだ。

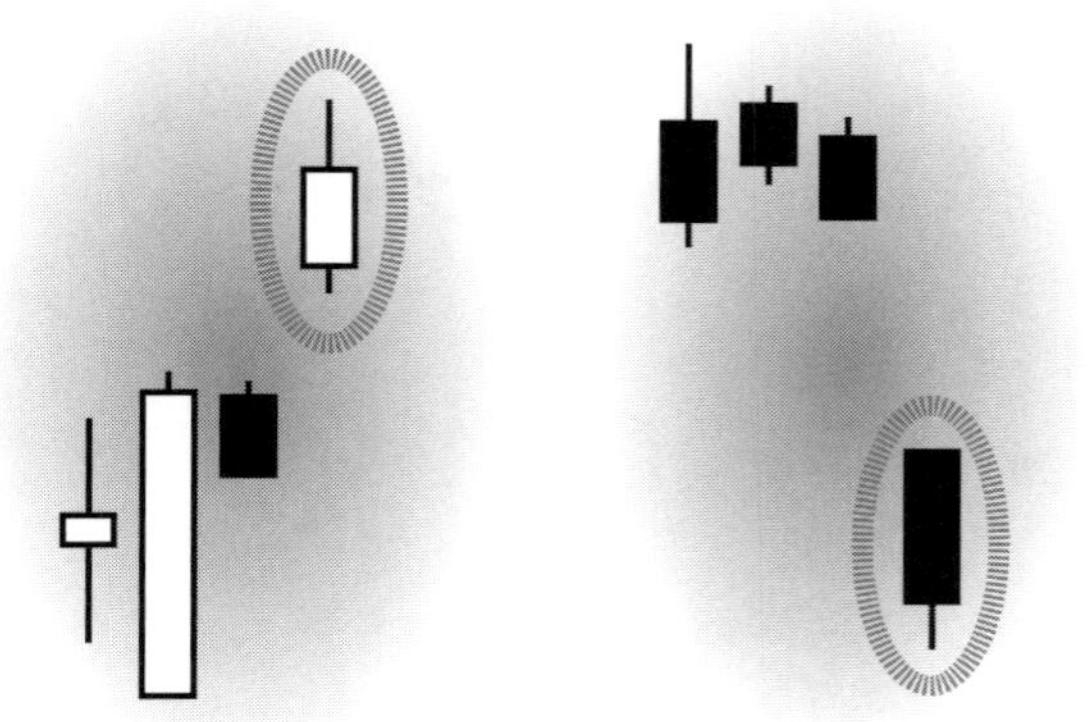

極めて良いニュース、業績のポジティブな発表があれば、売買の需給バランスが崩れて、株価の位置は大きく離れる。

ここにあげたローソク足を見れば、下げの途中での反発の大陽線の後に、株価が上に飛んで勢いの強さが印象付けられる。

買いの需要が大きくなって、株価は始値から「特買い」となり、上に飛び、さらに上値を追う。

さらに、上に行くためには材料の大きさが必要だ。

逆に、悪い材料があれば、大陰線を見せて、「売り気配」となり、株価が下に放れて、落ちていく。下放れの典型的な動きである。

このようなローソク足の組み合わせには、十分に注意して、その先の動きを監視したい。

7122　近畿車輌

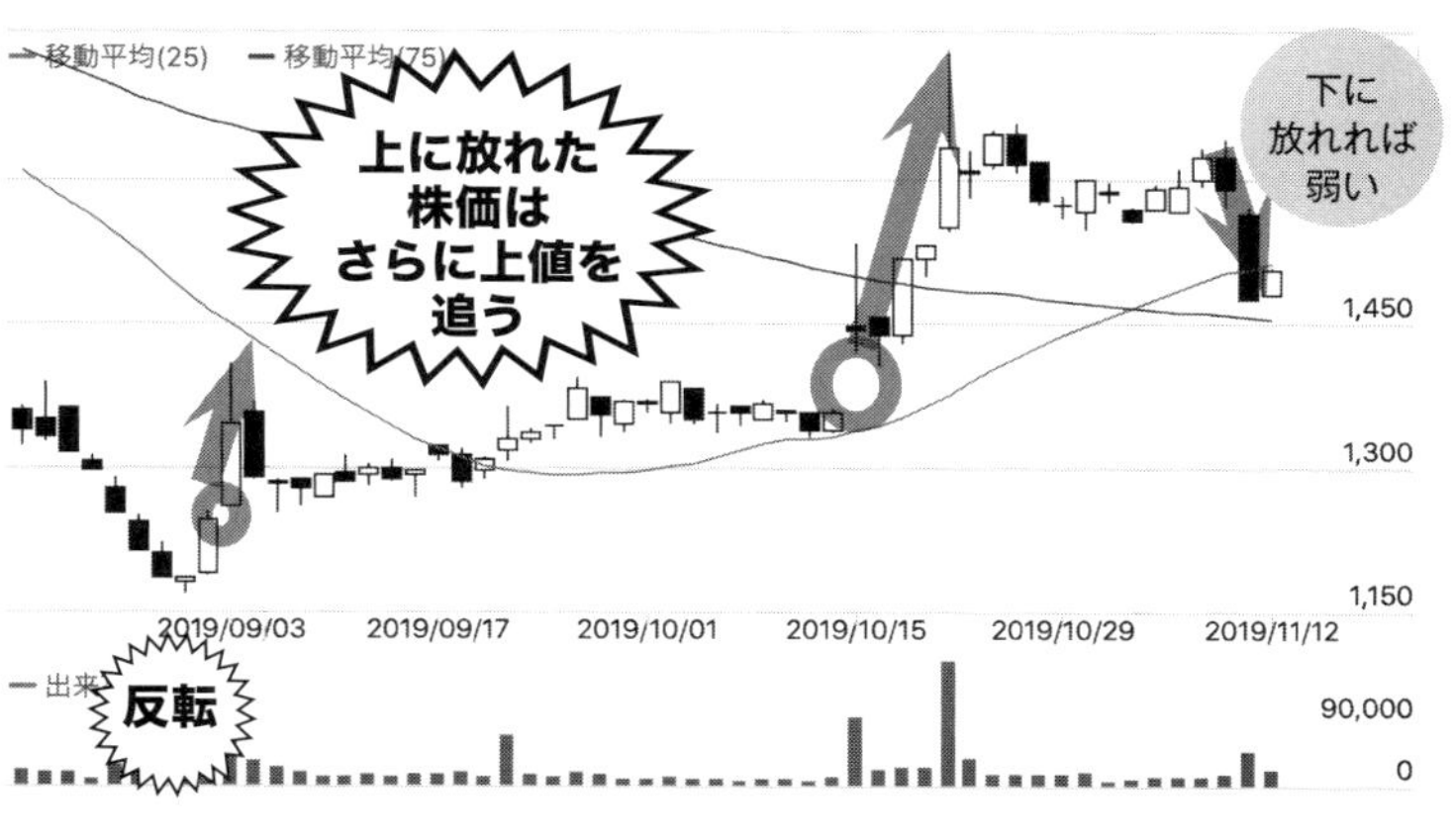

「みんなの株式」https://minkabu.jp

鬼100則 21

上放れの「たすき線」

たすき線とは、陽線に対して、それを打ち消すかのような陰線が、上げの途中に出た時のことを言う。

いわゆる「**たすき掛け**」である。

なぜ、このようなローソク足が出るのかを考えると、このシグナルが示す答えはある。

投資では利益確定の売りは必ずある。

それをこなすために、株価が一時的に下がる。

実はこの動きが株価の上値を高くする。

買い一方であれば、買った人ばかりになり、「売り待ち」の人が多くなる。

いわゆる「重い」状態で、これは株価の上げを重くするのだ。

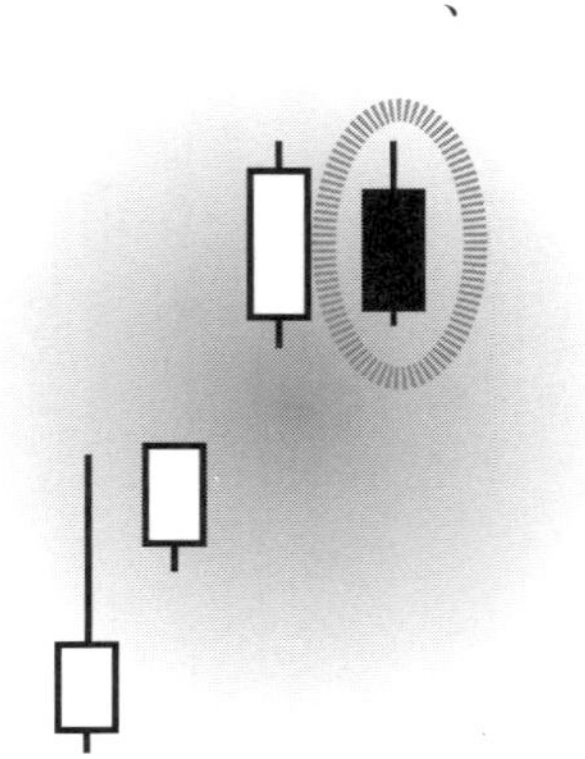

しかし、たすき掛けの売りが出れば、買う人もいるが、売る人もいることが示される。売った人は次にまた買うだろう。新しい買い方が出てくる。

売り買いの回転で、次第に高値に向かう。この循環が株価の上げを可能にする。だから、このシグナルはきちんと見ておく必要がある。

押し目買いのポイントなのである。

底値を付けて上げ始めた時に、利食いのための下げが小幅になったら「押し目買い」のチャンスとなる。

「陰線は良くない」というトラウマは避けたい。陰線がたまに出ることは、株価の勢いの補給のようなものだ。

3099　三越伊勢丹ホールディングス

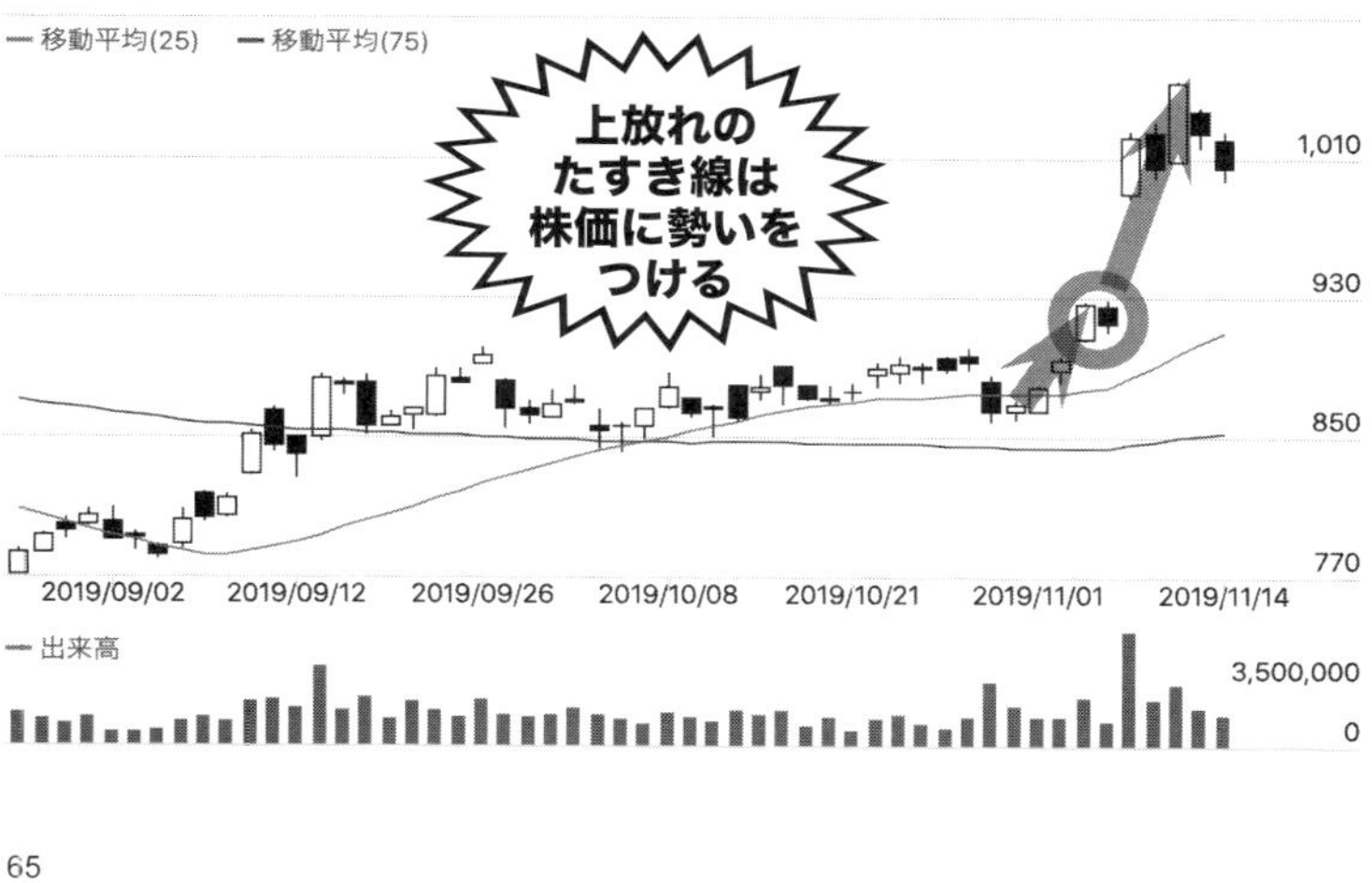

「みんなの株式」https://minkabu.jp

鬼100則 22

下放れの「たすき線」

上げトレンドとは反対に、下げの途中で陰線に続いて、陽線がたすき掛けで出るのが、この足である。

株価が下げてくると、往々にして「下げ過ぎだ」という「値ぼれ」の買いが出てくる。

そこで買っても良いことはないから読者の皆さんには心しておいて欲しいのだが、下げの途中に「いくら何でも安いだろう」と買いが出るのが、株式市場の実情である。

しかし、無残なことに相場は下がり始めると、お構いなしに、下げてくる。

下手な「陽線」、すなわち買いが入れば、投げの材料が増えることとなり、**下落を加速**

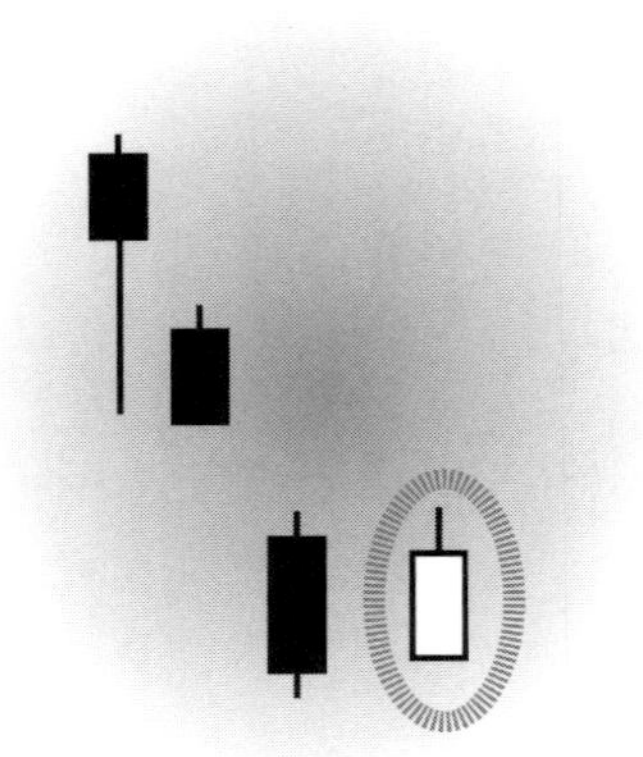

させることになるのである。

つまり、下げの途中の反発の陽線は、決して良いシグナルではない。**株価の支えや反転上昇には絶対にならない**。

いうならば、下げの勢いを加速するための「燃料」になるだけ。

「値ぼれ買いだけはやめなさい」という教訓、警告の「たすき線」である。

昨今の株価のトレンドは、ひとたび下を向いたら、簡単には止まらない。

「いくら何でも」の予想を超えて下げ続ける。

だからこそ、ほかで述べる**「下げ止まり」のシグナルがあるまでは、手出し厳禁**なのである。

7280　ミツバ

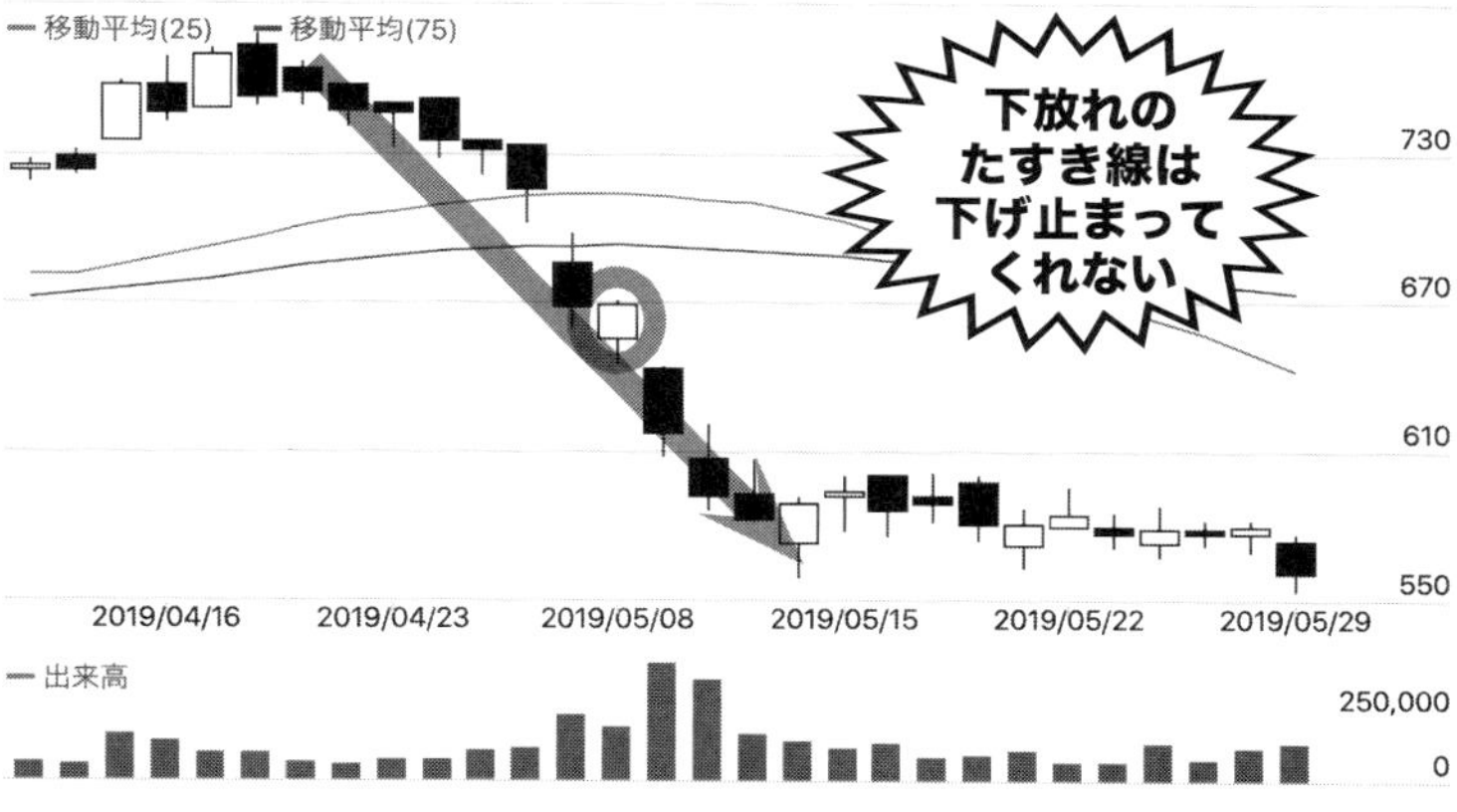

「みんなの株式」https://minkabu.jp

鬼100則 23

寄り切り線は強さを示す

株価がしばらく下げてきて、売りが途絶えた段階では、それを見越した打診買いをする投資家が現れる。

売りが弱くなった段階で、少し買いの玉が多く入ると、市場では、一斉にこの銘柄に対して「買い有利」の考え方に傾く。

それでできるのが、**陰線を覆す陽線**、ないしは**下ヒゲのある強い陽線**である。

これを**寄り切り線**というが、大底でも、押し目でも出る**下値限界のシグナル**であり、このタイミングをきちんと見分けて、**買い**または**買い増し**を行えば、投資での失敗は少ない。

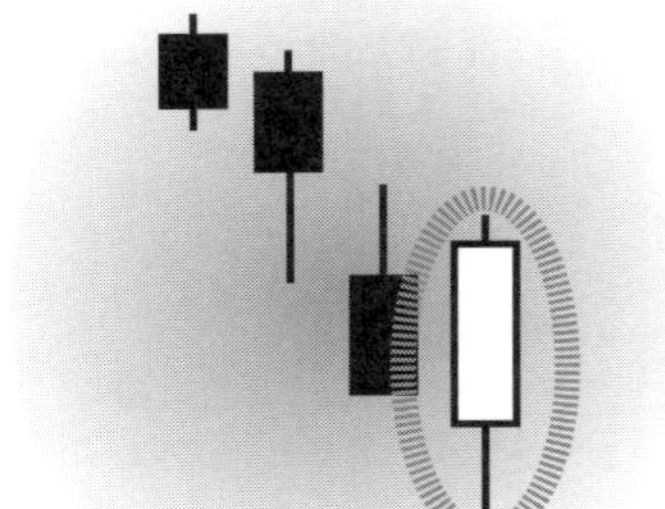

株の売買は常に力関係がどちらかに傾いているわけで、その転換点を俊敏にかぎ分けるだけのスキルを持つことが、勝ちにつながる。

つまり**下げる銘柄を注視**する「**逆張り**」手法であるが、**底値を見極めて買いに出る**わけなので、リスクが極めて少ないことがわかる。

対して順張りは、上げている銘柄に飛び乗る手法だが、これだと利益確定の売りに押されるか、何かのきっかけで急落に見舞われる可能性が高い。急落して含み損となれば、仕込んだ玉がプラスに回復するまでに時間を要する。絶対有利の投資スタイルとはいえない。

ここにあげた、下値や底値からの「寄り切り線」を覚えておくと、玉仕込みのタイミングがつかめ、結果的に有利なトレードができるだろう。

3635　コーエーテクモホールディングス

「みんなの株式」https://minkabu.jp

「たぐり線」が下値に出れば

たぐり線というのは、**長く出る**「**下ヒゲ陰線**」「**下ヒゲ陽線**」のことだ。上ヒゲがない形からカラカサ線ともいわれる。

下値まで株価が下落したが、その株価では「割安感」が出て、投げの売りの後に買いが増え、その後は上げていくことが多い。

ここでは陰線（下ヒゲ陰線）が出ているが、この下値の「たぐり線」すなわち反発の動きは、実体が陽線でも、陰線でも大した意味はない。

このシグナルを見た買い待ちの投資家が、だらだらと下げてきて「もう下はない」とばかりに動きだして、**株価は押し戻される**のだ。

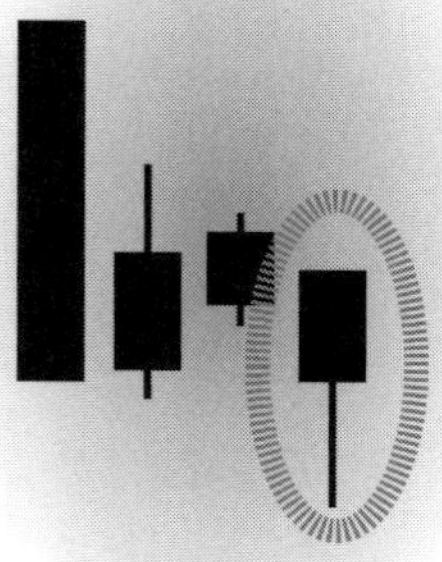

下げの後の反発は、全体相場に動かされるのがセオリーだ。急落の後には8、9割の確

率で、株価は上がる。それは極めて有利なので、ここでのポジションを狙うべきだ（もちろん、倒産などの個別の材料がないことが前提）。

しかも、**下値で反発した銘柄は、当面のトレンドは、上げやすい**。

勝つ人は、こうした大幅な下げのタイミングで、個々のローソク足の動きを注視し、狙っている。

これは真似るべきである。

下げたら買いで、上げた時の含み益は膨らむ。こうして逆張りの投資をすれば、資金は次第に雪だるまのように増えていく。

勝つ人の投資の方法は、毎日売買せず、下げた時に買うことである。

市場心理の逆を行く方が、結果は良い。

2168　パソナグループ

「みんなの株式」https://minkabu.jp

鬼100則 25

「放れ三手」は方向転換

「放れ三手」は、**下値から勢い良く上がる３本の陽線**というのが条件。

その形が「坊主の大陽線」でも、「上ヒゲ陽線」でも、構わない。

大切なのは、**下値から買いが断然増えて、買いが買いを呼び、３本以上の陽線が続く**ことである。

このローソク足の組み合わせが出た時は、下値確認からの上げなので、仕込んでもそうは心配がない。

もちろんやがては上値限界にはなるが、上げ始めの「飛び出し」のタイミングは狙いたい。欲を言えば初めの１本の陽線に乗って欲しい。**早く気付いて素早く行動するのが勝利の鉄則**である。びくびく投資の人は、陽線が３本も出てから、やっと重い腰を上げる。それ

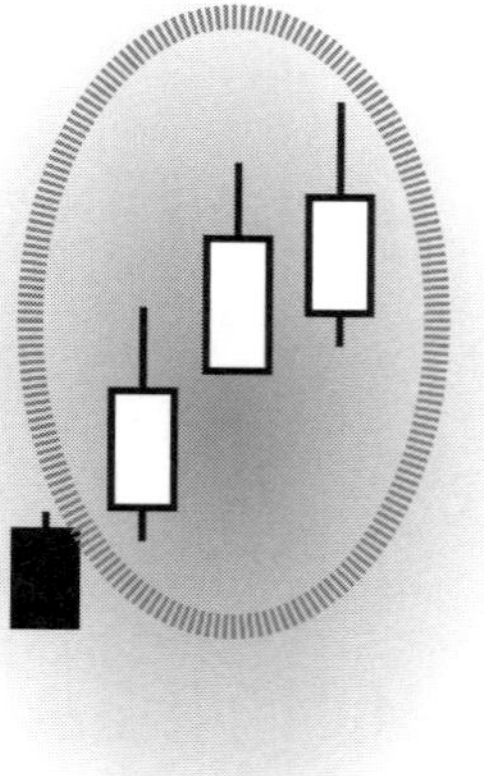

はあまり歓迎できない。

ここにあげたデータを見ると、初動ではいずれも勢い良く窓を開けて、株価が上に飛んでいる。それだけ、買いの勢いが強いことがわかる。

株価の傾向として、３つも４つも大きな陽線が出て上げてきた株価は、いつ大量の利益確定の売りが出ても仕方がない。

すなわち、上げれば上げるほど、下げのリスクは高くなるのだ。

所詮は仕掛けた筋の買いである。仕掛けたからには、手じまい時もきちんと計算している。

くれぐれも、ファンドなどの利益確定のタイミングになってから買いを入れ、格好の餌食にだけはならないでいただきたい。

9107　川崎汽船

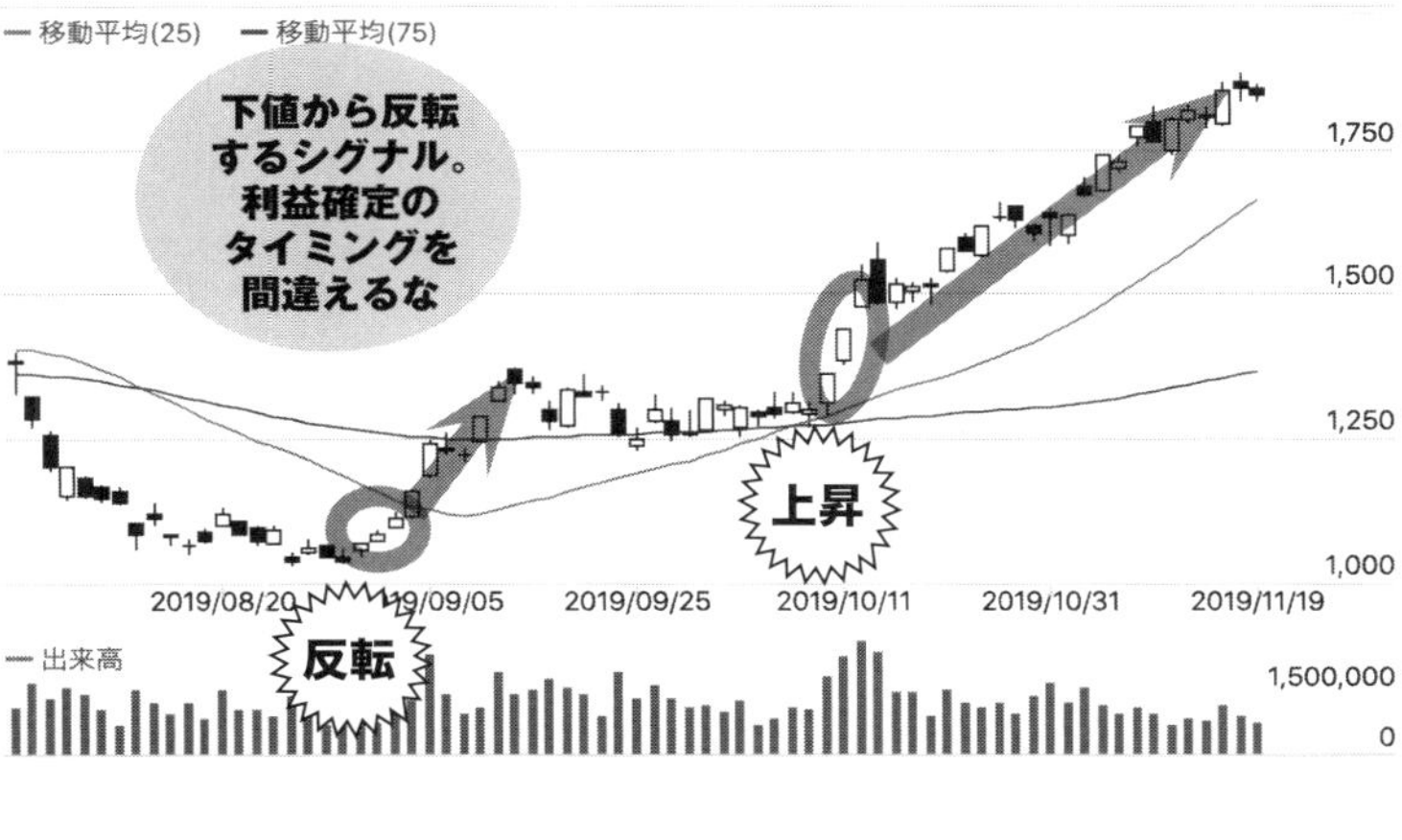

「みんなの株式」https://minkabu.jp

鬼100則 26

「抱き線」は天井、底値の兆し

ローソク足に「**抱き線**」というのがある。前日のローソクをすっぽり覆う形から別名、「**包み線**」ともいう。

ローソク足は売買に参加する多くの投資家の売買のすべての推移を描いたものであり、それぞれの銘柄に対しての需給関係が明確に現れる。

これは嘘をつけない。

「ここだけの話」なぞと耳打ちされる証券会社の営業やネット情報と違って、ローソク足は、誰でもいつでも見ることができるオープンな情報だ。

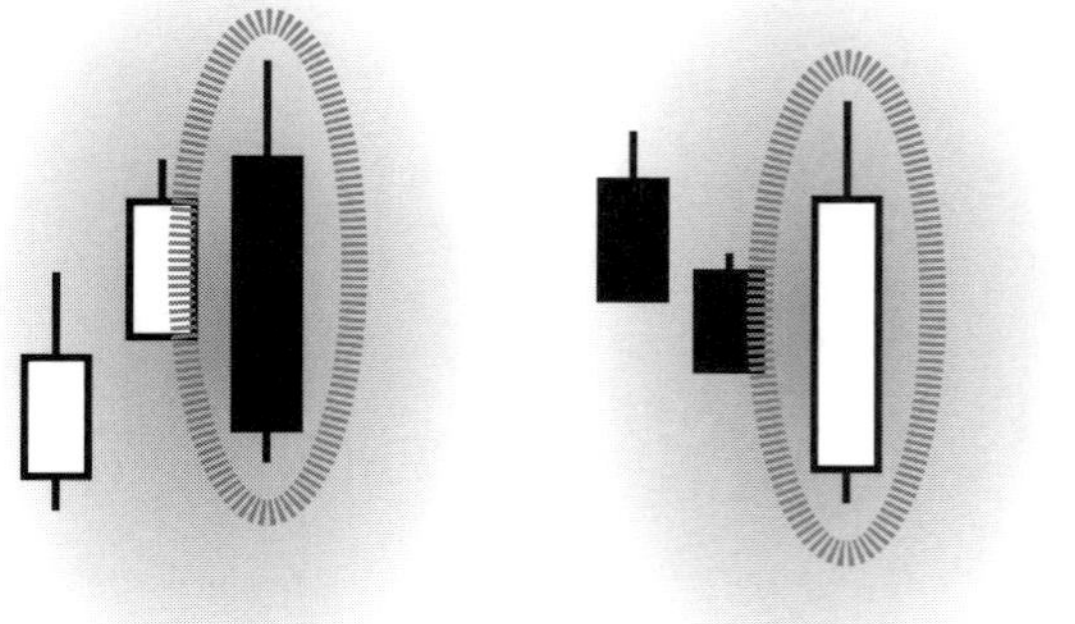

前日の陰線を翌日の長い陰線が包むのでも「抱き線」には変わりないが、前日の陰線を陽線が包むのが買い時、前日陽線を陰線が包むと手放し時だ。

その中で賢い投資家は、ローソク足に出ている様々な動きから「その先」を察して、売買の判断をする。

例えば、抱き線の中でも**「下値の抱き線」「上値の抱き線」は重要**である。

下値で陰線を大きな陽線で包めば、その銘柄を買いたい筋が多いということであり、このシグナルをきっかけに、**株価が上げていく**可能性が高い。早いうちに仕込めれば、儲けられるだろう。

上値で陽線を長い陰線が包むと、売りが多いということで、利益確定先行となる。我先にと手持ちの銘柄を売るので、**株価は下落**するだろう。所有株にこの形が出た時は、あなたもそれに従うべきだ。

7751　キヤノン

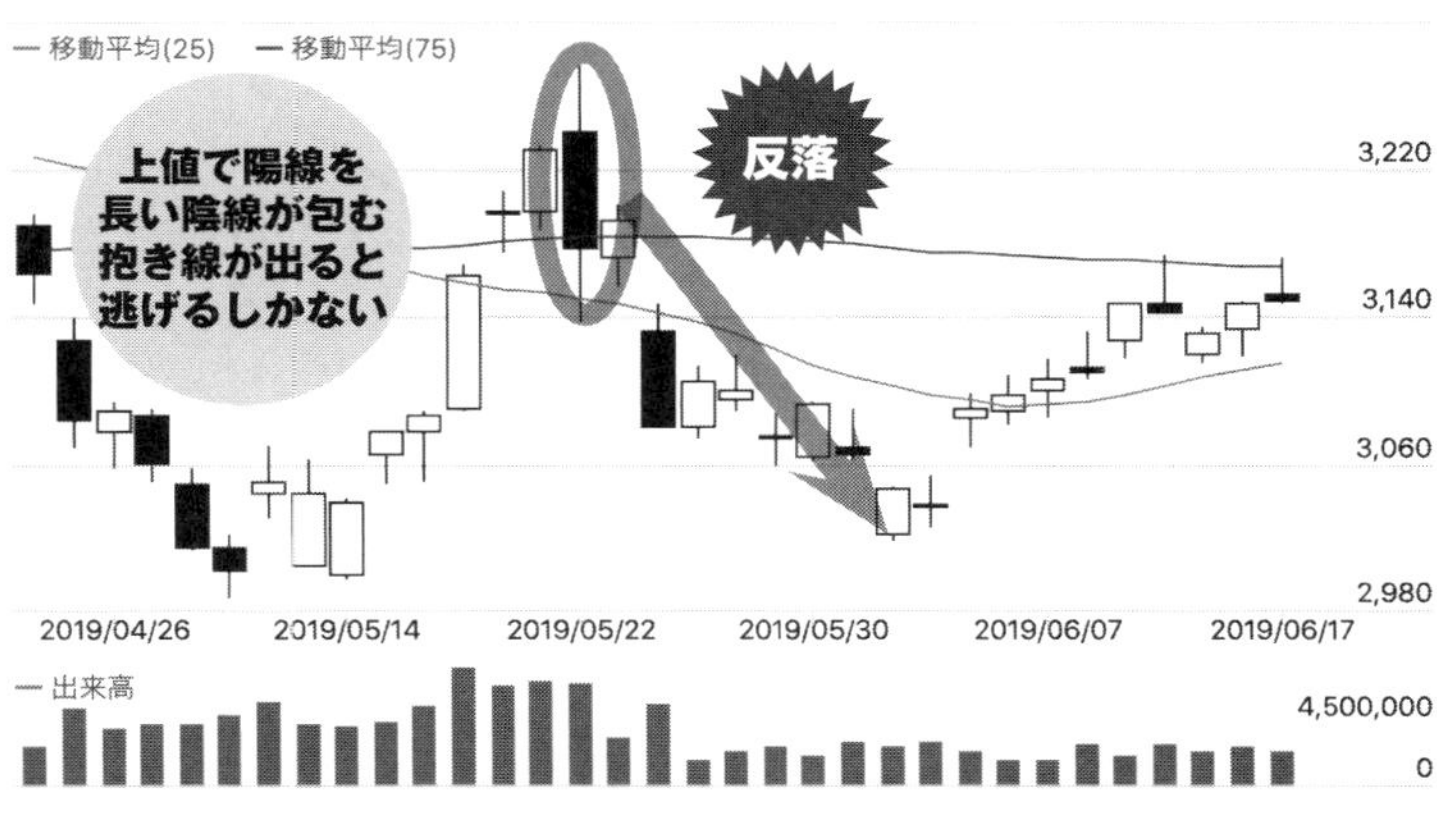

「みんなの株式」https://minkabu.jp

鬼100則 27

「陽のはらみ線」は上げポイント

陰線続きのトレンドの中で、**大きな陰線の後に小さな陽線**が出ることがある。前項の抱き線と逆パターンだ。これは極めて「意味深」なシグナルになりやすい。**新しい相場の芽**が芽吹いたとか、新たな生命の誕生といわれる。

底なし沼のように下げても、倒産しない限りは株価はいつか割安となり、反転上昇に向かう。その上げのきっかけになるローソク足の組み合わせの一つが、「**陽のはらみ線**」である。

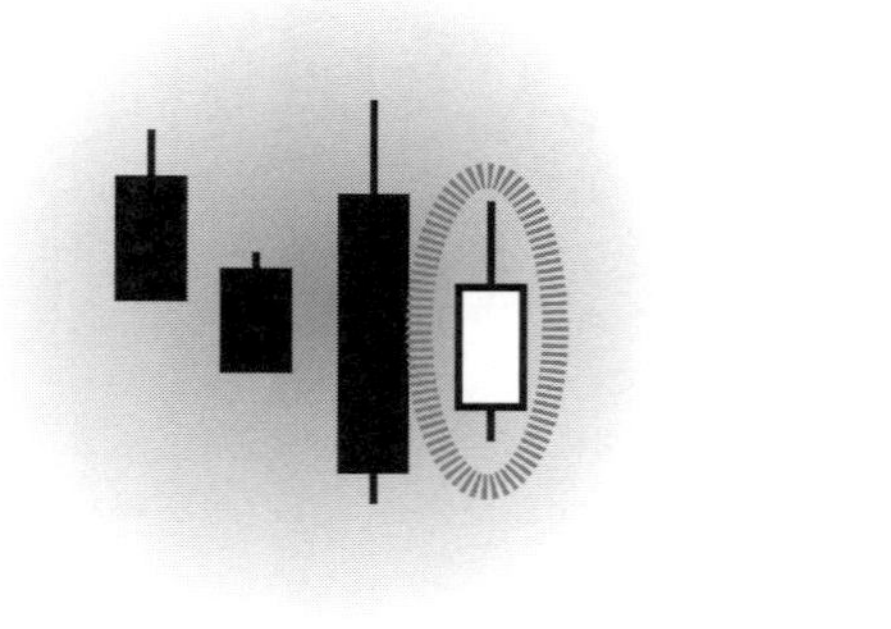

大きな陰線の次に小さな陽線が出れば、売り一色に向かう買いの存在が目立つのだ。

大きな陰線陽線に比べて、このはらみ線の存在はあまりにも小さい。

しかし、小さな兆候の中に異変を感じて、そこに資金を投じる行動ができれば、投資で資産を増やすことができるのだ。

ほとんどの投資家は株価が勢い良く上がり、出来高が増えてから注目しがちだが、これでは遅いし、不利である。皆が当たり前に判断する段階で行動しても、もう遅い。

下げた株価のわずかな兆候に上げや反発の動きにこそ目を付けるべきなのだ。

2477　手間いらず

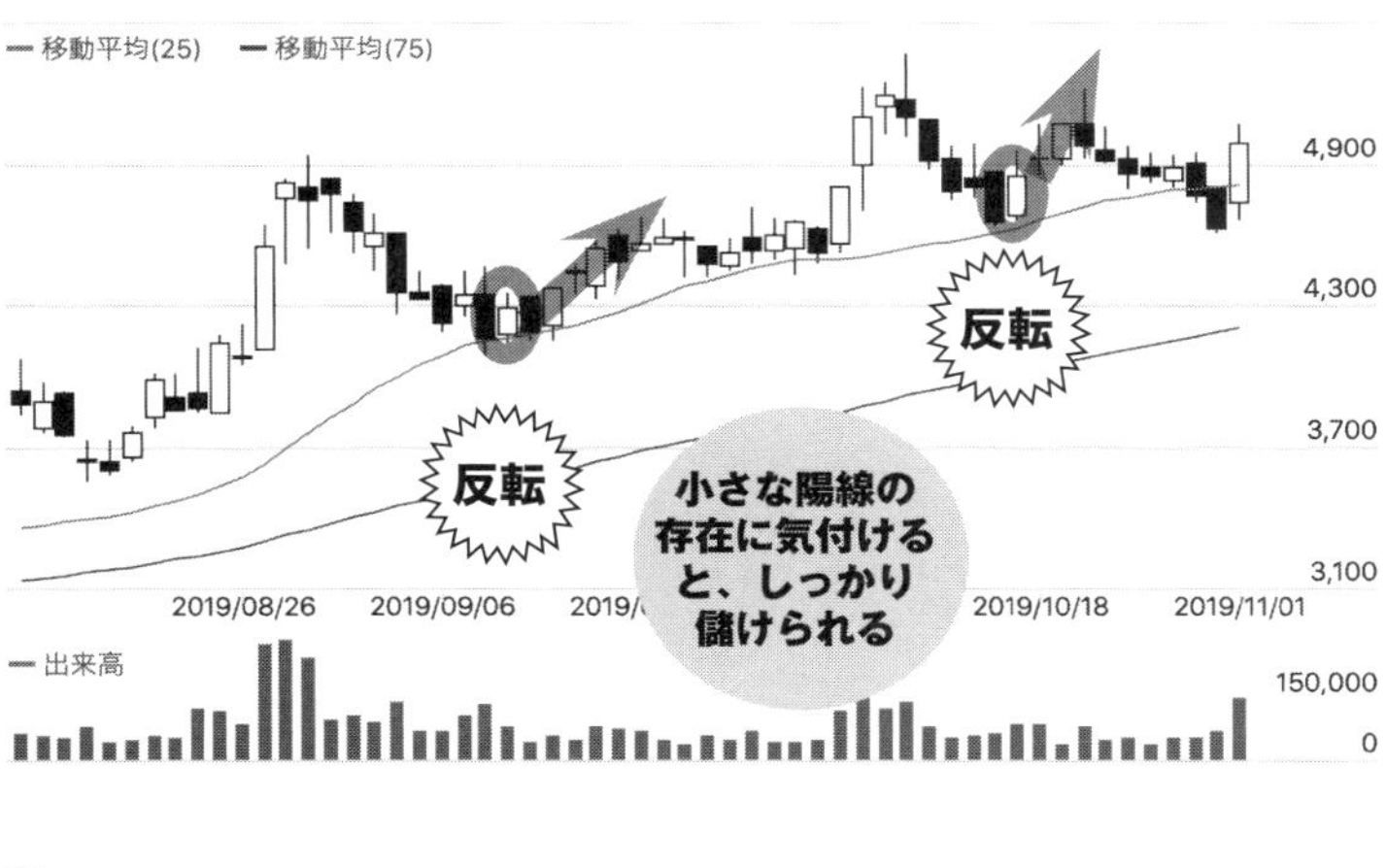

「みんなの株式」https://minkabu.jp

鬼100則 28

「空《くう》」の読み方

ローソク足とローソク足の間にできる「空《くう》」すなわち、「窓」はなぜ生じるのか。

その理由は需給の乖離にある。

上にできるのは、圧倒的な「買い玉」がある時だ。売りが少ないために、売買が「買い気配」となり、気配が切り上がって、前日のローソク足から株価が窓を開けて上に行く。

逆に、下にできる時は、売りが多く、買いに対して圧倒的なので「売り気配」となり、株価は前の日に比べて、窓を開けて下げる。

このように、**株価の変動が大きく、勢いが一方的に傾く**

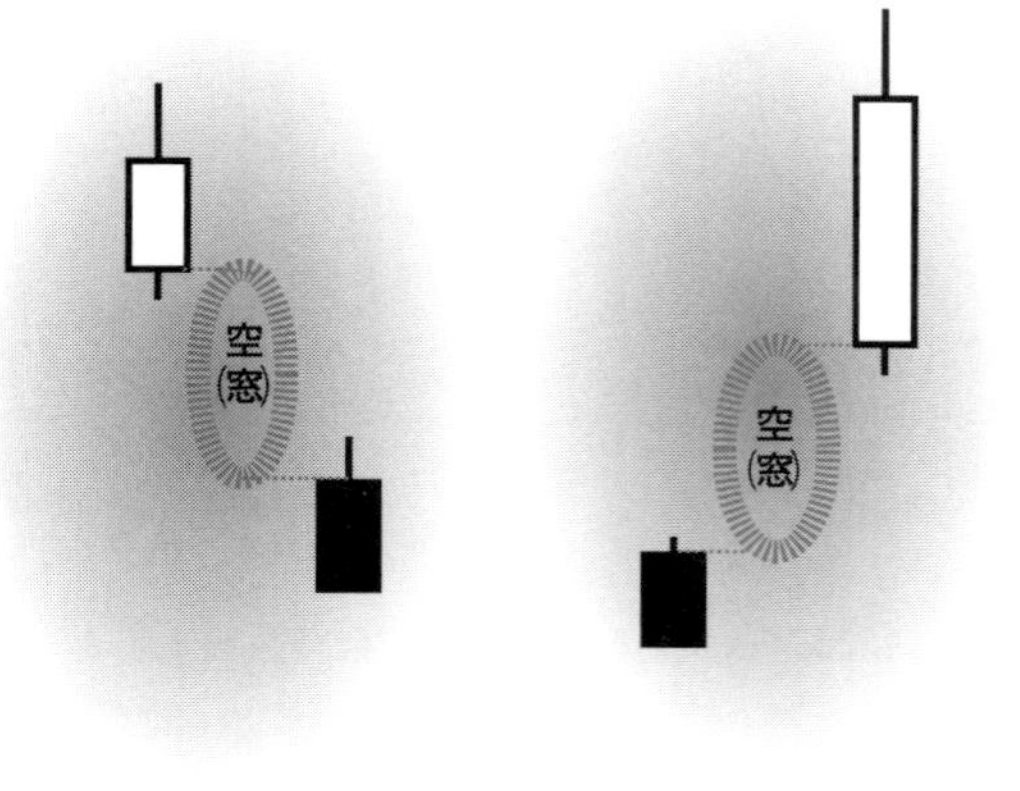

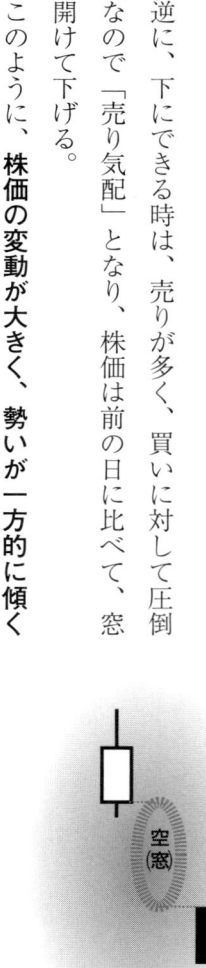

時に窓はできる。

投資家心理は上昇、下落、どちらも一方に振れやすい傾向があり、これが昨今の株式市場の特徴といえる。

その激しい動きに冷静に対処することが大切だ。

「極端に上げる時は利益確定」を、**「極端に下げる時は買い向かう」**。

こうした逆張り思考が株式投資で成功する秘訣になる。

窓開けは株価の向かう方向や勢いを表し、「上げシグナル」「下げシグナル」の重要な指標となる。たった二つのローソク足の組み合わせであっても、無視はできない。

6629　テクノホライゾン・ホールディングス

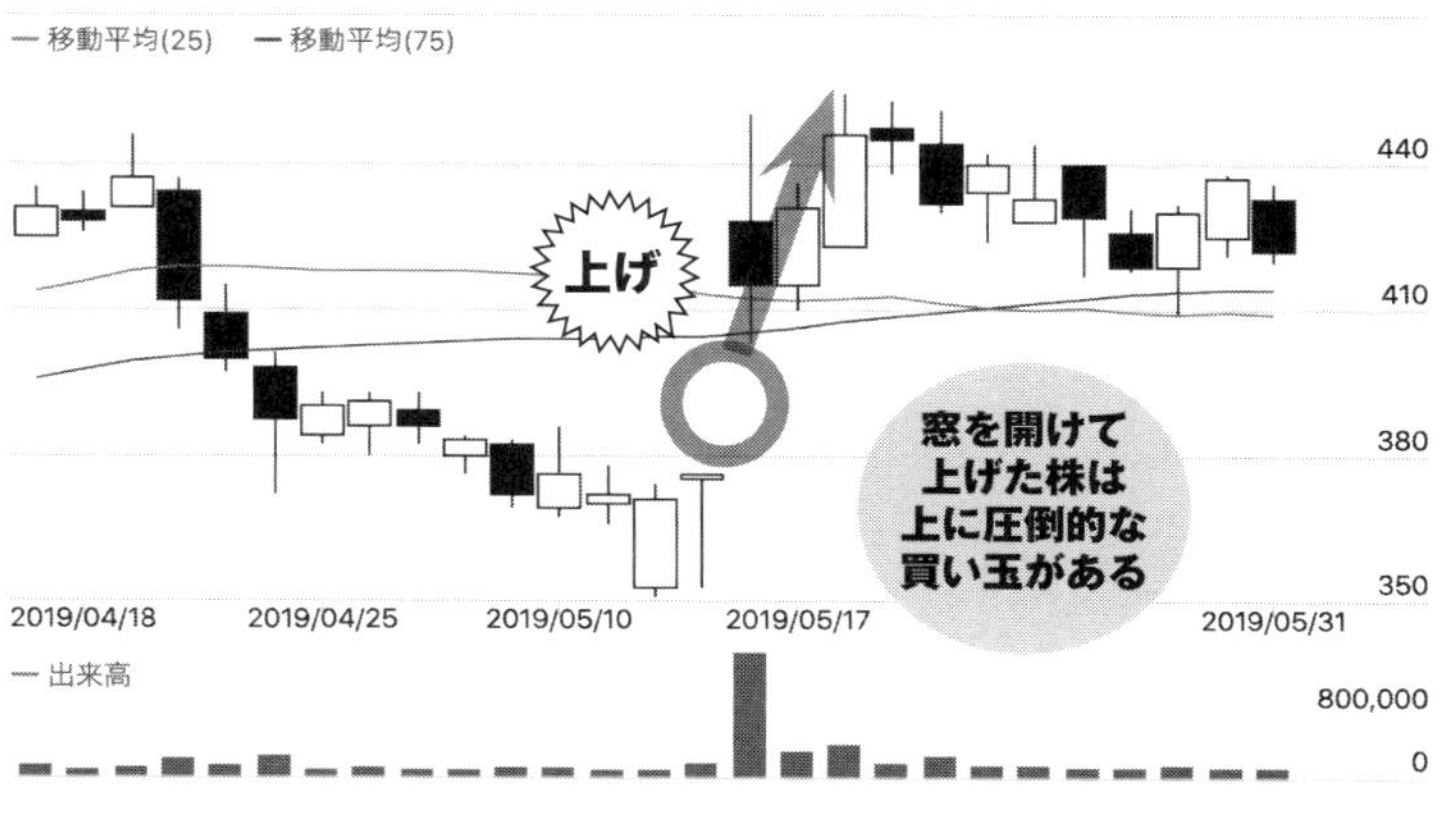

「みんなの株式」https://minkabu.jp

長い相場の「三羽ガラス」

今回お話しするのは、**「三羽ガラス」**。**高値から、もしくは持ち合いの後に、陰線が３つ続くと、姿を現す。**

文字通り、３つの黒い陰線が三羽のカラスが飛んでいるかのように見える。

売り圧迫の強さ、買いの弱さを示すので、**更なる下落が予測できる。**

株価が上げるか下げるかは、参加者のマインドが大きく影響する。

「弱いな、まだ買えない」と考えれば、だらだらと下げてしまう。

逆に、下値での買いが多く、それを暗示するローソク足が出れば、控えていた人達が「打診買い」を行うので、株価は下げ止まる。

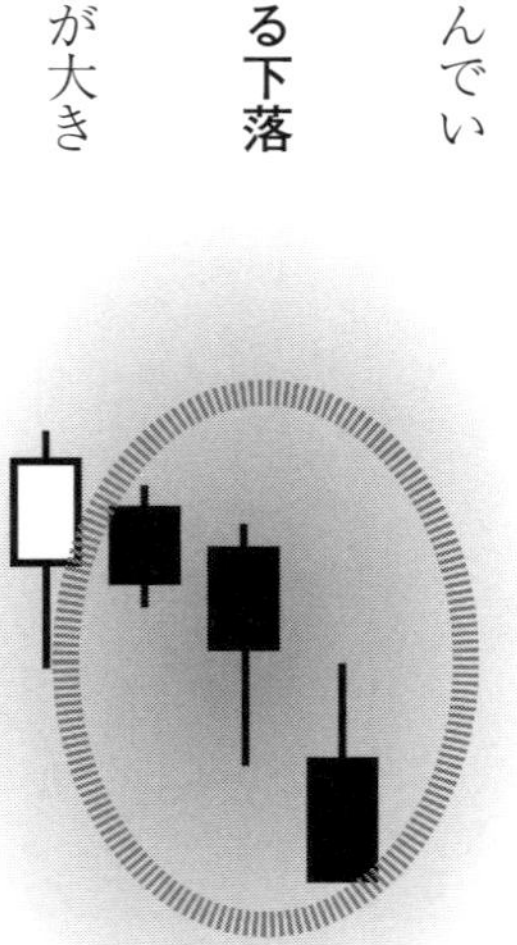

投資の参加者は、意図的に株価を動かす面もあるが、すべてを操ることはできないので、チャートを読み解き、それを背景に売買の行動を起こす。だから衆目にさらされているローソク足は無視できない。

もちろん、ローソク足で、来るべき株価の変動を完全に予測はできないが、読み解く技術の差があるので、勝ち組・負け組ができる。

勝ち組の投資家達は、「チャートの形がこうだから、確率的に次は上がる」というデータ至上主義ではなく、**「このシグナルを見たほかの投資家達はこう動くんじゃないか」と心理を見抜き、裏をかく**のだ。

相場で勝つためには、あらゆるシグナルのパターンを自分のものにできることが大切だ。

6971　京セラ

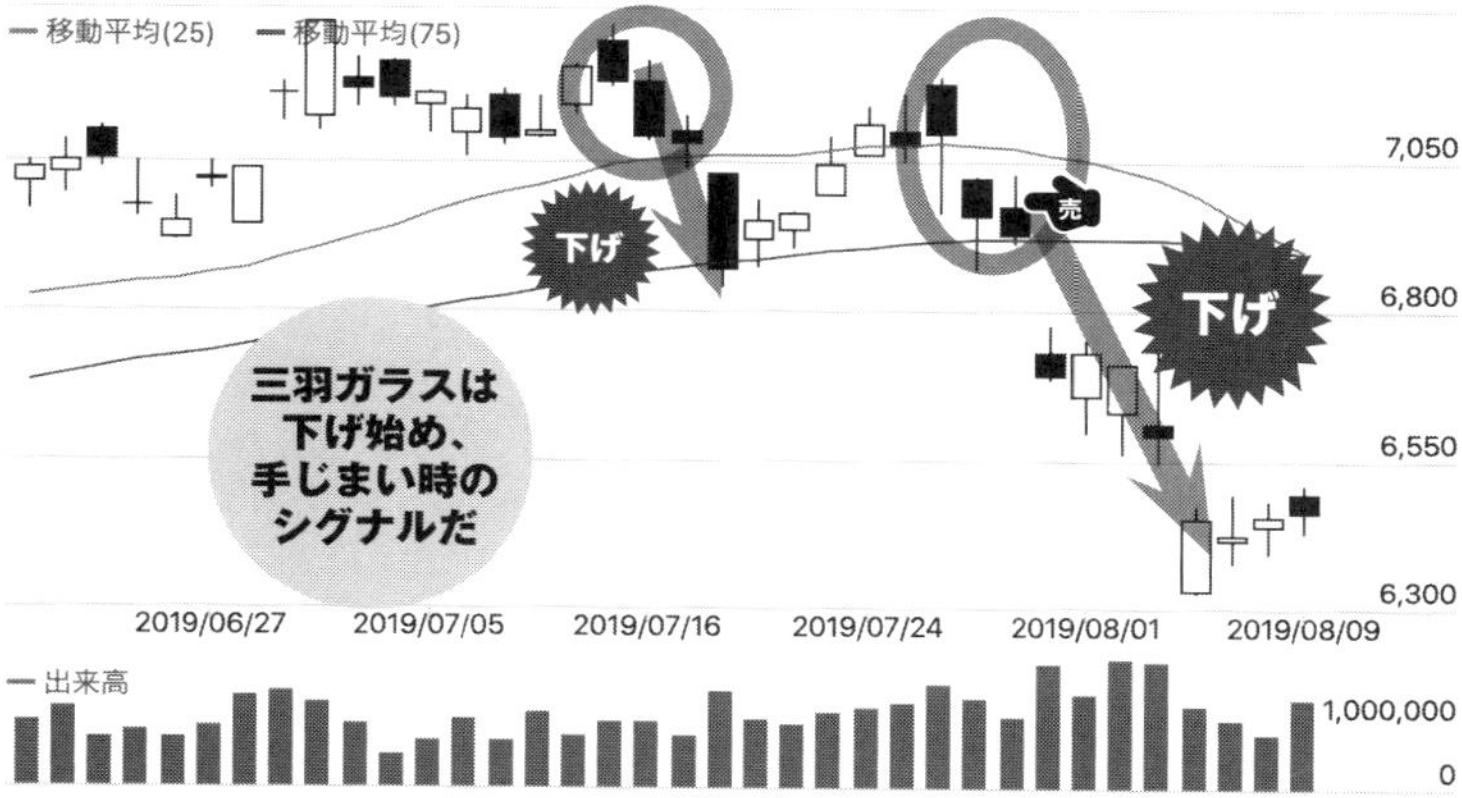

「みんなの株式」https://minkabu.jp

鬼100則 30

戻り売りの「三手打ち」

株価が下げている時に、突然、そのトレンドを打ち消すような大陽線が出ることがある。

それを「**三手打ち**」という。

基本的には、**3つのだらだらの下げの後に、そのローソク足を包み込む**、打ち消すかのような強烈な上げ、すなわち、**大きな陽線**が出ると、相場の方向は**上げトレンドに変わった**と見るのが正しい。

株価は所詮、「上げ」「持ち合い」「下げ」の三択である。

そのどれなのかを常に読み取れることがトレードで成功するカギである。

ここで上げたのは、さしたる材料もなく不人気で売られてきたが、突然、大きな材料が出たか、もしくは、特定の筋の買いに投資家が相乗りした、というような動きである。

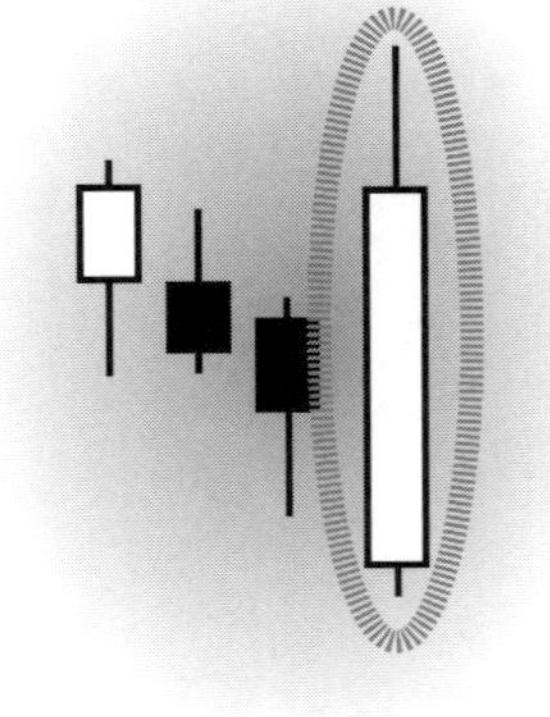

投資家は株価に「勢いがある」「上がりそうだ」とのサインがあれば、一気に買いが集まる。集まって上げたローソク足、出来高の急増を見て、さらに、買いが集まる。

連鎖反応のように、株価の変動がやってくる。「美人投票」という言葉があるが、**出来高急増、大きな陽線**は、人気化の「明らかな兆し」である。

ここでは、前の下げを打ち消す大陽線となり、衆目にさらされる。

それをきっかけにして、更なる買いが集まるのだ。長期の上げか、短期かはその時の相場による。

投資は勢いに乗ることが大切である。

ここでは、突然の買いの勢いだから、それに乗じると、成功の確率は高い。

見逃してはならないシグナルだ。

2269　明治ホールディングス

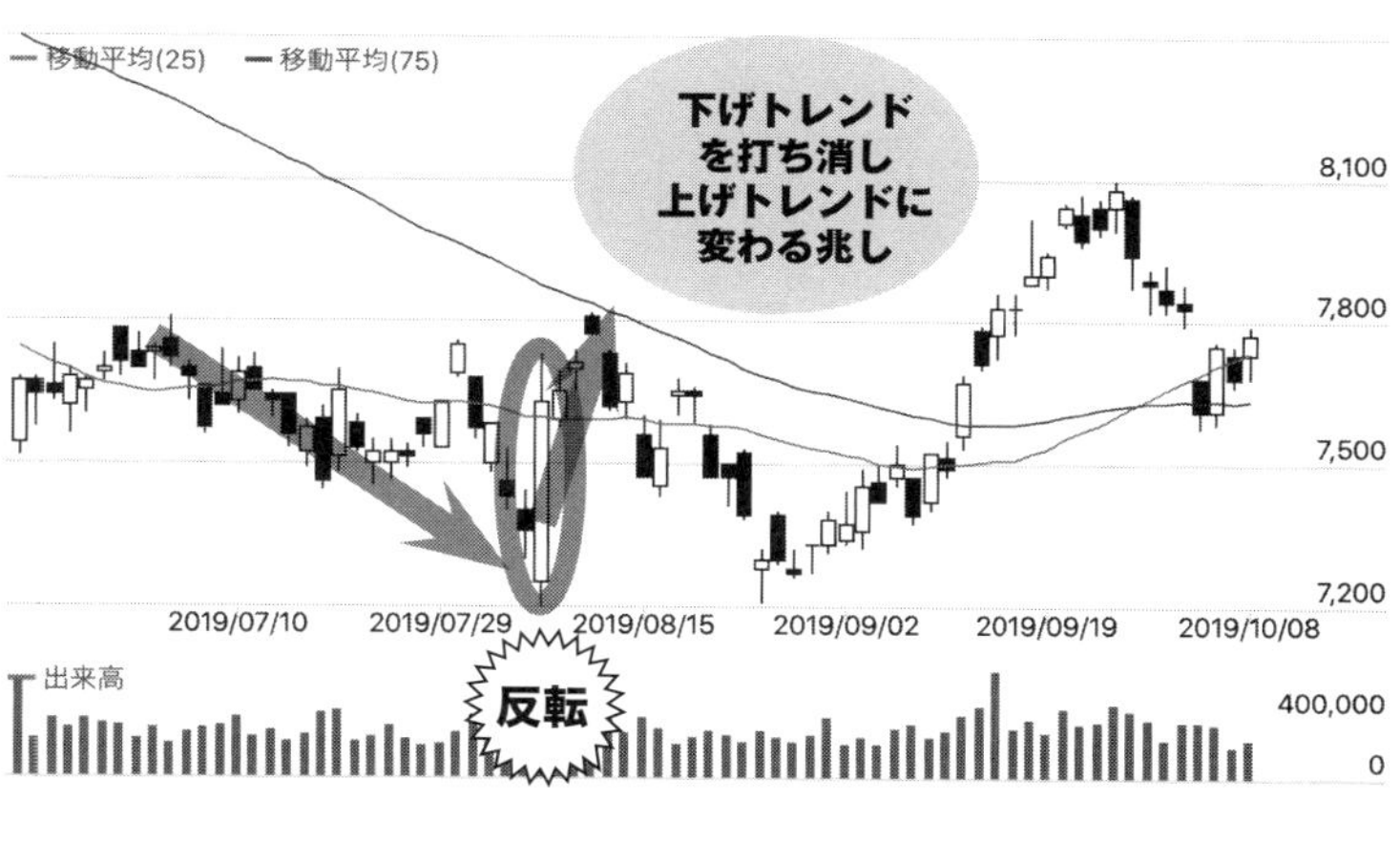

「みんなの株式」https://minkabu.jp

第4章

最高の買い時はここに注目

賭けなければ、勝つこともない。

ラリー・ハイト

一度儲けても、それで満足し切ってはいけない。何よりも難しいのは、儲け続けることである。

マーク・ワインスタイン

鬼100則 31

「急落後の二つの下ヒゲ」はチャンス

株価は極端なことを言えば、「上げるか、下げるか」この二つである。

そこで、うまく安値を仕込み、反発で利益を積み上げるには、それにふさわしい株価の動きを発見しなければならない。

ここにあげた動きは、**「美味しい底値買い」の極めてわかりやすいチャンス**と言える。

上値から4本の大陰線をつけて、大暴落したこの銘柄。

下に放れて2本の下ヒゲが出た。

これは「売り尽くし」「売り枯れ」を意味する。

後は買いしかない。

売買のバランスが、そうさせるのだ。

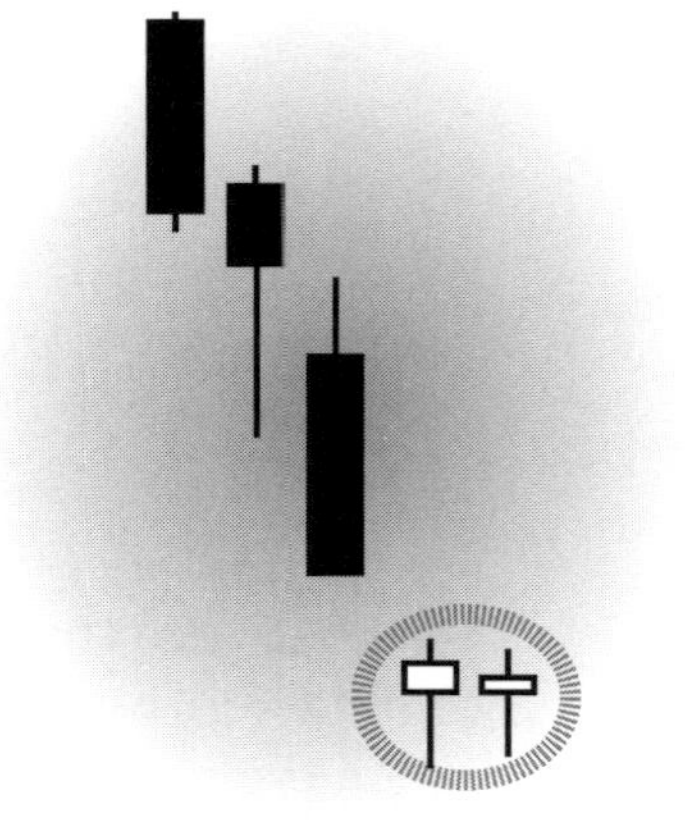

その後はローソク足の下値をうまく活用したかに見える急反発の動きとなった。株価がひとたび上げ始めると、急激になるのは、買いたい人もあるだろうが、信用の空売りの撤退（買い戻し決済）もあるので、ここにあるような「陽線続き」になる。

多くの銘柄で、株価はこのような動きになりやすい。買いから入る人は、パターンをうまく活用して、効率的に有利に仕込み、そして利益確定したいものである。

たった一つのパターンを覚えておくだけで、相当な量のキャピタルゲインを獲得できるはずだ。

あれもこれもやらないで、時が来たら一気に打って出る。

この方法が効率が良い。

3289　東急不動産ホールディングス

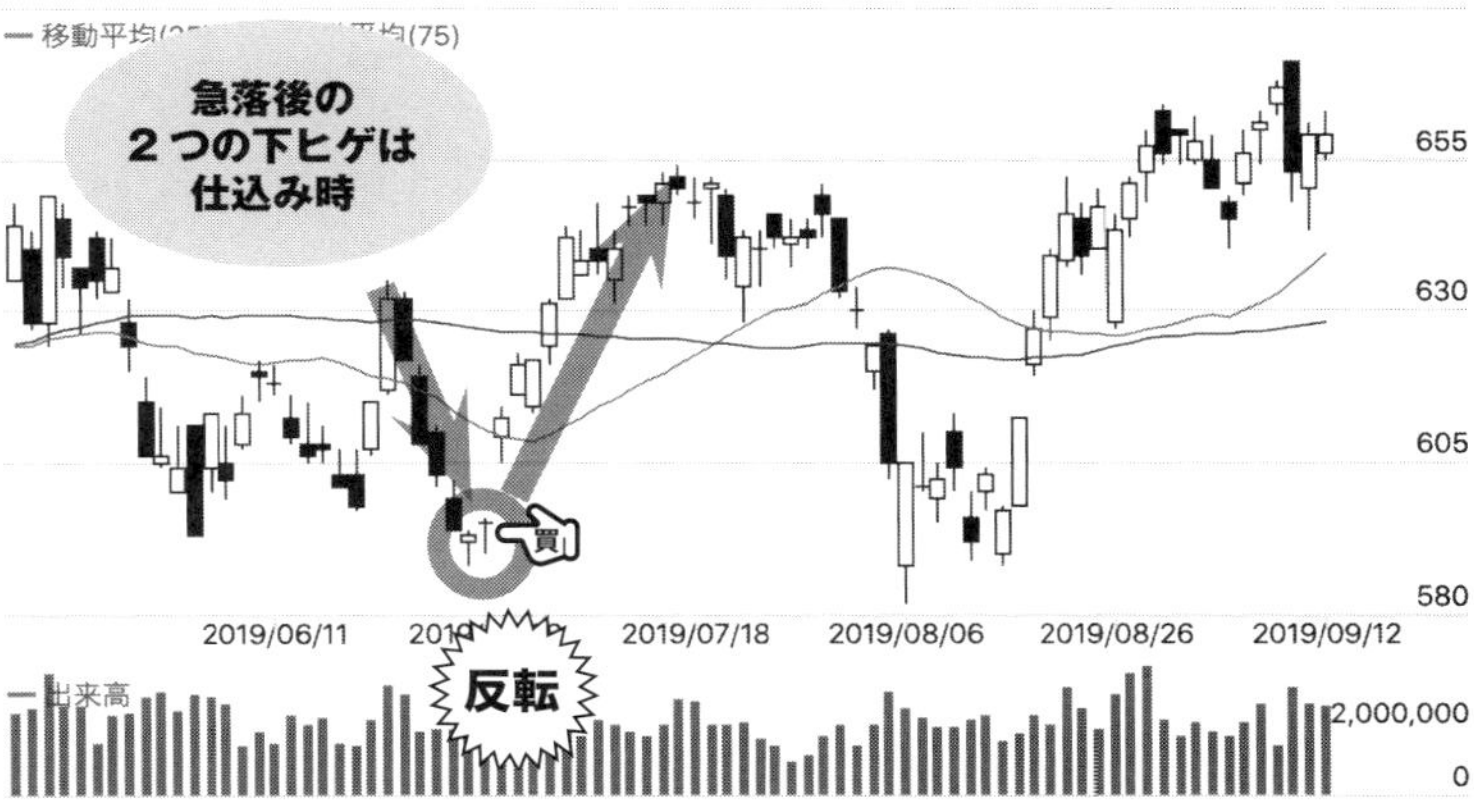

鬼100則 32

底値近辺での明けの明星、類似線は買い

株価に勢いがなく下げていると、買いが少なくなり、見切りの売り・損切りの売りも終盤になり、時には窓開けで売られる。この銘柄に対する見方が極めて暗いものとなる。

だが、「闇が深ければ、夜明けは近い」。

そういう言葉があるように、いつかは底を打つ。

どこが底なのかは、渦中にある当事者には誰にもわからないが、下値、売りの終わりのシグナルはいくつかある。

その一つが、ここにあげる「**明けの明星**」である。

売りがクライマックスになり、全面売り一色で、下に放れる。

すなわち、窓を開けてローソク足が出る。

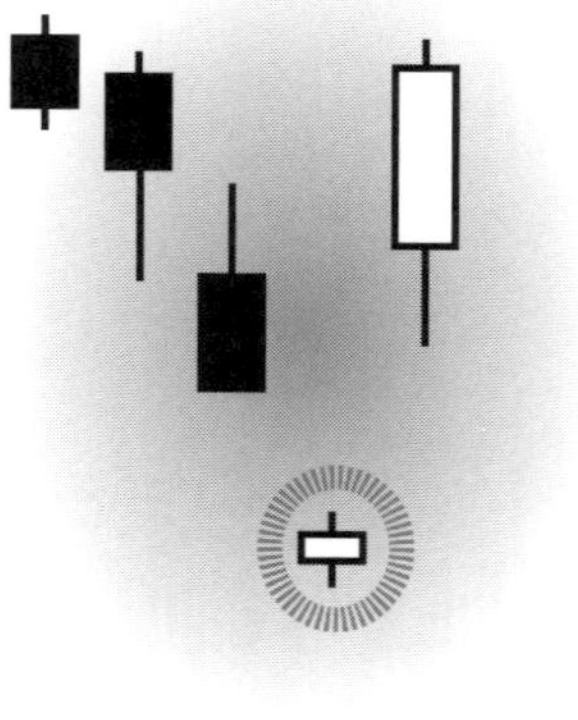

買いが少ないので、株価は下に放れていくが、セーリングクライマックスになると、**下に放れた「捨て子」のような足**が出る。

実は、これが**最後の売り**で、売りが途切れれば、少しの買いで株価が上に飛ぶ。

その後に、売買のバランスが「買い」に傾く。売りが少なくなった後での買いなので、あれよあれよの勢いで陽線が出る。

ここで、参加者が「底を打った」と、感じるので、今まで売っていた人も、一転して買いに回る。そこで、売買の力関係が買いに傾くので、上げに弾みがつく。

これはまたとない「仕込み」のタイミングとなるのである。

7741　HOYA

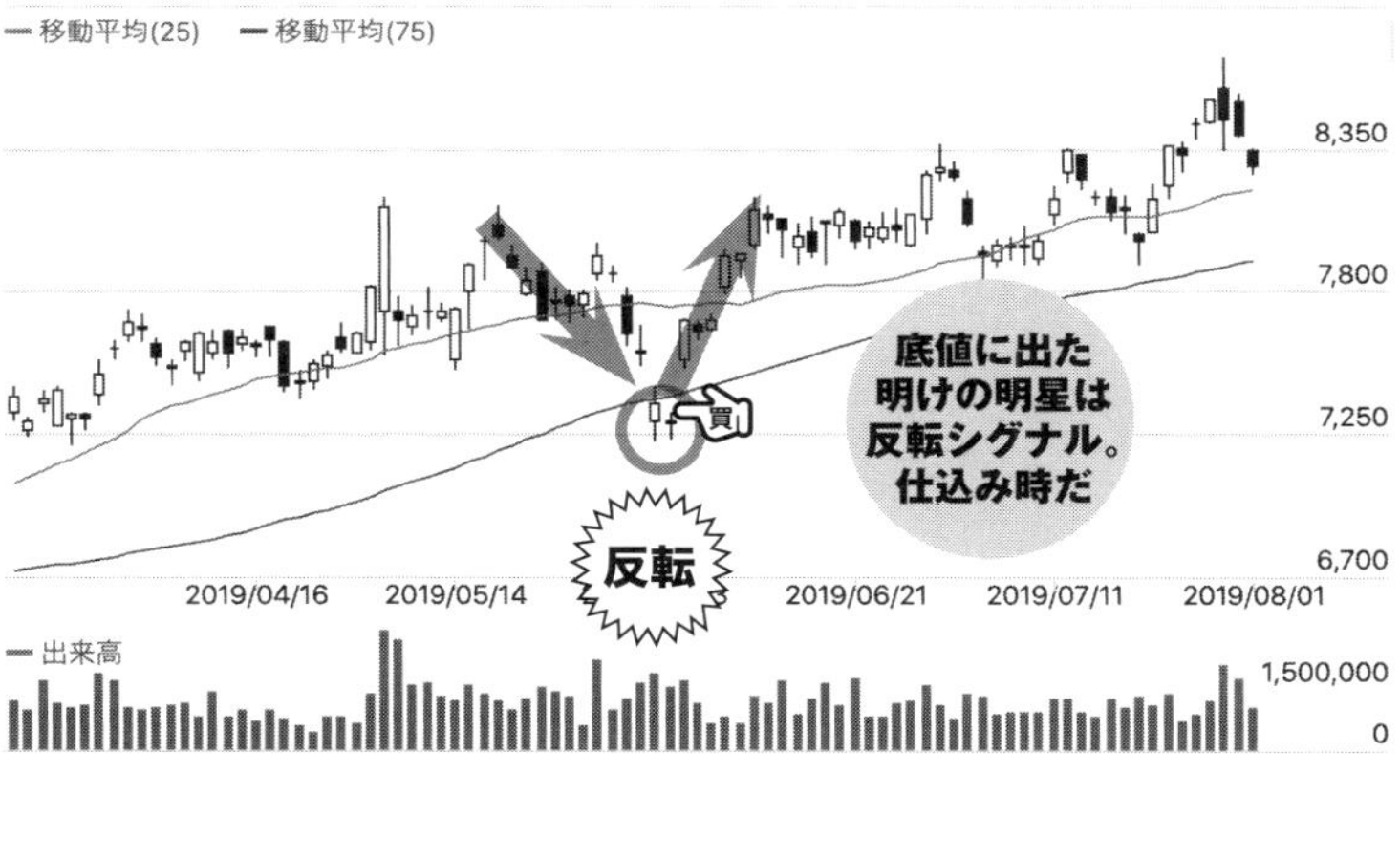

「みんなの株式」https://minkabu.jp

鬼100則 33

「持ち合いの動き」からの上放れ

株価の上げ前のシグナルには、「**持ち合い放れ**」というものがある。上にも下にも大きく動かず、一定期間モタモタした後に大きく動くことだ。

これは、下値でも、中間でも構わないが、一定の値幅を取るタイミングとして活用したい。

「持ち合いからの上げ」になぜ勢いがあるかと言えば、一気に上値をとらず、一定の値幅に収まって動いている時に、**大きなエネルギーが蓄積**されるからだ。

もちろん、そこから上に行くばかりではないが、下げに行かないで、上に「ブレークアウト」した時には、今まで迷いながら売買していた筋が一気に上値をとる、高値を買

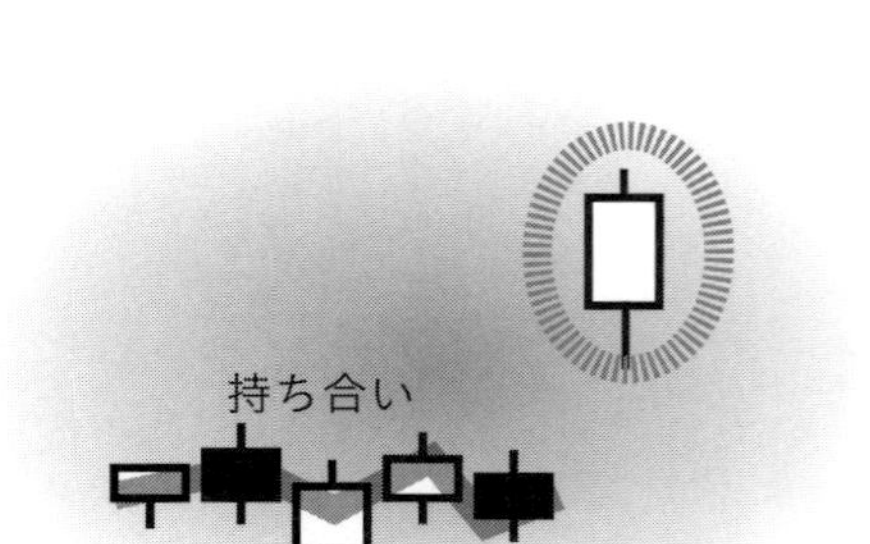

うムードになるので、株価に勢いがある。

長い間、持ち合っている時こそ、エネルギーが蓄積されるので、爆発力があるのだ。

古くからの株格言に「**持ち合い放れにはつけ**」というのがある。

一度、**持ち合い抜けをした銘柄は、安易に利益確定しないで、大天井まで**付き合っていきたい。

小刻みに利益確定する人は、小刻みに売るので、リスクは少ないかもしれないが、「勝ったり、負けたり」で、大した成果は得られない。

結果として株式投資の成果は上がりにくいのだ。

3760　ケイブ

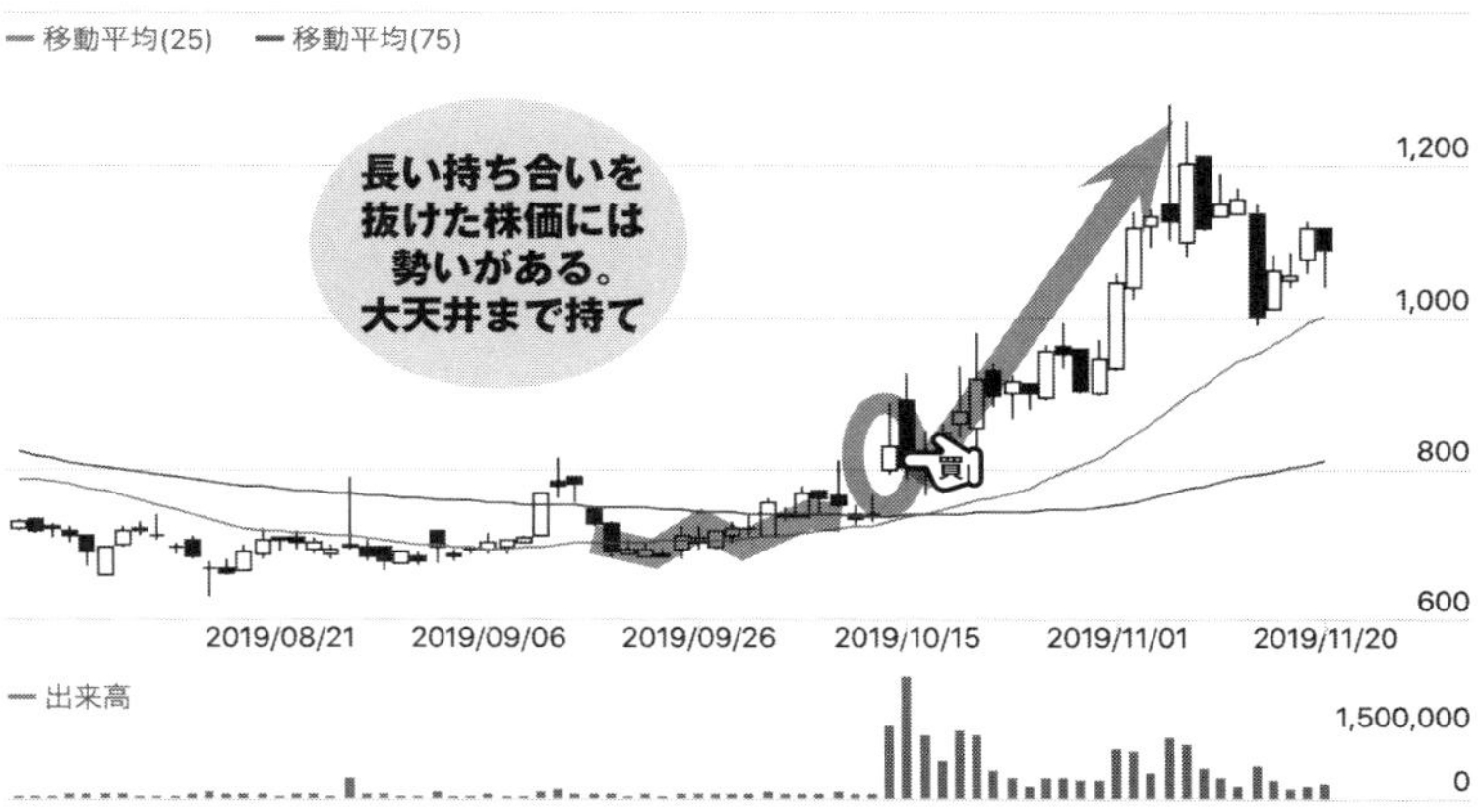

「みんなの株式」https://minkabu.jp

鬼100則 34

鍋底の動きからの上げは買い

株価の底値近辺の形には様々なものがあるが、取り立てて下ヒゲや大陽線なども なく、**なんとなく、底値を付ける銘柄**もある。

ここでは、底値近辺でまるで「鍋底」のような形の底値を付ける例を述べてみる。

株価が大きく下落すると、利益確定や信用の強制決済、投げ売りなどが起きる。

投資家はなすすべもなく、意図せざる売りを行うばかりとなる。

この状況で、特段有望でもない銘柄は、売り圧迫の中でだらだらと下げる。

ここにあげたローソク足の下値の例が、その典型だ。

ただ、この形での「底値買い」に入るのは、たやすくはない。

陰線をいくつも付けて、「もうだめか」と思うような時点で、陰陽の小さな足が続き、極端に売り込まれることもなく、横ばい、**鍋底のような形で売りを吸収**する。

しかしここで、マイナス思考からの売りが途切れるのだ。

私も短気なので、このようなだらだらの下げの時にはついつい手放し、その後の戻しで悔むことがあった。投資家は常に騙される。

そうならないためには、**高値をつかまず、下手なナンピンで傷を深くしない**ことである。

株価の勢いは、一つの方向に動きだしたら、行くところまで行かないと止まらないものだ。

しかし、このような底値の付け方もある、という知識があれば、その後の切り返しのチャンスがつかめる。

最悪の時を乗り越えるノウハウは必要である。

2212　山崎製パン

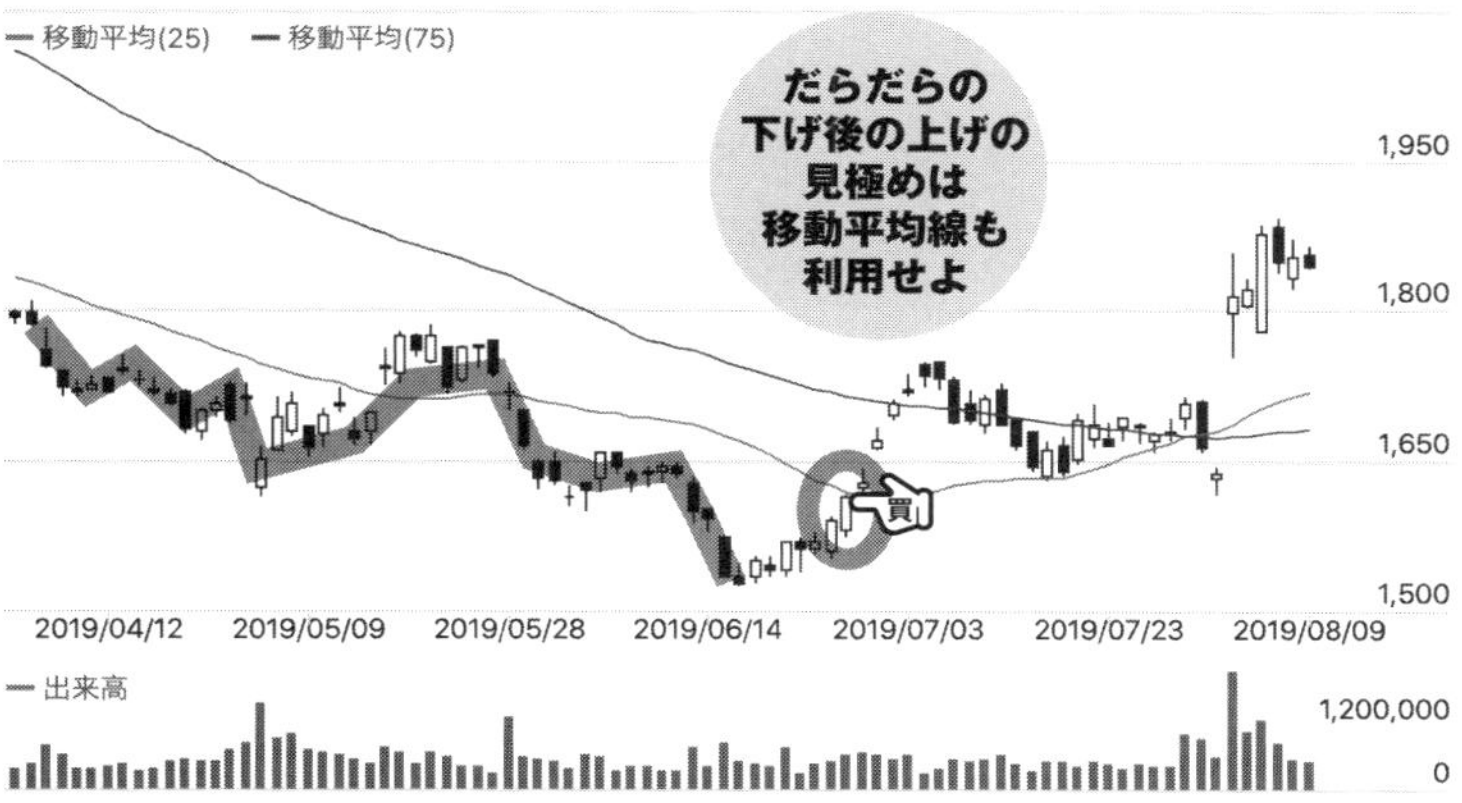

「みんなの株式」https://minkabu.jp

鬼100則 35

抱き線が出た後の上放れは買い

「抱き線」「包み線」が出て、その時点で、即、買える人はなかなかいない。前日の足を包み込む長いローソク足は、確かに底値のシグナルではあるが、その「抱き線」がチャートの途中で出ることは、実はいくらでもある。

だから、単発で見ても判断できない時があるのだ。

そのために、「買えない」「仕込めない」のは仕方がない。


そこで、**絶対に見逃さない仕込みのチャンス**を教えよう。

それは、**抱き線の後の連続陽線**や「**窓開け陽線**」に見ることができる。

これで、下値からの反発が確約される。

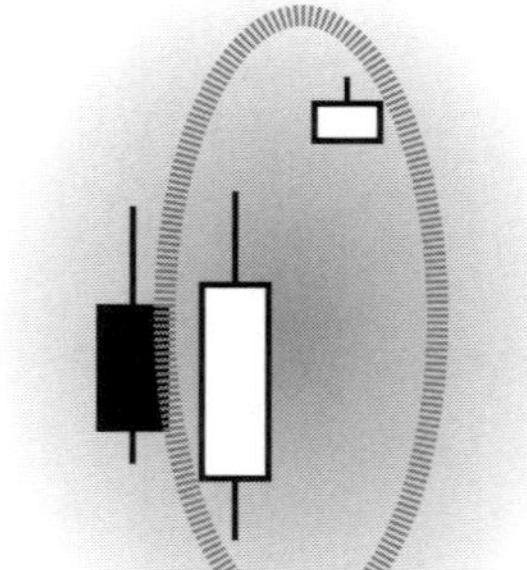

すなわち、上げの始まり。
底値からの反発は99％確定だ。

このサインが出たら、大量の資金を投入すべきだ。

これがローソク足の「底読み」の醍醐味である。
これさえできれば、後は放置で良い。
株価は次第に上値をとるだろう。投資家は上値をとる動きに触発されて、買いに回る人が多くなる。

投資をプロで行っている人は、こうした最初の「仕込みのポイント」を見逃さない。
それができれば、株式投資で、巨利を約束されたにも等しいのである。

8251　パルコ

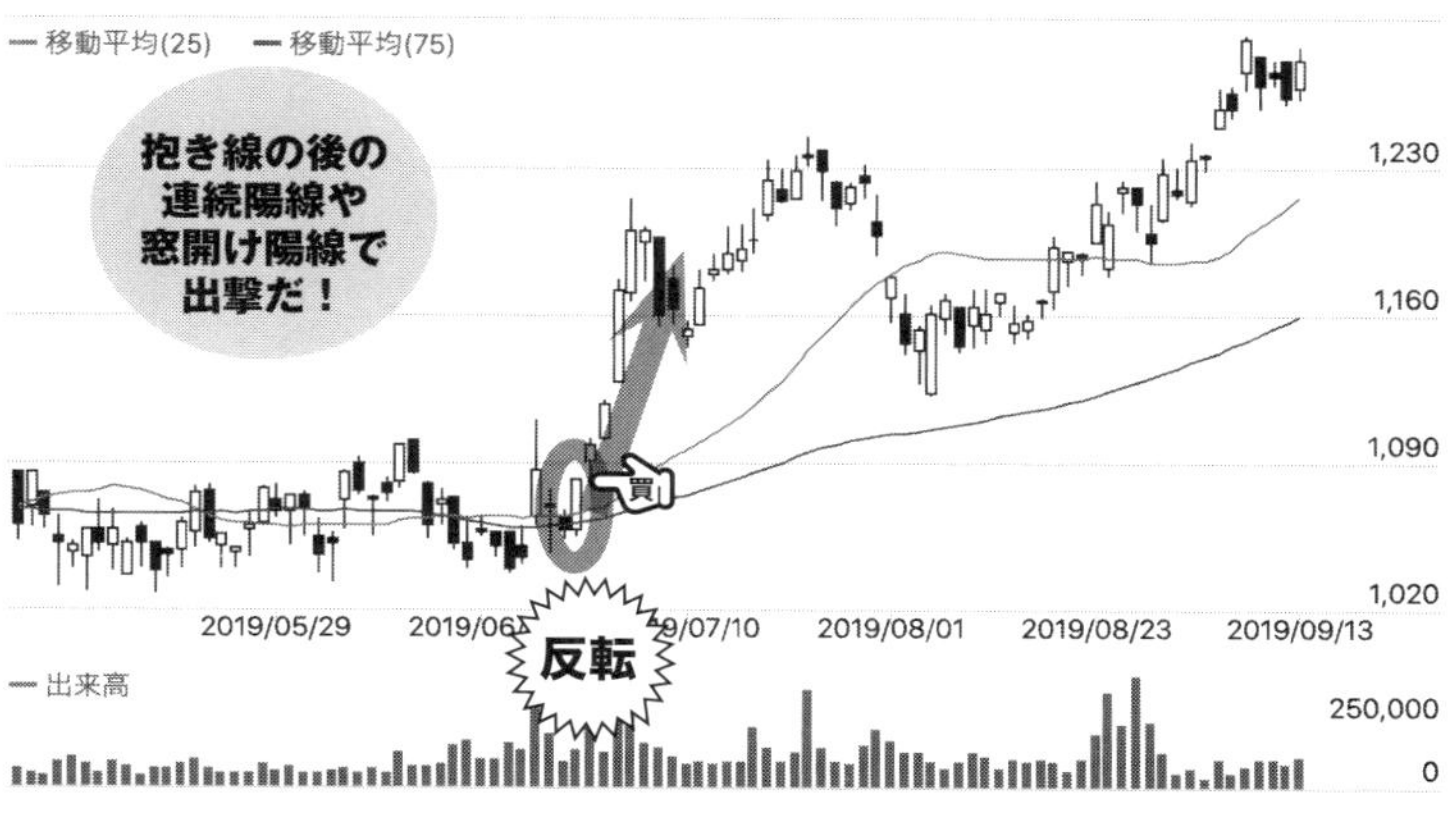

「みんなの株式」https://minkabu.jp

鬼100則 36

上げの「二つ星」「三ツ星」を確認せよ

株価が上げ始めた段階で、突然、小さな陰陽線が迷い子のように横に並んで出ることがある。

これを「**二つ星**」「**三ツ星**」といい、その星の出た位置により、上げの勢いが強いか弱いかが判断される。

ここの上げた足では、移動平均線を上に突き抜ける前に、一休みの形で、小さな陽線が二つ、小さな陰線が一つ。合計三つが横になっている。

これは「コマ」ともいわれるが、一日の株価の動きが小さいのは、ある意味で、「迷い」であり、**強弱が対立**している。

売りも買いも力が拮抗しており、大きく値が飛ぶこともなければ、大きく売られることもない。

どちらが寄り切るかは、その後の株価に出る。

下に大きく下げれば、当面の上げは終わるが、この銘柄は、**窓開けでの上昇になるので、「上げ鮮明」**となっている。

朝の寄り付きの段階で、窓開けでの強い気配を見て、次の足の動きは読めるので、「ここは買いだ」と決断したい。

ここのタイミングの決断ができるか否かが、株取引の成否を分けるのだ。

上げトレンドを素早く読み切り、そこで、買いに入れれば、その前の下値からの立ち上がりの時に仕込めなくても、含み益を取る可能性はあるのだ。

上げチャンスを確実なものにするのは、大切なことだ。

6758　ソニー

「みんなの株式」https://minkabu.jp

鬼100則 37

ダブル底・二点底は確率の高い底値

株価の動きの中で、下落の後に復帰するのは、一定のシナリオがある。

底値から株価が復活する時に極めて高い頻度で現れる「二番底」というものがある。

株価が下げてきて、やがては底値を付けるが、そのタイミングで入れれば勝てるとは限らない。

もう1回の「**二番底**」を用心しなければならない。

もちろん、1回の下値で、勢い良く上げる銘柄はいくらでもある。

しかし、2回の底値を付けて上昇する確率は高い。

ここにあげた銘柄は陰線続きの後に大きな陽線が出て、底値を暗

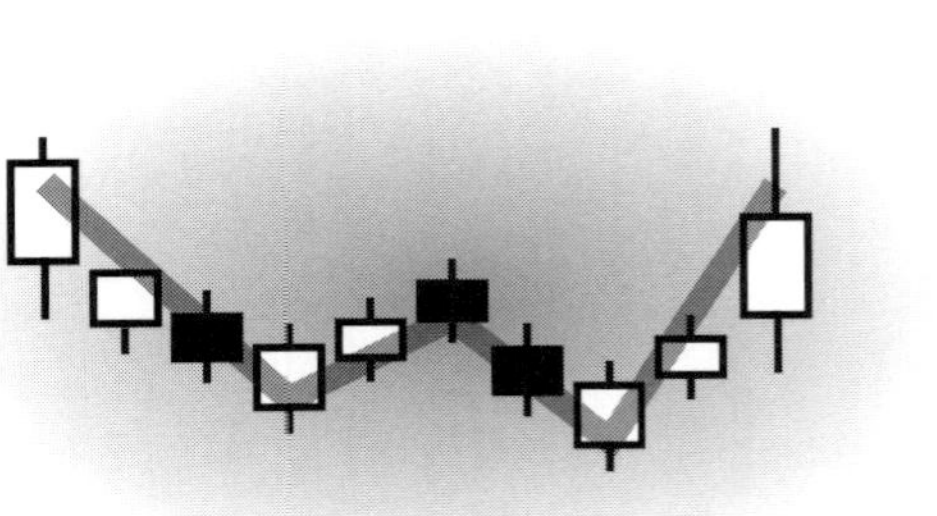

示する。しかし、「やれやれの売り」は途絶えておらず、ある程度戻した時に売りが出て、もう一度、底値を付ける。

この**２回目のだめ押しがあれば、売りはたいがい途絶える。**

今度は売りの心配がなく、窓を開けて株価は反発から上げへ、しかも**窓開けの上昇**に向かう。

このようなダブル底の形は、期間は違えどいくつもあるので、株価下落の後に反発・上げのタイミングを計る際には、ぜひ参考にして欲しい。

株式投資は、いかに、有利に仕込むかである。その一つが、だめ押しでの底値を付けた動きなので、その後に株価が上に向かうタイミングをじっと見ておくのが良い。

8035　東京エレクトロン

鬼100則 38

トリプル底からの上げ

二点底が下値のシグナル。ほとんどは1回のシグナルだ。これが株価の底値を付ける形だが、ここまで念を押せば、上げだろうというのが、「**三点底**」「**トリプル底**」である。

何回もダメ押しの下げを経過して、売りを吸収する。

「売り枯れ」の後に上げていく、下値確認のシグナルである。この銘柄では、だらだらの上げが終わり、小反発するが、**下げてきた移動平均線を抜けた後に、売りに押される。**

下に放れて、「明けの明星」がらみの二つの陽線で当面の大きな底が終わり、ようやくゴールデンクロスが完成するが、それでも、しつこい売りが出て、また陰線となった。

相場は我慢が大切だ。

３回目の押し目の後に、窓開けの勢いのある上げがやってくる。

底値買いは誰もが望むことだが、その場にいたら簡単ではない。

しかし、我慢強く追跡していけば、さらに底値を買い足していくことで、割安に思える水準での仕込みができる。

この後に勢いのある上げについていけば、含み益が大きくなる。

我慢して底値を狙ったご褒美は大きい。

誰もができる底値買い。

しかし、それができないところに、株式投資の成功の難しさがある。

粘着力と「しつこいくらいの」執念が株式投資の果実をわがものにできるのだ。

6146　ディスコ

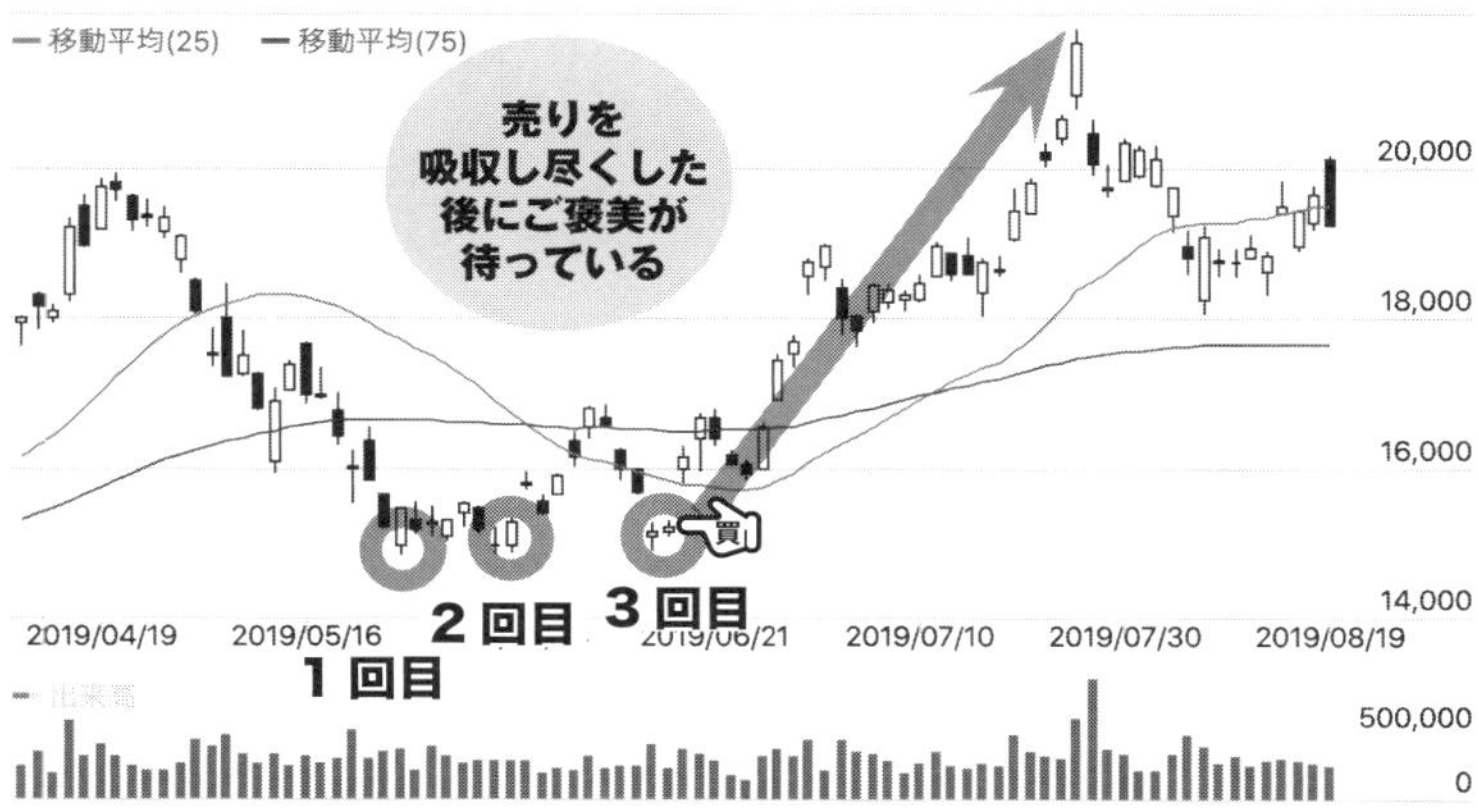

「みんなの株式」https://minkabu.jp

鬼100則 39

「移動平均線の上の持ち合い放れ」につく

底値や下値からの急激な上げのパターンはたくさん知っておくことが大切だ。

なぜならば、どの株価の動きでも「下値からの反発」のタイミングが判別できれば、有利な仕込みが可能だからだ。

ここにあげた「移動平均線上の持ち合い抜け」は、出来高を伴うと急激な上げが期待できる。

ここまで、ローソク足の前後の組み合わせで買い時・売り時を見極める方法をお話しししてきたが、チャートにはもう一つおなじみの**移動平均線**というヤツがある。

5日、25日などの株価の平均を曲線でつないで表したものだが、

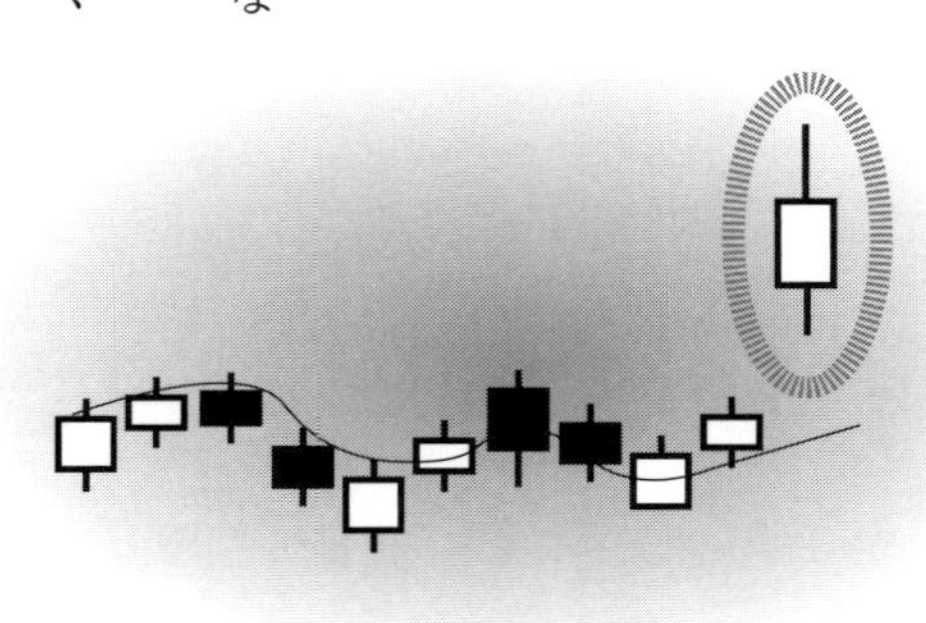

この動きとローソク足とのからみも重要なシグナルである。通常、移動平均線とローソク足は付いては放れ、付いては放れる。

日足チャートで主に見るのは**25日線**だ。

ここにあげた銘柄は、しばらく25日移動平均線上での持ち合いが続いていたが、突如として窓開けの上昇になる。

株価に勢いが出て、人気化したのでこの初動に乗りたい。上値で持ち合いになったところが逃げ時である。

上げのサインは「窓開け、陽線、出来高」である。

これで、上に飛んだエネルギーに買い方が付いてくる。

株の売買は、「売りか買い」のどちらかだが、サイン確認で即動くのが得策である。

4519　中外製薬

「みんなの株式」https://minkabu.jp

「長期の下値持ち合い」からの棒上げにつく

株価が長期にわたり、下値持ち合いになっていると、誰も見ない不人気銘柄となる。しかし、ある日突然「人気銘柄」と化すことがある。

ここにあげた銘柄は、地理情報システムの会社だが、だいぶ前に人気化して急騰した経験があるので、動きだしたら一気に行く可能性があると注視していた。

突然上げたように見られるが、大型の銘柄が動かない環境では、小型の材料株に人気が集まりやすい。相場環境で上がる可能性ができていたのだ。

全体相場が良くないのに、ストップ高を付ける小型材料銘柄はいくらでもある。

株価の初動を見逃さず手を打てれば、取引の精度が変わるのだ。

あえて言うならば、急騰の前に、二つの少し長めの陽線が出ている。

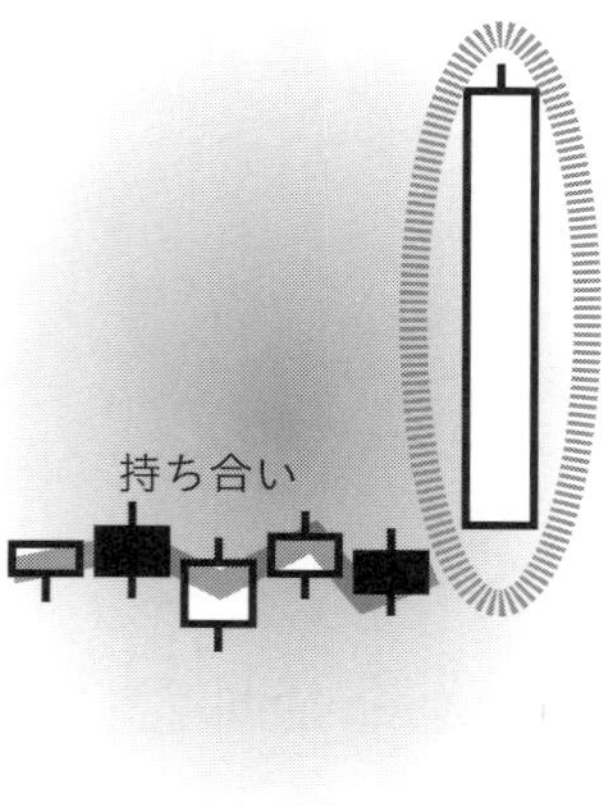

これは**仕手筋が「仕込み」を行った形跡**と考えられる。

この時点では誰もわからないが、株価が動いた時に、その前の日足を見て、「そうだったのか」と、感じられるくらいの眼を養っておきたい。

それが、ローソク足を活用して、儲かる銘柄を見付けるコツになる。

小さな陽線。しかし、その**周辺に比べれば、明らかに長い陽線**が出る。でもすぐには上げない。

この（棒上げした後の）チャートでは、その兆しとなる陽線はごく短く感じるが、これは、大陽線が出たためにグラフの幅が変わり、それまでの値動きが小さくなってしまっただけのこと。

急騰前は、もっと振れ幅が大きく見えたはずだ。

その兆しにあなたは気付けるだろうか。

2303　ドーン

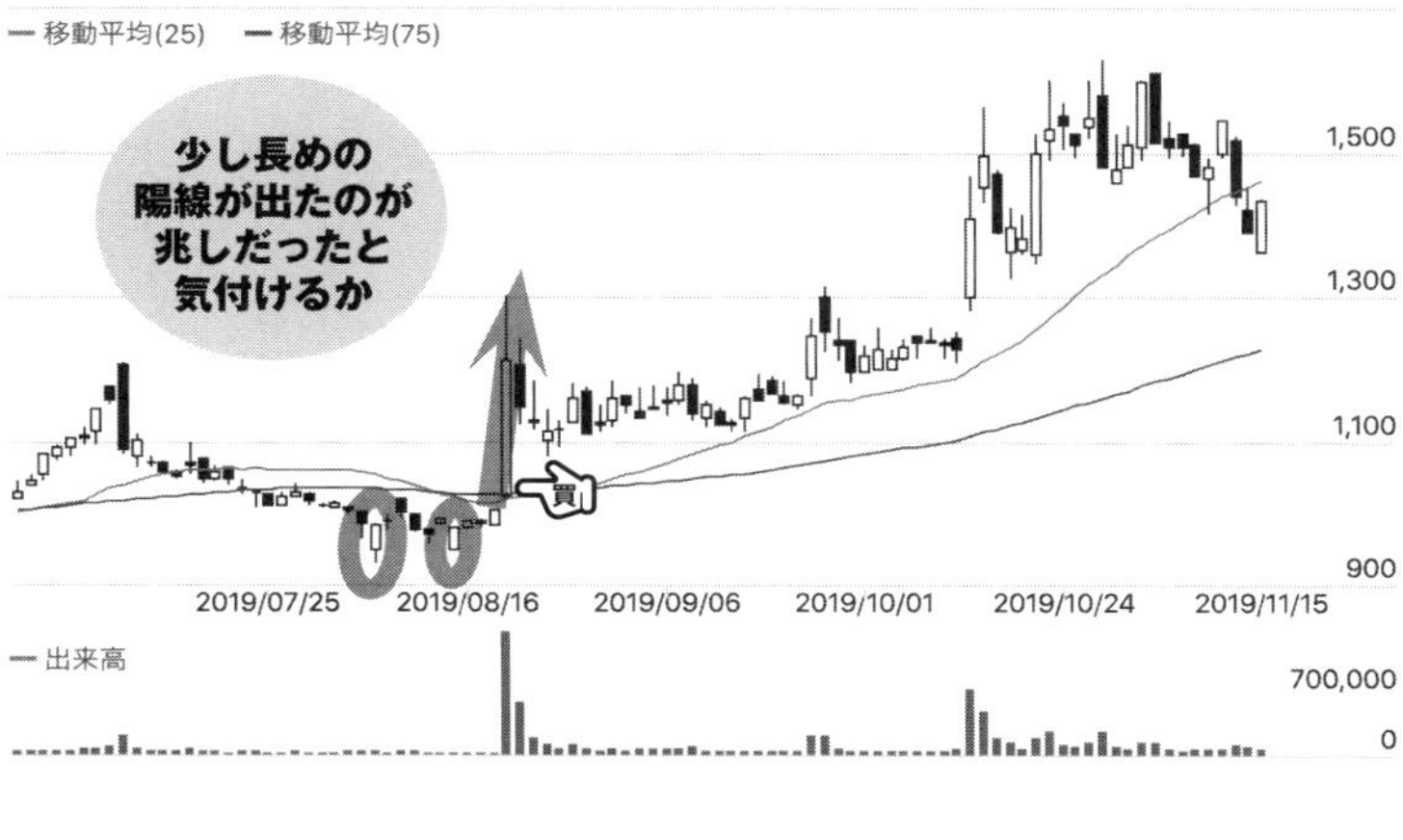

鬼100則 41

「三手大黒線」の底値

底値近辺からの株価の反発には、様々なものがある。

三手大黒線、すなわち「**三つの長い陰線**」が出ると、そろそろ底値かとザワついてくる。その後、**株価が下げたところで、いくつかのコマ**と言える陰陽線が出ることで底値が明らかになる。

三手大黒線が示す「もう、これ以上は下げない」という下値サインに、下に放れない株価の動きが「底は打った」という確証を与えるのだ。

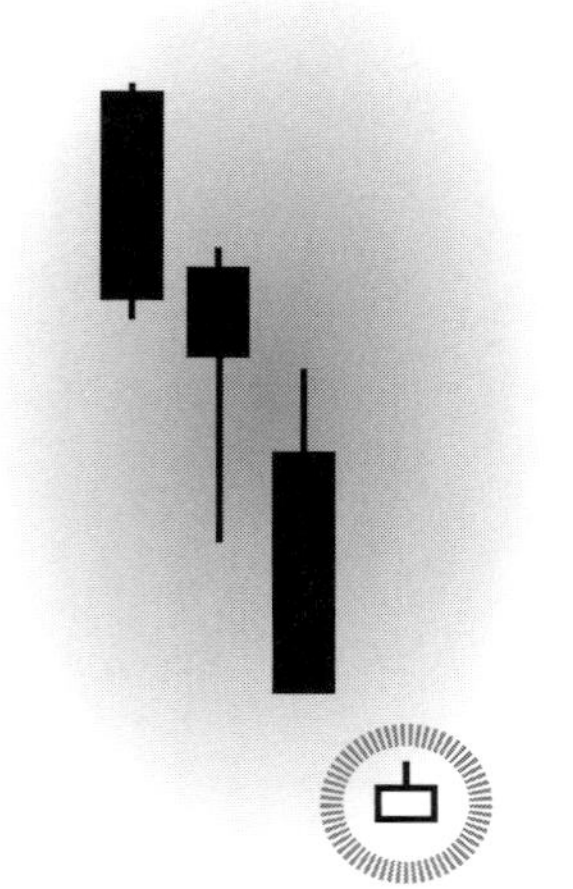

このように、**小さなローソク足が出た後で、底値から立ち上がる陽線が出て、さらに、窓開けの陽線が出始めれば、明らかに買い**である。

しかも、下ヒゲがあれば1本の足の形でも大切に見てトレードしたい。

株価はシグナルを読んで上げる方向に向いていく。

株価に勢いがあれば、勢いのある方に投資家はついていく。

その心理的な動きを読んで参戦することで、利幅を確保できる。

ローソク足の一つ一つに、その意味を求めて、決断して、行動する。

そこにチャンスが生まれ、成果が上がるのだ。

ローソク足は、冷たい数値的なものではなく、その裏に、ドロドロの思惑が潜んで、売買の力関係が出来上がることを知ろう。

4751　サイバーエージェント

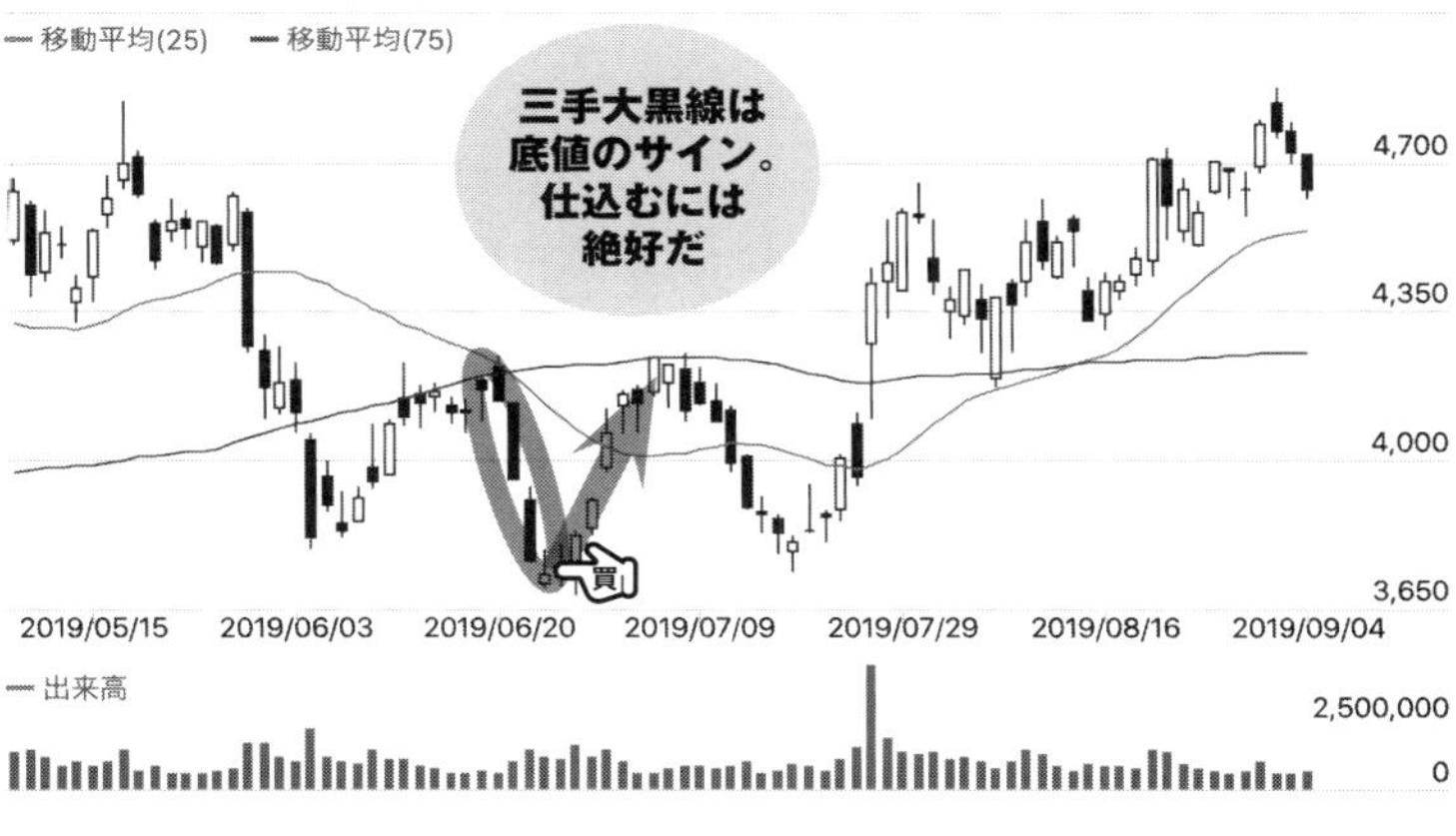

「みんなの株式」https://minkabu.jp

鬼100則 42

「下値持ち合い」からの急騰

株価が下値から上がる時の様相には、様々なものがある。

ここにあげたのは、「持ち合い放れ」からの上げである。

株価が下落して、しばらく不人気のままで、持ち合いを続けている時は、チャートは横横の動きになりがちだ。

下がる前に買っていた人は、「失敗したな」と放置するか、損切りをして「縁を切った」と考えていることだろう。

実はその姿勢が問題である。

下がって損をしたかもしれないが、株価は必ず、底を付けて反転、上昇の場面がある。

どの銘柄のローソク足を見ても、「上げたり下げたり」のリズムがある。

この動きをしっかり見るべきだ。

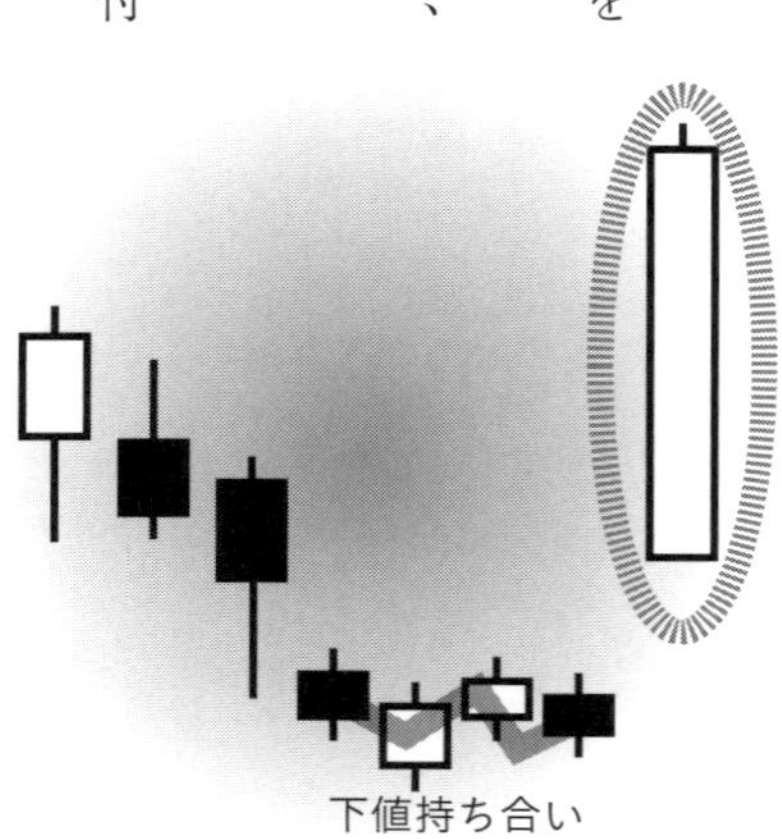

下げて、損をしても、その銘柄の「挙動」は見逃さない。この執念が必要である。

株式投資では、執念が勝敗を分ける。

私はどちらかといえば淡白で、昔、損切りした銘柄の「その後」は、追いかけなかった。

ところが、投資で大きな成果を上げている「カリスマ」から、**「下げた後の株価は追いかけよ」**と聞いたので、それを実践し、おかげで株で儲ける確率が劇的に上がった。

誰もが見逃す「タイミング」。

勝ち組になる人は、したたかに、「勝つための法則」を実践しているのだ。

お目当ての銘柄の「天井、底値」は、しっかりと確認していこう。

6460　セガサミーホールディングス

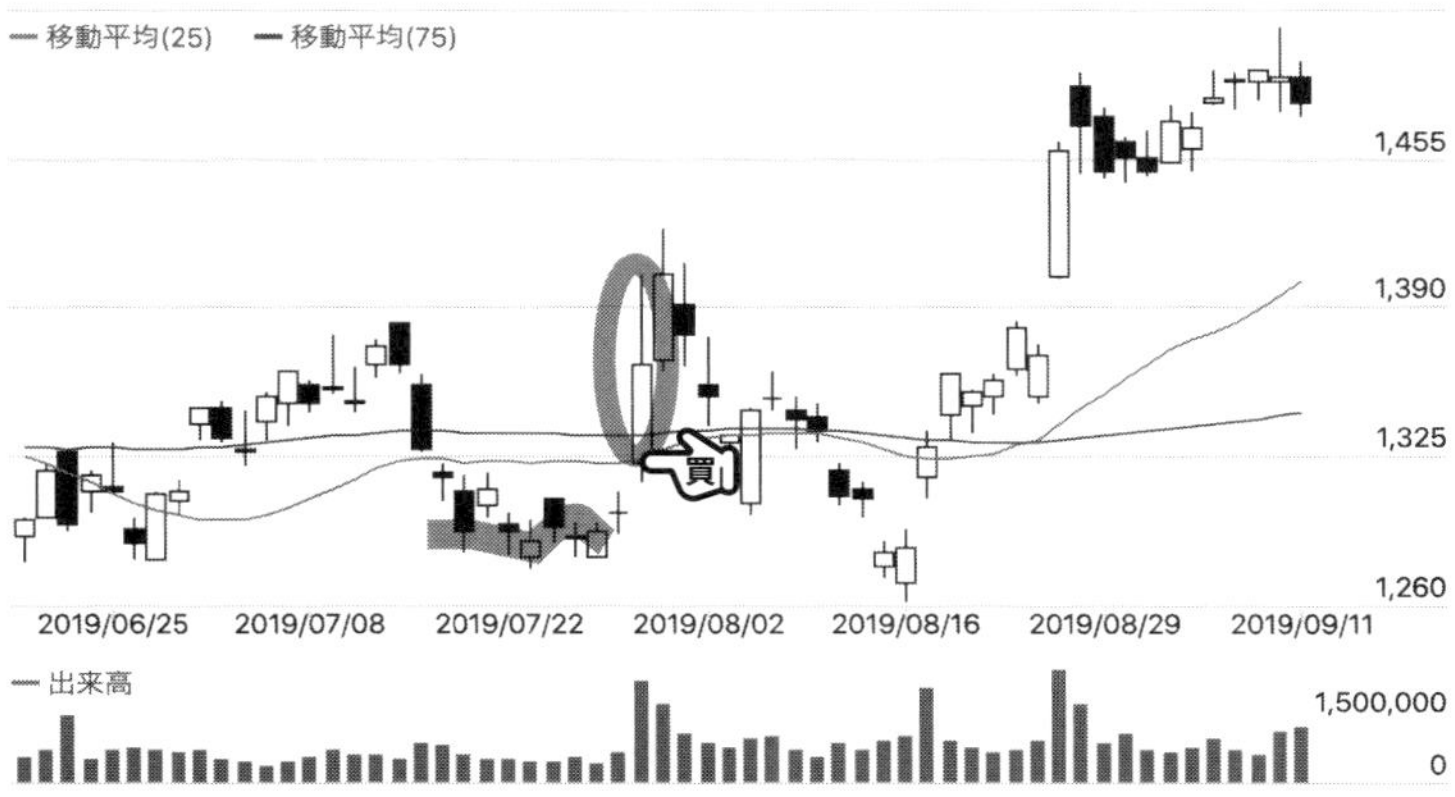

「三空」は集団での動きでも買いになる

「**三空叩き込み**」というものがある。何度も**窓を開けて急落**する形だ。

急落時に手出しは無用だが、底を付ければ、仕込み時となる。

実際のチャートは、まず型通りのものはなく、「もどき」がほとんどだ。

このチャートも「三空叩き込み」の形だが、その後に少し、変型がある。

底値を出したかに見えた4日目に、NY相場の異変でもあったのか、大きく下に放れて寄り付き、大きな陽線を出して、そこで下値完了。

変型だが、**大陽線が下値に出たので**「**安心の大底**」になる。

これよりも下は「絶対にない」というべき足である。

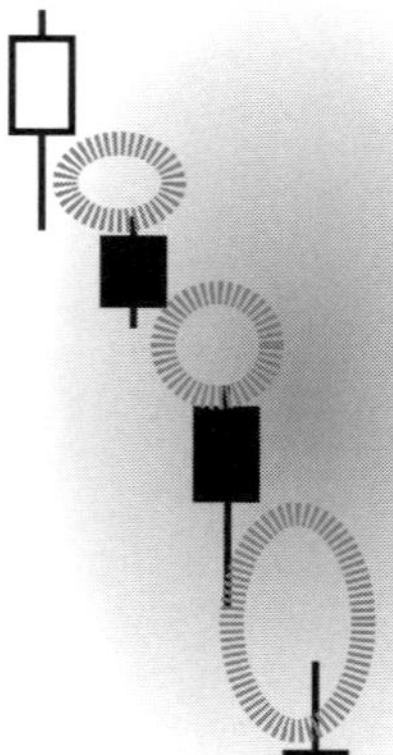

その銘柄に対する投資家心理、売買の力関係は、必ず、足に出る。

下げている間は、陰線だが、底を付けたからには下値に買いが入るので、陽線続きになっている。売りが終わり、買い方向に傾いている証拠だ。

大底時に、「これは買いだ」と、ひらめいて、買えているならば、その後は「含み益生活」になれる。

チャート上の一瞬、つまりはたった1日の出来事を察知できれば、有利な位置で株を買い、最安値近辺で仕込むことができる。

「絶対勝利」の売買、ローソク足の活用法である。

6951　日本電子

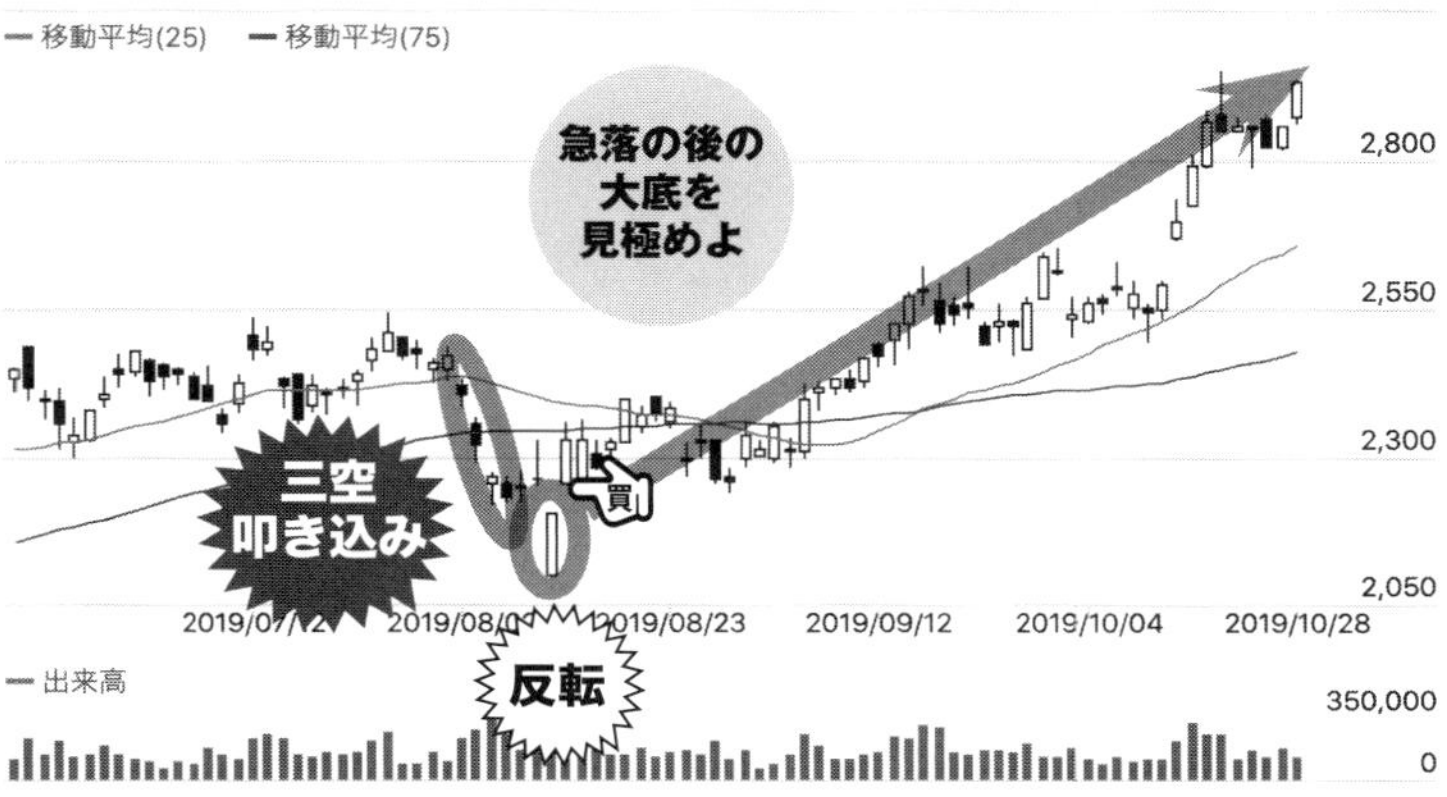

「みんなの株式」https://minkabu.jp

鬼100則 44

陰線続きの後の陽線で売りの終わり

これまた、変型も変型。

下値持ち合いの終わりに、陰線の下ヒゲが2本。

その後の陽線で調整完了したか、翌日は大きく窓を開けて株価が上に飛んだ。

材料と「売り枯れ」からの**バランス崩れでの上げ**である。

このような銘柄は結構あるが、底値を付けたからと言って、いきなりの「大幅な上げ」では、その後の高値の期間が意外と短いかもしれない。

長期で仕込むには、うまみは少ないと見るべきだろう。

しかし、上げの勢いは極めて強く、売り枯れからの上げは強烈なので、上値はそれほど

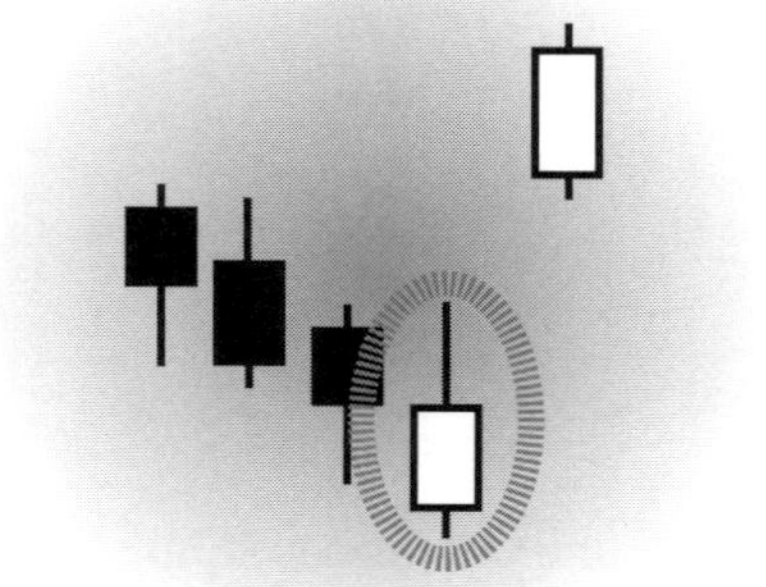

幅がないにしても、**ロットでの勝負で利益の金額は稼ぎやすい**。

このような明確な上げの動きは、しっかりと、活用していきたい。

いかにローソク足の形がわかったとしても、それが**１００％の確率で再現されるかどうかはわからない**面がある。

しかし、**下値からの窓開けの強烈なものは、下値不安はほとんどない**ので、活用しやすく、収益の機会も多い。

是非ともこの形には乗っていきたいものである。

ただし、相場を張る大手などは、人を騙し、チャートを活用して、株価を操縦することがある。心してトレードに臨みたい。

2413　エムスリー

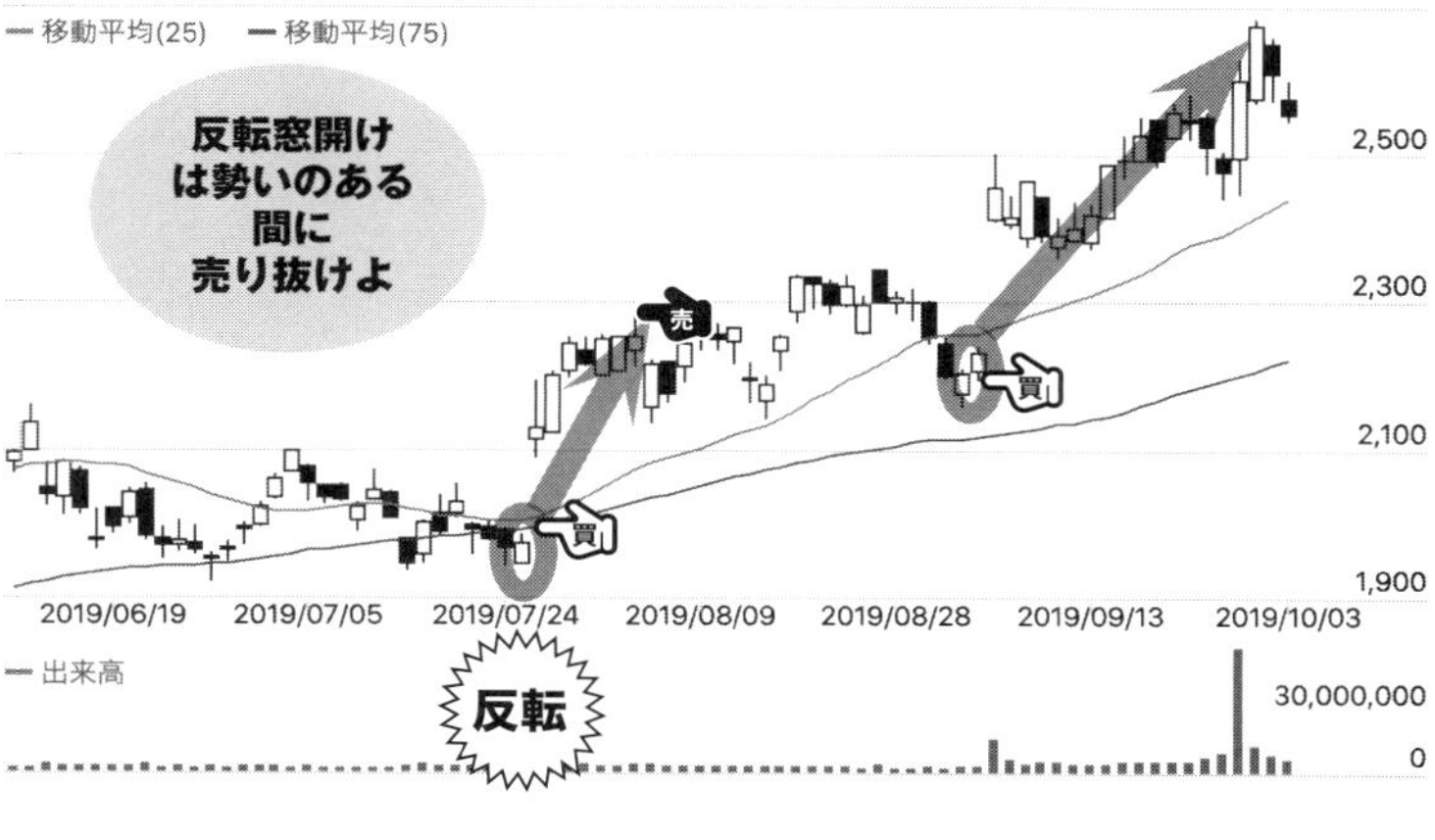

「みんなの株式」https://minkabu.jp

鬼100則 45

「ペナント」からの放れはチャンス

株価が下値持ち合いから、上に爆発する形に「ペナント放れ」がある。

ペナントというのは、**株価が膠着《こうちゃく》してどんどんローソク足が小さくなり先細りの三角形**を作ることを言うが、もちろん様々な形があり、変型もある。

基本は、株価は下値持ち合いの中で、その振幅が小さくなる。売り買いのせめぎ合いの中で、売買の力関係が拮抗してローソク足の幅が小さくなっているのだ。

いわゆる、「下値の迷い」である。

この形が出現すれば、その後には「トレンド変換」が起きる。

下に行くか、上に行くかだが、下値近辺のペナントでは、可能性として上げしかない。

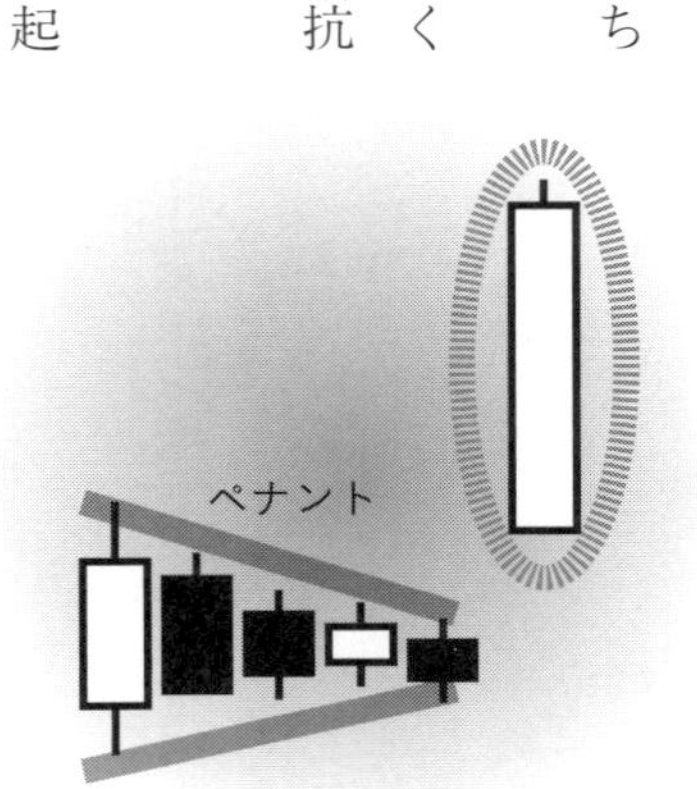

持ち合いが煮詰まると、その後は爆発だ。

この銘柄では、まさに大陽線が出た。

もし持ち合い抜けの株価の動きを板情報で気付けば、その足に乗れる。

たった1日のトレードでも、相当稼げるだろう。

なにしろ、**陽の丸坊主**（上ヒゲも下ヒゲもない陽線）である。

どの局面でトレードしても、利幅が取れる。

その勢いで、翌日に持ち越しても、まだ株価の勢いがあり、窓を開けて上昇するだろう。


株価は勢いである。

それに乗って稼ぐ。利益確定を行う。

この繰り返しで「いわゆる億トレ」の現実性が見えてくるのである。

3138　富士山マガジンサービス

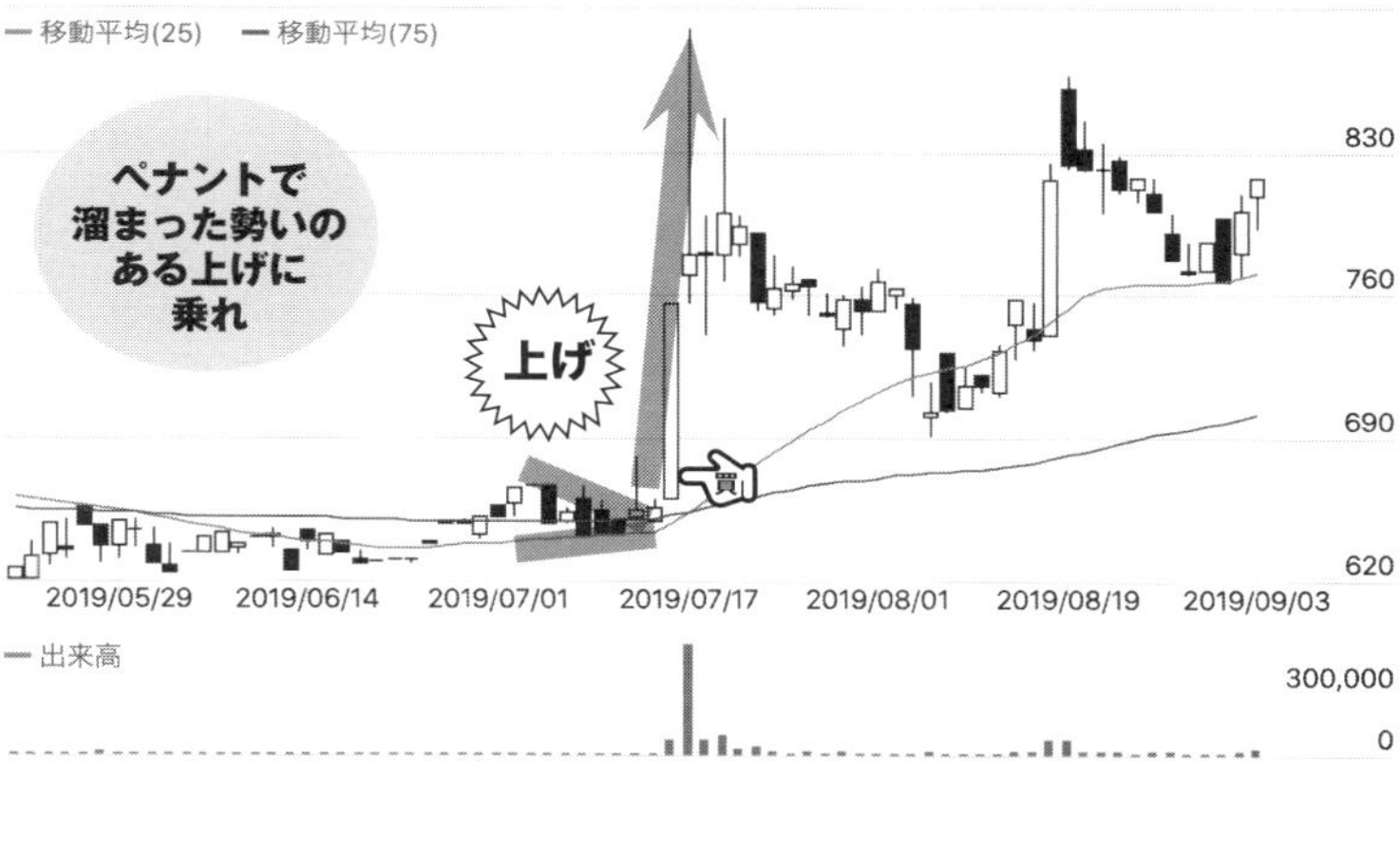

「みんなの株式」https://minkabu.jp

「フラッグ型」からの上げに注目

フラッグ型は、**旗のように一定の範囲で株価が上下**する。

底値近辺に出れば、「下値持ち合い」の代表的なローソク足の動きだと言える。持ち合いなのは前項に似ているが、少し違う。

ペナントのように収束して三角形にはならず、四角い旗を維持しながら、下値持ち合いで小さな陰線や陽線が続き、だらだらと下げている。

これは株価の動きが、下値で**売買の力関係が釣り合っていて、「押し合い」**を行っているからだ。

ただ、やや売りの方が多いので、株価はわずかだが、ジリジリと下を向いていく。

とはいえ、急激には下げず、上値も下値も少し下がりながら、最終のせめぎ合いになっ

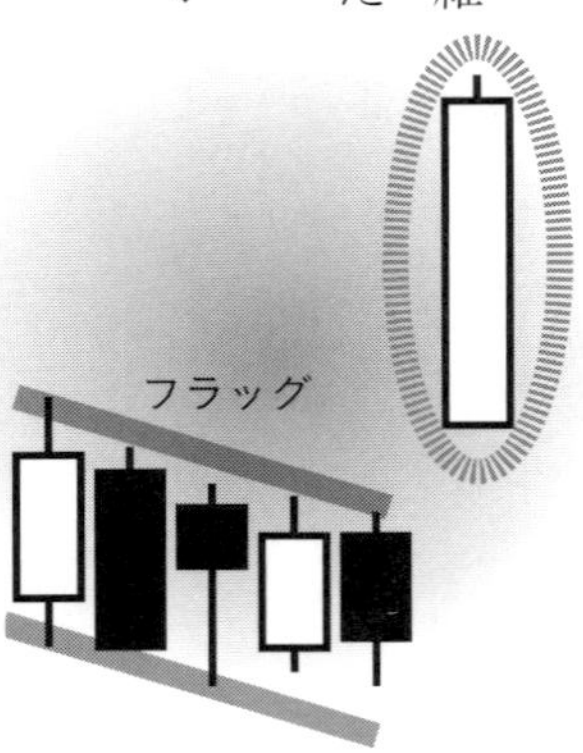

ている。

その後の注目点は、それまでの持ち合いを否定するかのような「大陽線」が出たタイミングだ。

こうなると、**売り勢力の終わり、上げのみ**。**買いの絶好のタイミング**のシグナルとなる。

この銘柄の反転のきっかけは、少しの窓開けの陽線だった。２日目は、大きな窓開けの大陽線。

この動きでは、最初の窓開け陽線で乗りたい。できれば、大量に。

そうすることで、次なる大陽線での含み益拡大が可能になる。

いかにたくさんの「底値シグナル」を見分けられ、その動きに素早く対応できるかどうか。

それが株式投資の勝負を分ける。

4716　日本オラクル

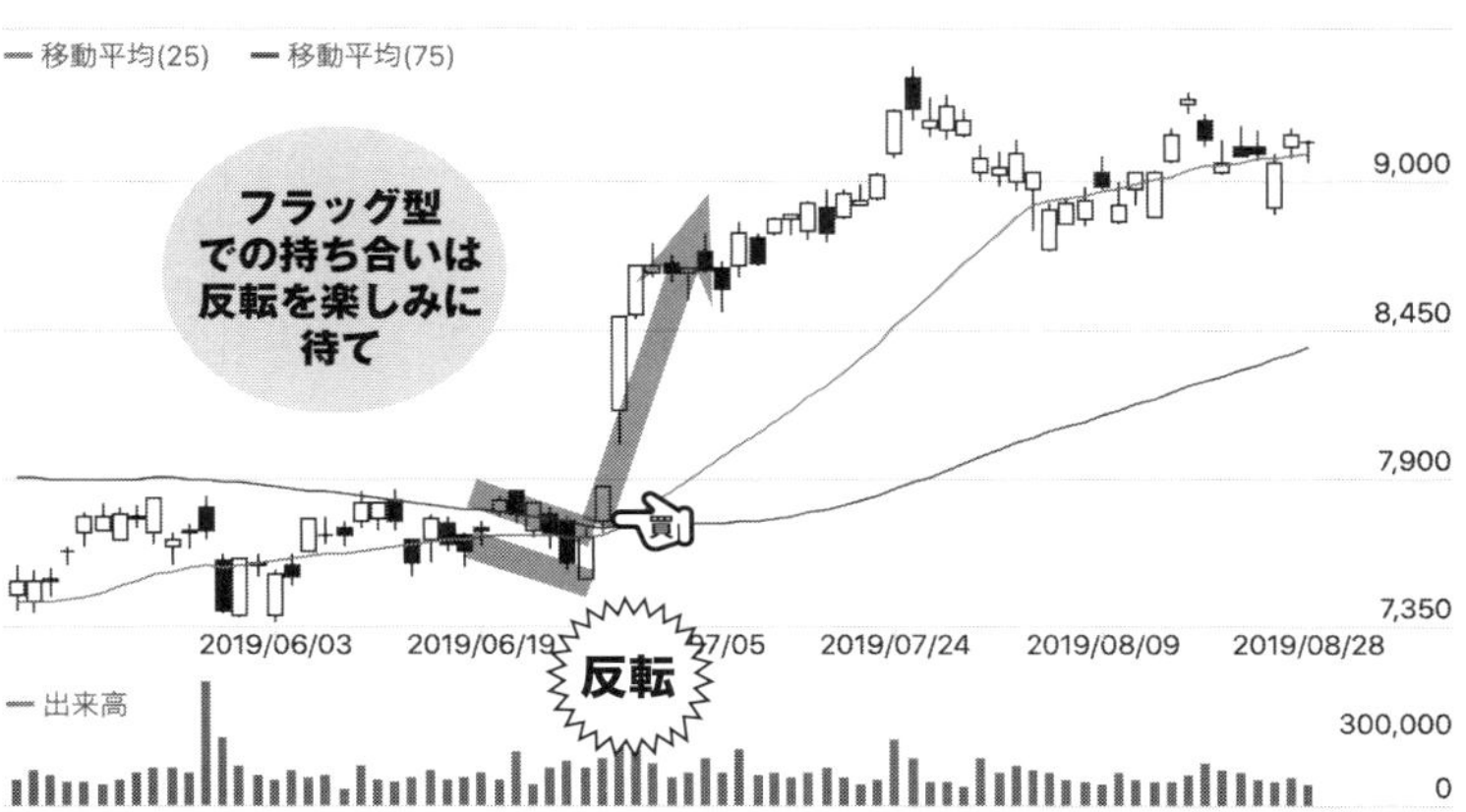

第5章

利益確定で逃げる売り時

トレードで成功するためには基本的な三つの要件がある。銘柄の効率的な選択方法、リスク管理、そしてそれらを忠実に行う自己規律である。

ウイリアム・オニール

その株が値上がりし、高値で持ち合い、そして下げ始めるまで待つ。それが僕にとっての売り場だ。

デイビッド・ライアン

「放れ大陰線」が出れば限界

株価が天井を付けて、落ちてくるローソク足の並び方にも、様々なものがある。トレードでは、それを頭に叩き込んで、しっかり上げたところで利益確定することが勝率アップのカギである。

ここにあげた銘柄の動きは、下値から持ち合い抜けをして、窓開けで上げたところで、大きく値が飛び、寄り付き高値で、その後に売られて、大陰線となった。一見、窓開けの動きは強そうに見えるが、それが間違いのもと。**大陰線になった時点で、仕込んだ手持ちの銘柄はその陰線のうちに逃げなければならない。**

寄り天（寄り付きが高く、そこから下げる状態）に

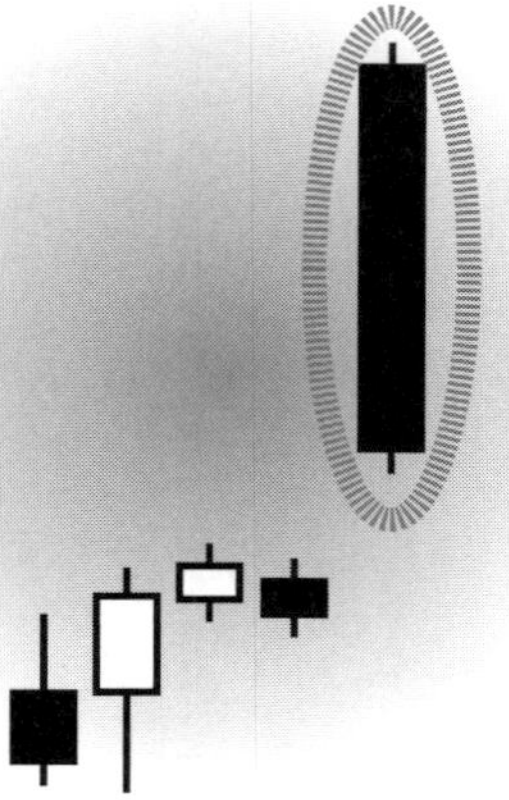

なった時点で「売り逃げ」を考えるべきである。

さもないと、だらだらの下げになり、含み益がなくなるどころか、含み損になりかねない。

注目すべきは、出来高だ。急増の場面が1回しかなく、地道に人気化しないで、材料優先、噂優先で盛り上がっていたことがわかる。

また取引時には、前日までの日足チャートの形や値と絡めて、5分足チャートを見て欲しい。日足のローソク足が描かれるのは1日の取引後。しかし大陰線が形成されつつあることを頭に描けると、勝率が高まるだろう。

こうした動きは小型の銘柄に多いので、小型を好む個人投資家は用心しなければならない。

急激に上げた後には、急落のリスクがあるのだ。

9889　ＪＢＣＣホールディングス

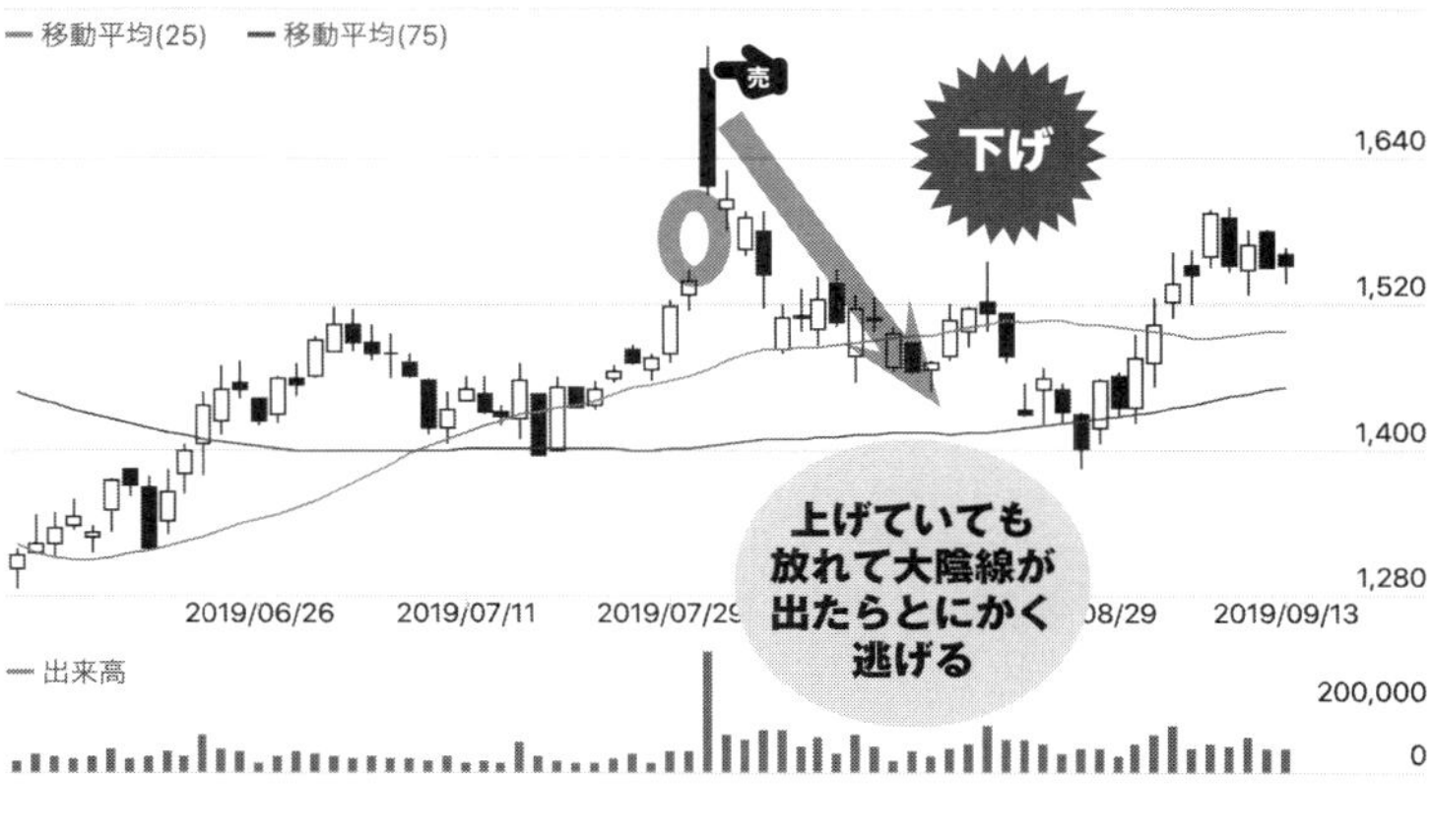

「みんなの株式」https://minkabu.jp

鬼100則 48

「坊主頭型」のなだらかな天井を見極める

下値から徐々に上げてきた株価も、いつかは天井を付ける。

大きく上げたり、小さく上げたり、時には陰線で足踏みしながら、ゆっくり上げて行く。

急騰・急落がなく、割合に地道な上げ方をする銘柄は、安心できる。急に上げないので、いらいらするかもしれないが、じっくりと上げを楽しみたい。

その代わり、この形の銘柄の癖として、**下げる時も、ジワリジワリとなりやすい**。

この手のローソク足の集合には、**シグナルらしい特徴はない**。かろうじて言えるのは、**上げの時は陽線が多く、陰線が少ない**ことぐらいか。

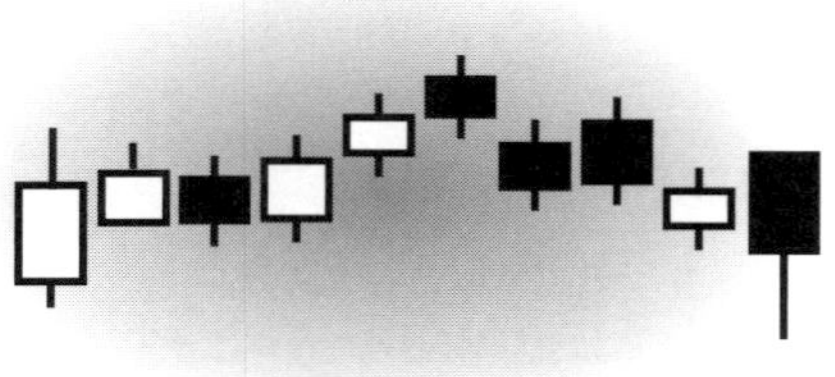

下げる時は逆で、陰線が多い。

この傾向が出てきたならば、「また戻すだろう」などという希望的な観測を抱かないことだ。傾向に**気付いた時点で利益確定**をしよう。

陰線が多く長い。

陽線が短く細かい。

このリズムは、買っても買っても含み損になる。

特に高値でつかんでしまった人が「ナンピン買い下がり」を行っても、含み損が拡大するばかりで、ついには資金が枯渇して、ギブアップとなる。

ナンピンは、むやみやたらとするものではなく、失敗に終わる例が多いので、ご用心である。

もしこの形の天井を付けて、含み損が発生した時は、「天井圏で買ってしまった」と判断して、サッサと損切撤退するのが、得策である。

9613　NTTデータ

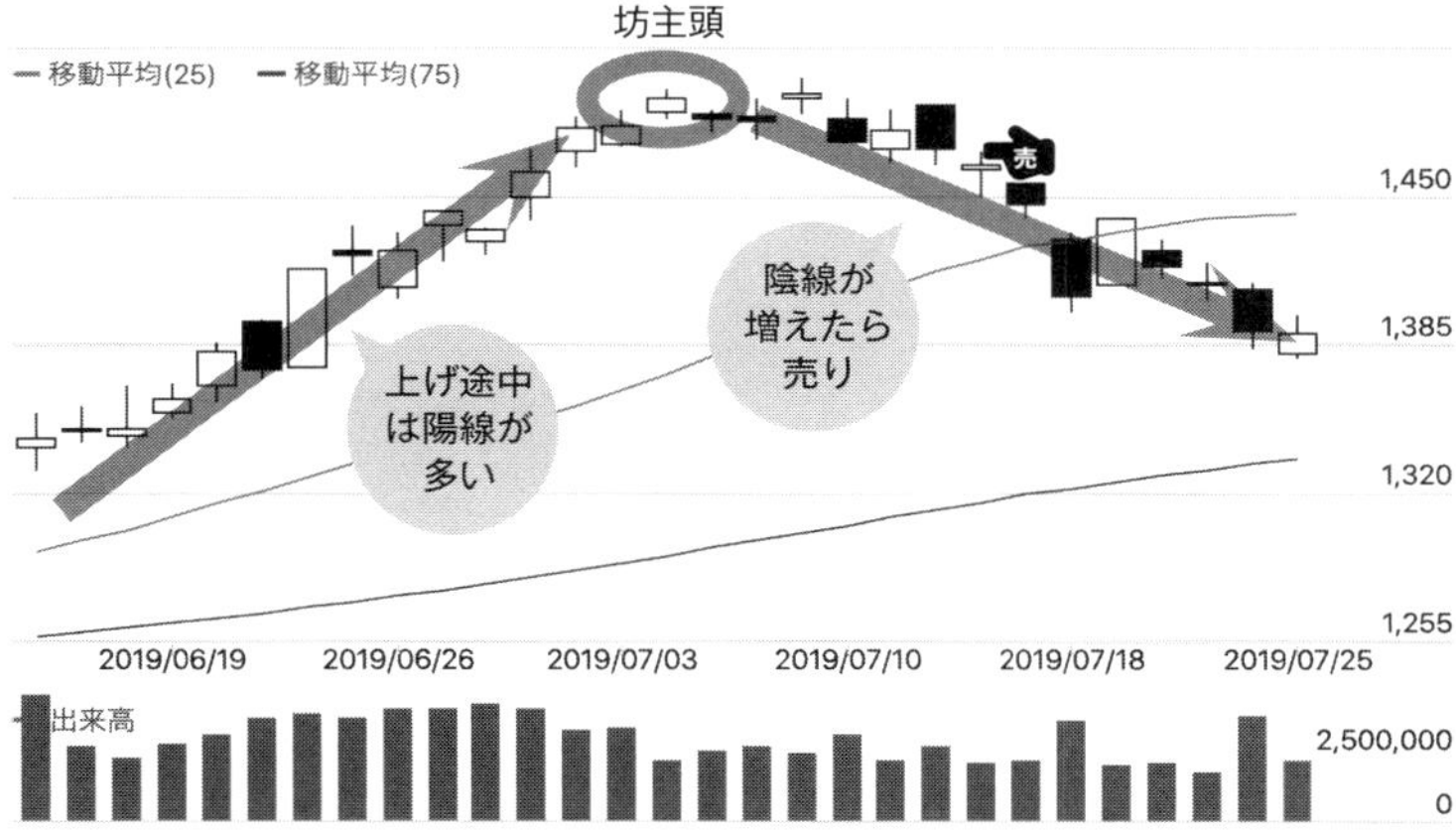

「みんなの株式」https://minkabu.jp

鬼100則 **49**

上げの後の長い「上ヒゲ陰線」は限界だ

上ヒゲというのは、株価に対する「力関係」を明確に表している。

株価がジワジワでも、急激であっても、**長～い上ヒゲが出たら、要注意**である。

人気が出てきて、高く買われたものの、上値では手じまいの売りが待ち構えていて、一気に売られてしまった。

残念な足である。

中でも**「上ヒゲ陰線」は、極めて典型的な「弱いローソク足」の代表**である。

人気化して、買われて、上に行ったが、利益確定する人が多く、売りに押し戻されてしまった。始値よりも終値の方が安くなった。

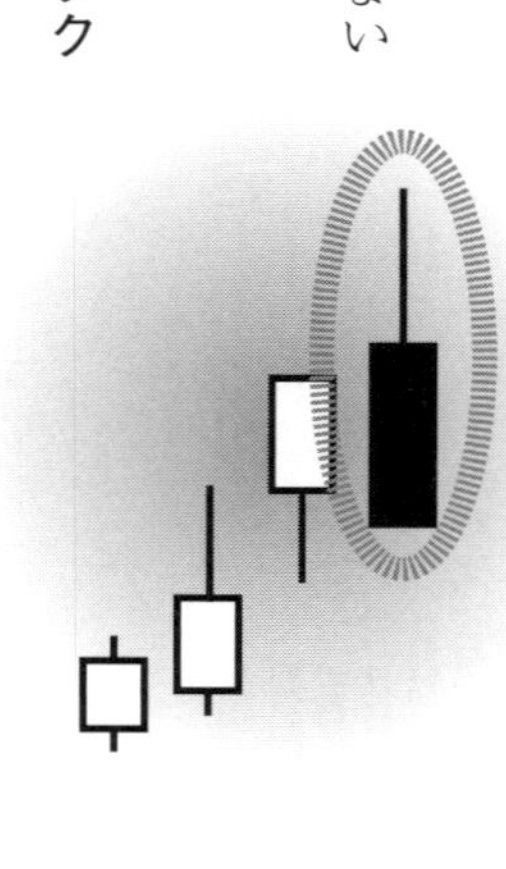

しかも、ヒゲがあるように、すっ飛び高値にまで買われたが、その後には急落して、前

の日やその前の日の株価よりも安くなってしまった。

この株価の動きは、明らかな**「天井のシグナル」**である。

利益が出ている人も、もちろん、含み損の人も、逃げなくてはならない。

上ヒゲ陰線がいかに、すごい「売りシグナル」であるかは、その次の足が大きく窓開けで下に放れて、出ていることからもわかる。

この足が上値に出れば、強烈な上値、**撤退のシグナル**であり、甘く見たら大失敗する。

危険なので、絶対に覚えておきたい、「撤退」のシグナル。

または、信用取引をする人には絶好の「売り建て」のシグナルともなるのだ。

2267　ヤクルト本社

「みんなの株式」https://minkabu.jp

鬼100則 **50**

「窓開けの陰線」続きの下落は逃げろ

株の売買タイミングは日足での陰線と、陽線の表示で判断できる。

陽線が多い時は上げの勢いが強いことがわかる。

それに対して、**陰線が多ければ、株価は下落傾向**になる。

株価に上昇傾向がある時は、陰線は交じるものの、断然、陽線が多い。

上げの途中では、買いが勝るので、売りは弱い。

しかし、いったん高値を付けると、今度は利益確定の動きが強くなり、陰線が増え、株価は下落方向に向いていく。

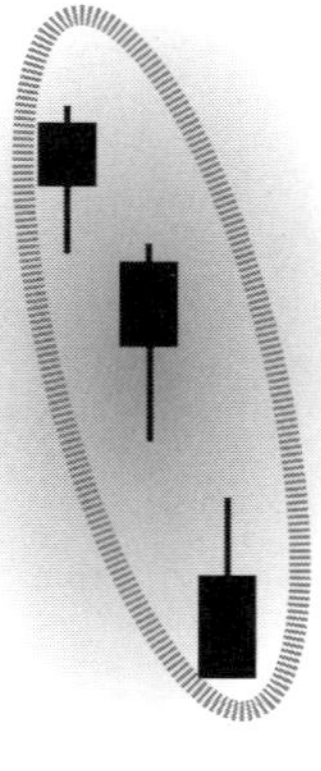

これは個別の株価の需給の関係もあるが、ほとんどの銘柄に当てはまる動きである。

投資で心しなければならないのは、上げの方向から、下落の方向にトレンドが変わった時に、素早く利益確定するか、損切りをして、傷を浅くすることだ。

株式投資で大切なのは、「損を少なくする」ことである。

株式投資は、「ハイリスク・ハイリターン」であり、良いことづくめではない。

いかにリスク管理をするかが、大切なトレードの技術になる。

ここにあるように、株価の方向は、**「下を向き始めたら、問答無用の売り」**になることを心得ておきたい。

上げている時は、窓開けの陽線が出るが、下げの時は、窓開けの陰線となり、まったく逆の動きになる。

心したい。

1860　戸田建設

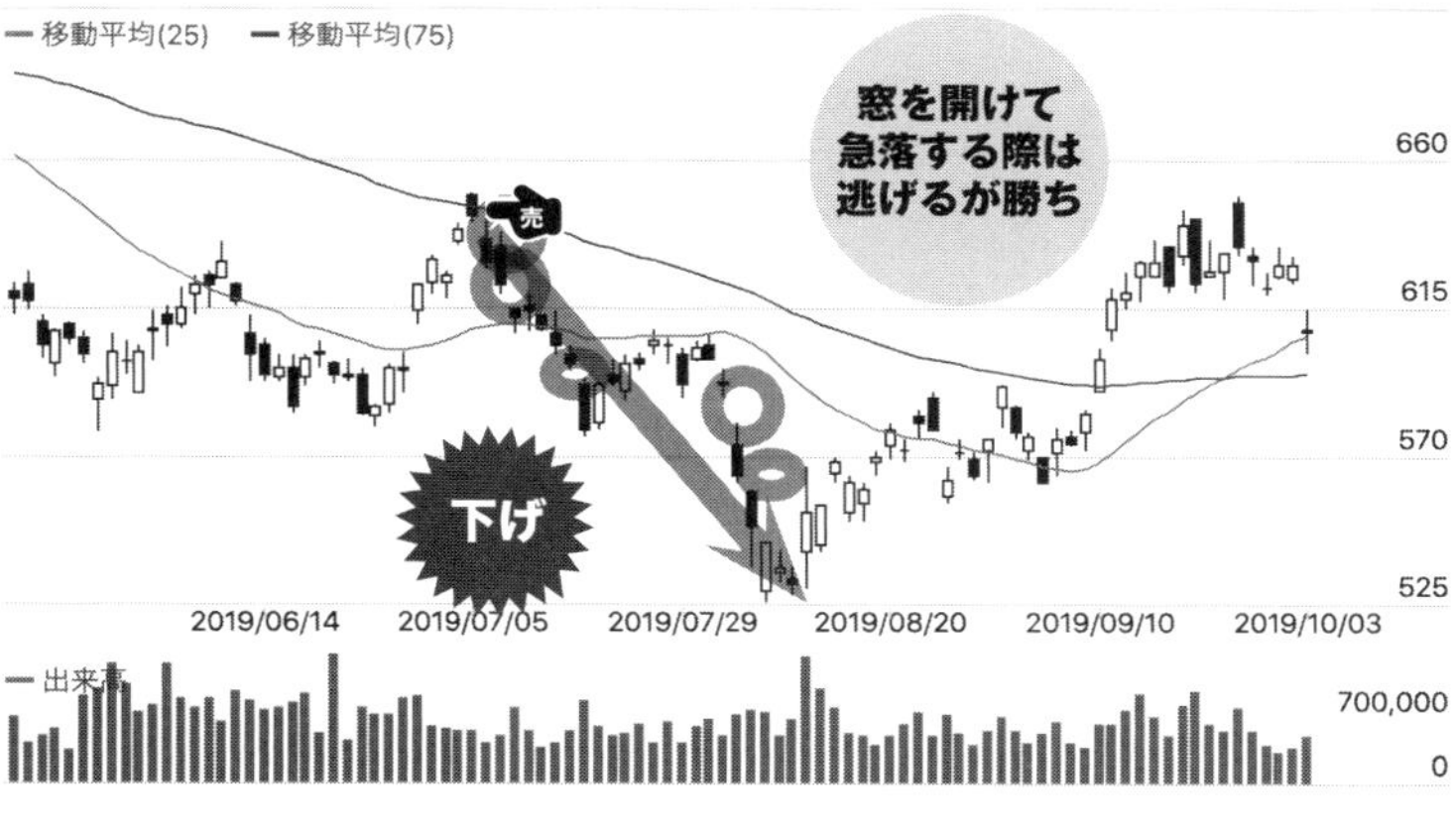

「みんなの株式」https://minkabu.jp

鬼100則 51

「宵の明星」で上値限界が鮮明になる

「宵の明星」というのは、大阪の米相場の時代から伝えられる、「酒田五法」といわれるローソク足の読み方の典型的なものである。

株価が次第に高くなり、窓開けで上げて行くが、上値に飛んだ後に、今度は、いきなりの陰線が出て、**高値に「星」が置いてきぼりを食う**ような形になる。

このローソク足の組み合わせが出た時は、**明確な上値限界**と見て良い。

利益確定を行うか、損切りをするタイミングだ。

これほどはっきりしたものはないので、「逃げ時」を頭に叩き込んでおきたい。

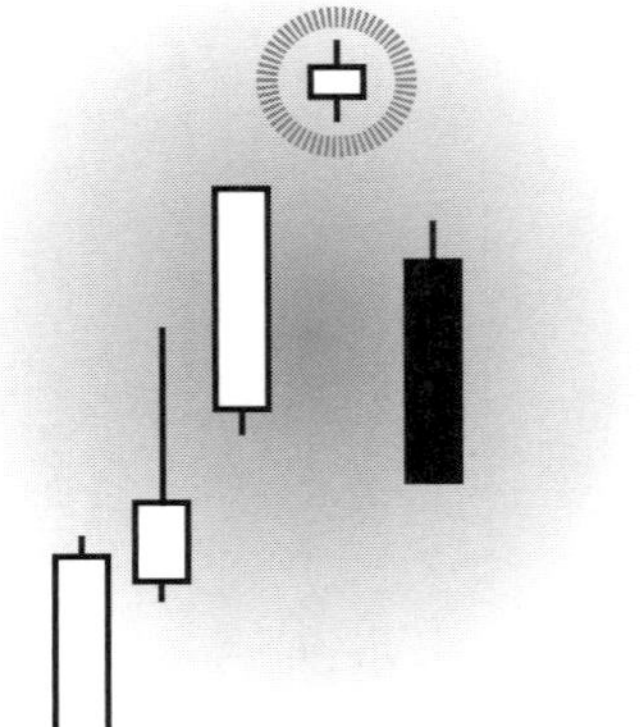

株式投資で一番良くないのは、損失の拡大である。

上値限界になる銘柄を間違ってつかんだ際には、素早く逃げることだ。

この習慣をしっかり持ってトレードできれば、失敗を引きずることなく、次のチャンスを確実にものにできる。

ローソク足の形は、その相場に参加する人達の相場観の総和であり、その需給が株価の変動となる。

これは「相場は相場に聞け」ということわざがあるように、抗うことができない。

ローソク足をうまく活用して、投資の収益を積み上げるためには、トレンドを確実に読み取っていくことが肝心だ。

1803　清水建設

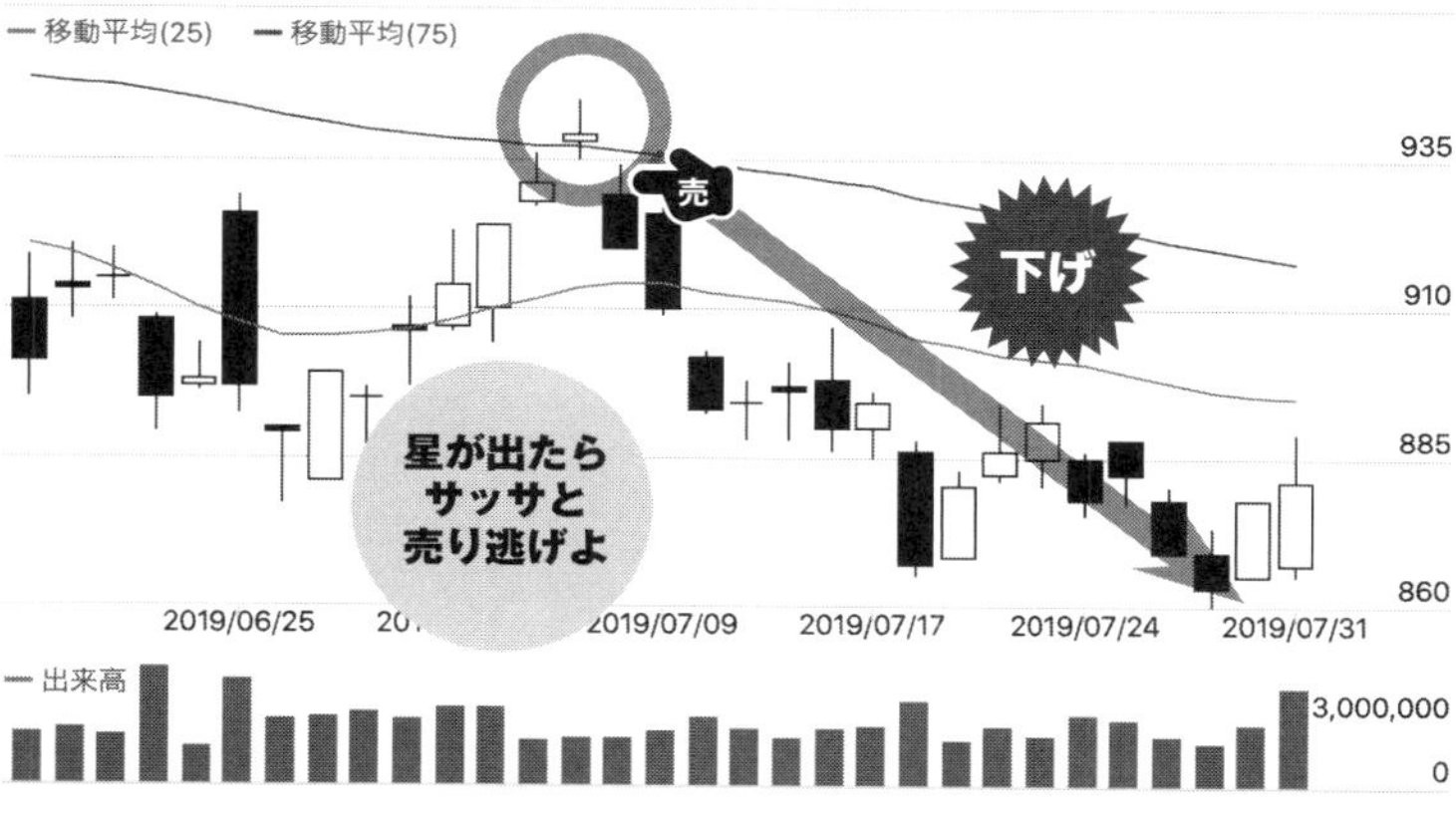

「みんなの株式」https://minkabu.jp

鬼100則 52

「ダブル天井」後の下げには注意

ダブル天井のシグナルは、アメリカから来た考え方だ。これは、目先よりも、長期の投資向けの見方と言える。ここにあげたダブル天井は、割合に期間を長く見ているが、もう少し短期のシグナルもある。

2回も高値に挑戦したが、上値で跳ね返されると、そこは明らかに「上値限界」となるので、**利益確定して手じまう**のが、確率的に良いのだ。

ローソク足をはじめとするテクニカル手法は、「株価はどちらに向かうか」を判断するのに有効な手段だが、100％確かなものではない。

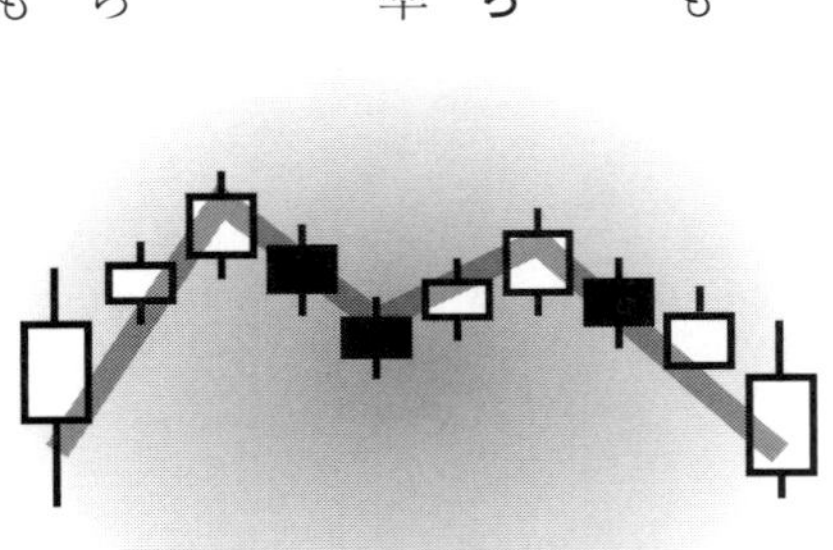

可能性、確率としてどうかの問題なので、うまく活用して、投資の成果を上げたいものである。

株価の先行きは、誰にも確実にはわからない。しかし、先人の経験則を下敷きにして、目の前の相場を的確に読める確率が上がるならば、使わなければ損というものだ。

その意味で、２回高値に挑戦したが、それ以上の高値は無理というわけである。

これは投資家のほとんどが知っている経験則なので、「この場合はこうなるだろう」との見立てで相場に挑むため、結果的に経験則が相場に大きな影響を与える。

大切なお金を投じるのだから、可能性の高いところに、リスクを承知で投じてリターンを得る。

これが成功する賢いやり方だ。

6861　キーエンス

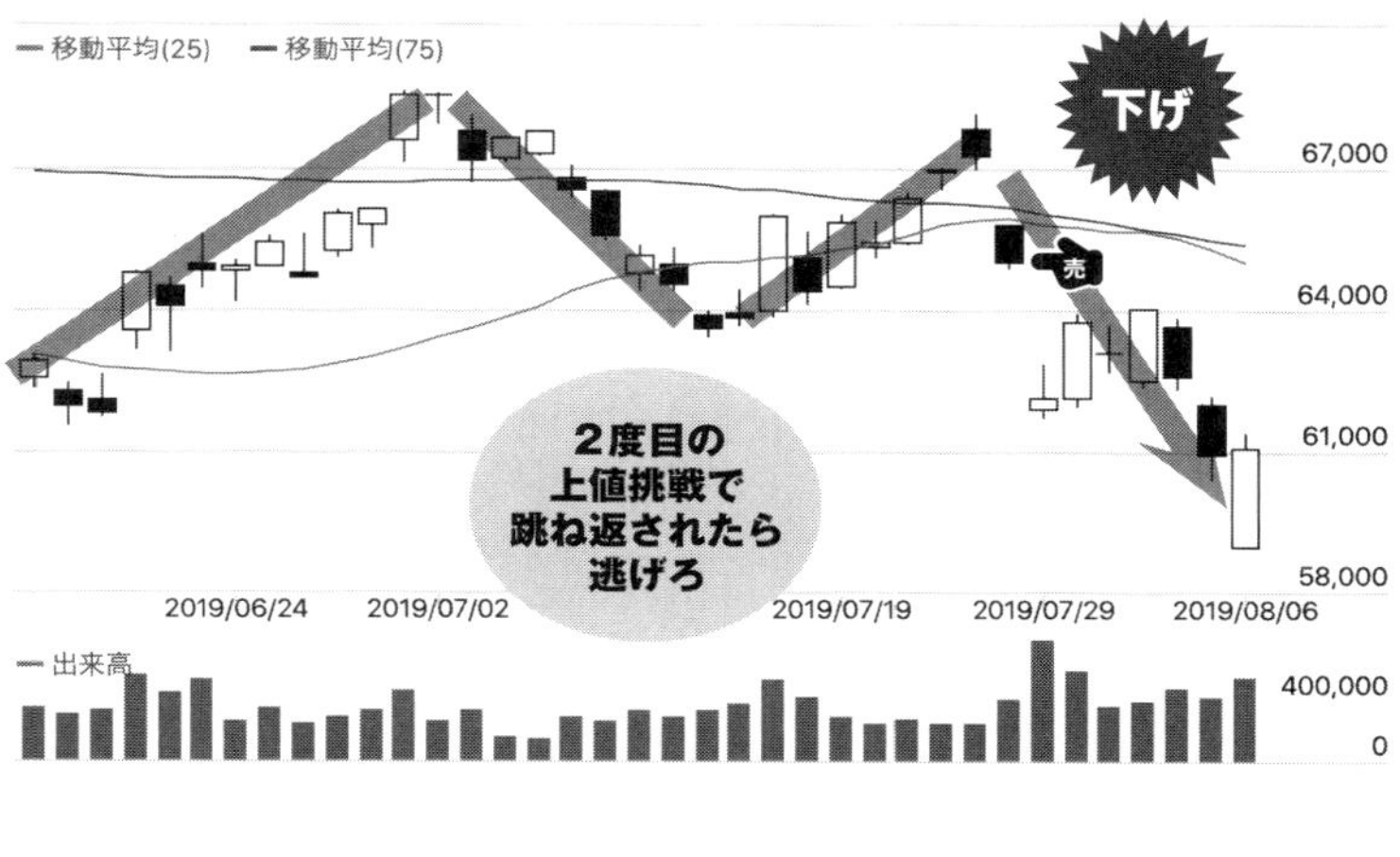

鬼100則 53

大陽線の後の「連続陰線」は上値限界

急激な上げの後に注意が必要な足である。

株価が勢い良く上げてくると、「我も我も」と、買いが湧いてきて、出来高も増える。

これは、誰も止めることができない投資の行動である。

それが株価に勢いをつけ、上げを加速する。

しかし、そのような時こそ、慎重さが大切である。

株価の勢いはいつまでも続くわけではない。

皆がそのように考えてトレードしているので、少しのバランスの狂いで暗転しかねない。

大切なシグナルは、**大陽線の後に出てきた小さな陰線**である。

二つの迷いの陰線があり、その後が大切で、割合大きな陰線が出る。

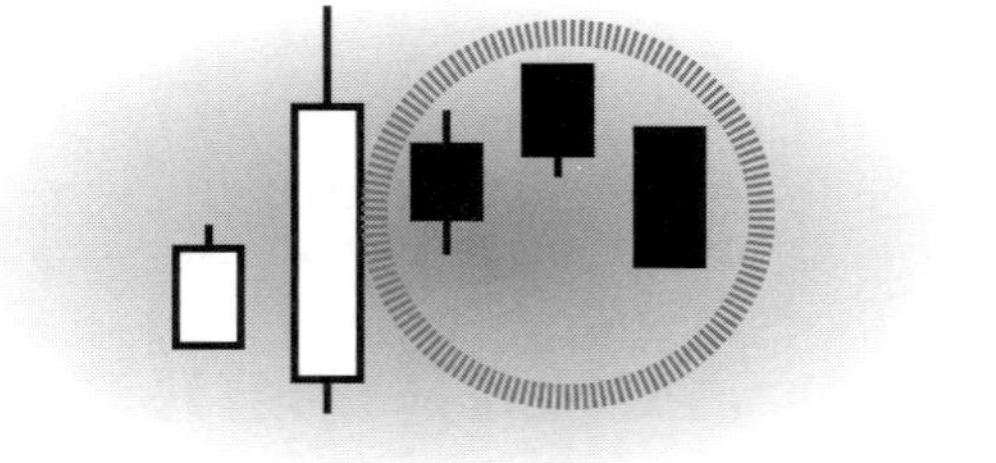

これを見た投資家は、「下がるな」と感じるので、「利益確定の売り」が多くなる。

これまで、強気一辺倒で買いを入れていた投資家が買うのを止める。買いを止めて売りに回る。

この傾向が強くなると、株価は下落に向かう。

結果的に、株価は凋落する。

買いが買いを呼ぶ傾向から、売りが売りを呼ぶ傾向になってくる。

こうなるので、信用の売りはチャンスだが、現物の買いは手持ちの銘柄を手放す方が賢明だ。

投資は逃げ時を間違うと、結果はうまくいかない。

儲けは大きく、損はできるだけ小さくする投資の方法が、「負けない投資」の鉄則である。

6501　日立製作所

「みんなの株式」https://minkabu.jp

鬼100則 54

「首つり線」の大天井に注意

「首つり線」は、極めて明確な株価の天井圏のシグナルである。

窓を開けて上げた位置に、胴体（実体）部分は短く、下ヒゲの長い「首をつった」形のローソク足として現れる。

高く寄り付いたが、高値での売り物が多く、売られて株価が下値に振られた。そして戻しはしたが、一時は利益確定の売りに大きく売られた模様が見てとれる。

ここが大切である。

戻しはしたが「大きく売られた」という事実が、「ヒゲ」となって残る。

この足を見て、投資家は「そろそろ売らないと、**上値限界**かな」という感覚を持つ。

その思惑が翌日に現れる。

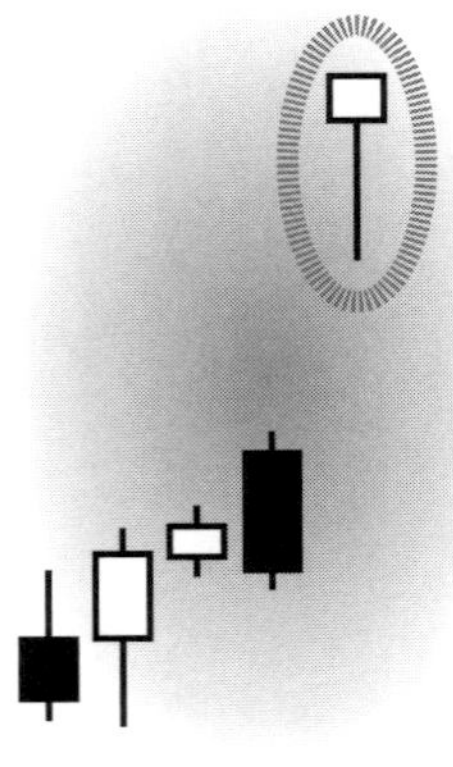

「天井だろうから売ろう」という注文が殺到して、一段安く寄り付く。この動きを見て、さらに売りが殺到して、上ヒゲを付けた陰線の足が出る。

こうなれば、「もう限界だ」と感じる人が増え、売りが売りを呼んで、トレンドは下降していく。

窓を開けて上がった株価は、今度は窓開けで下落する。天井圏での出来高は最高に達して、クライマックスを迎える。

このように株価は売りと買いの力関係なのだ。

陽線には違いないが、「首つり線」は、言わば下ヒゲの足。これが下値に出れば、反発、底値からの上げのシグナルだ。

しかし、天井圏に出ると意味が違ってくる。形だけでなく「どこで出るか」を見極めよう。

9984　ソフトバンクグループ

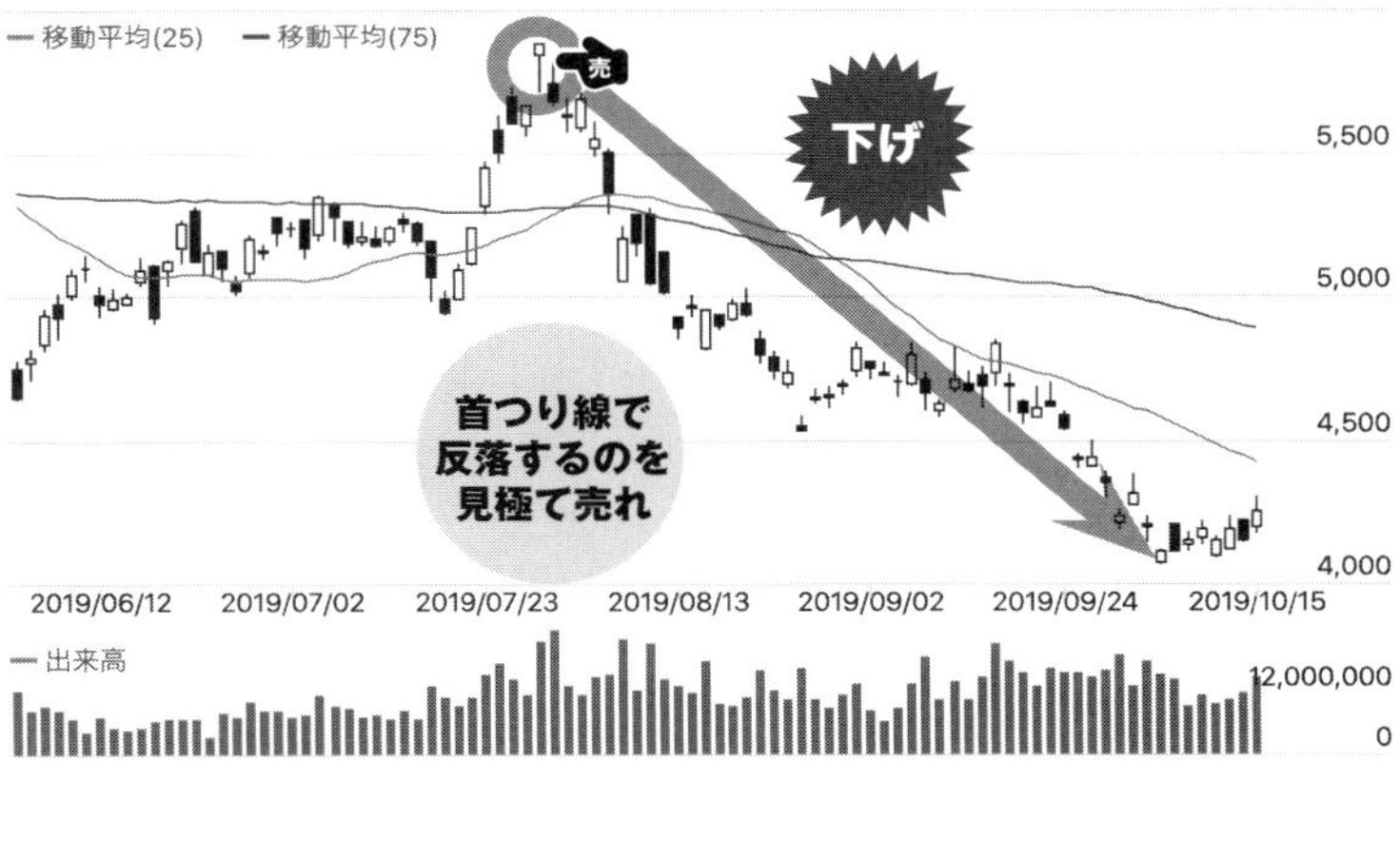

「みんなの株式」https://minkabu.jp

鬼100則 55

上放れ上ヒゲ陽線の後に「陰のはらみ線」

上値で窓を開けた上ヒゲ陽線が出ると、市場に「**高値意識**」が漂うことに注意が必要になる。

高値圏でいきなりの窓開け陽線となれば、**次には「窓埋め」**（窓が開く前の高値まで株価が戻ってくること）が意識されてくるのは、仕方のないことだ。

銘柄を持っている投資家は、一種の「高所恐怖症」に襲われるものだ。

その心理状況が表れるのは、次の日の陰線である。

前日の株価と比べて安寄りして、さらに、株価は下げる。

こうなると、「**陰のはらみ線**」となり、弱い足になる。

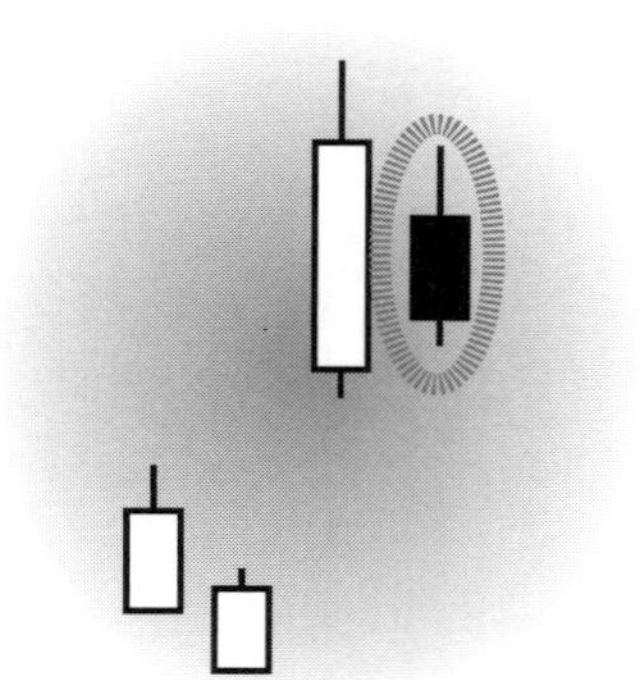

前の日の陽線とこの陰線を合わせれば、「首つり線」に近くなる。

ローソク足は、１日だけではなく、２日すなわち２本の線を組み合わせることで、明確に形の特徴が見えてくる。

結果的に、前項でお話しした首つり線となるので、その後の株価は下落傾向になるのだ。


この需給関係の流れをしっかり読んで、トレードすれば、株価の方向性を極めて高い確率で読んでいけるので、成功の確率が大きくなる。

株で大切なのは、利益確定のタイミングである。いかに含み益が多かろうとも、それは「絵に描いた餅」。

高値を読み切り、確実に利益確定をしたい。

2681　ゲオホールディングス

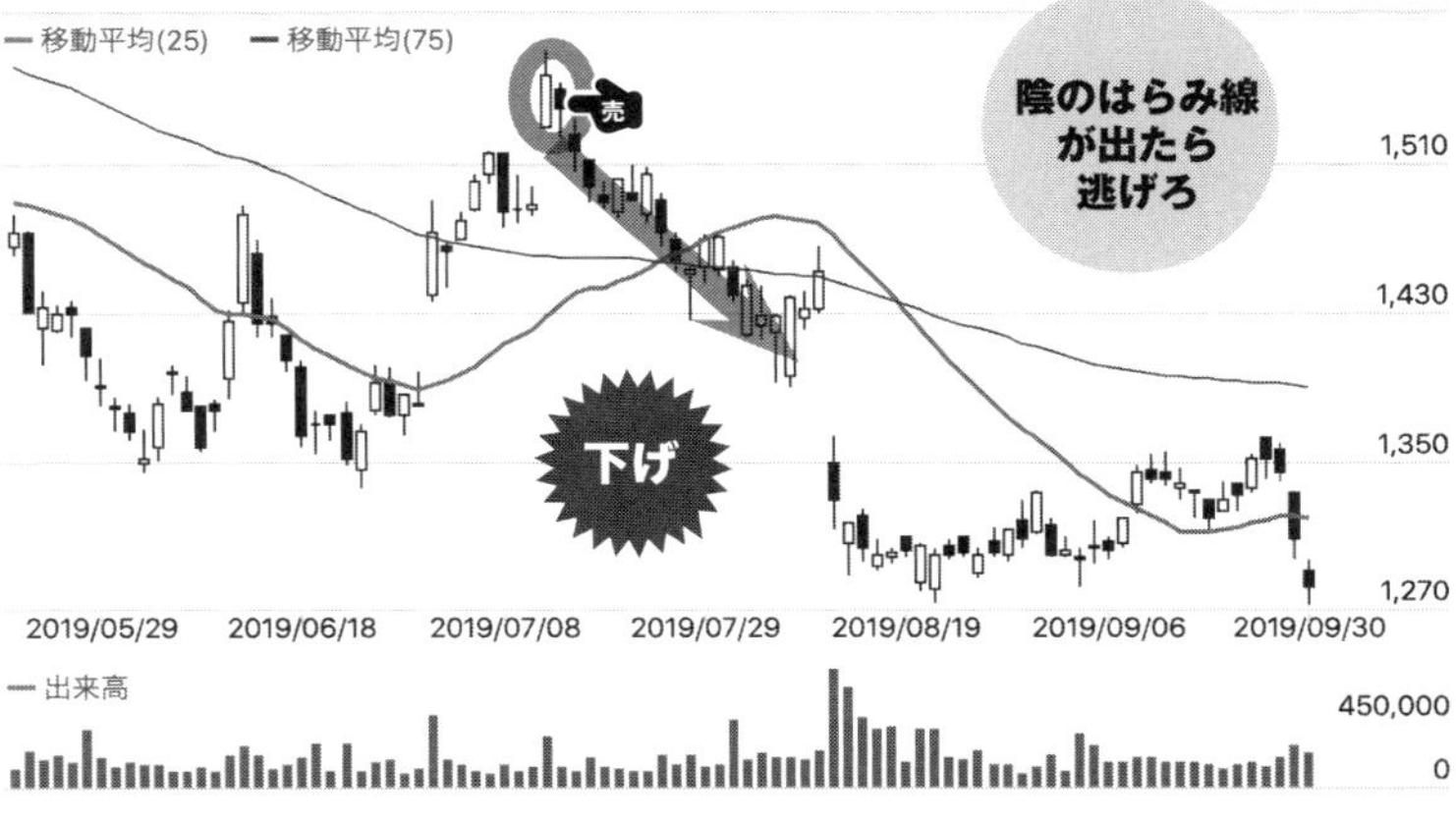

「みんなの株式」https://minkabu.jp

鬼100則 56

「持ち合い抜けからの下落」は即売りだ

ローソク足の動きから、その先の株価の傾向が読める。

ここにあげた「持ち合い抜け」は、株価が同じ価格帯で往復した後に、上に行くか下に行くかでその後のトレンドが変わる。

特に、上値での持ち合いは、その後に、さらに上に行くのか、それとも天井圏に終わるのかの見極めが大事になる。

この銘柄のように、**持ち合いの後に、大きな陰線が出れば、そこは素早く逃げなければならない**。

皆がその足を見て「売りだ」と考えるので、ここで利益確定ないしは損切りを行わないと、大変なマイナスを出してしまう。

ところで目先の商いをしていたのに、このような下落

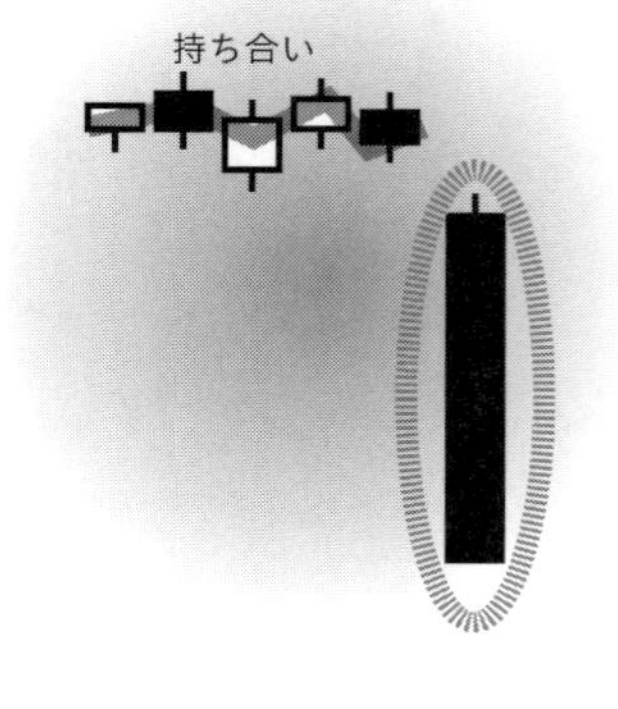

に遭遇して「そのうち戻るだろう」と踏んで、含み損を抱えながら、長期投資に転換する人がいる。

これは避けたい。

投資スタイルがデイトレやスイングなのに、天井圏の銘柄をつかんで逃げ切れず、長期に切り替えても、ストレスを抱えることになるだけだ。

そのような取引をしていると、次から次へと、「失敗玉」を抱えることになる。資金が寝てしまうし、精神的に面白くない投資になる。

良いことは一つもない。

含み損を抱えて投資をするよりは、さっぱりとお別れして、再起を期すことが望ましい。

どのような銘柄でも、必ず下落はある。自分の目算と違えば、即刻、見切りをつけて、次の銘柄やチャンスに懸けることだ。

3407　旭化成

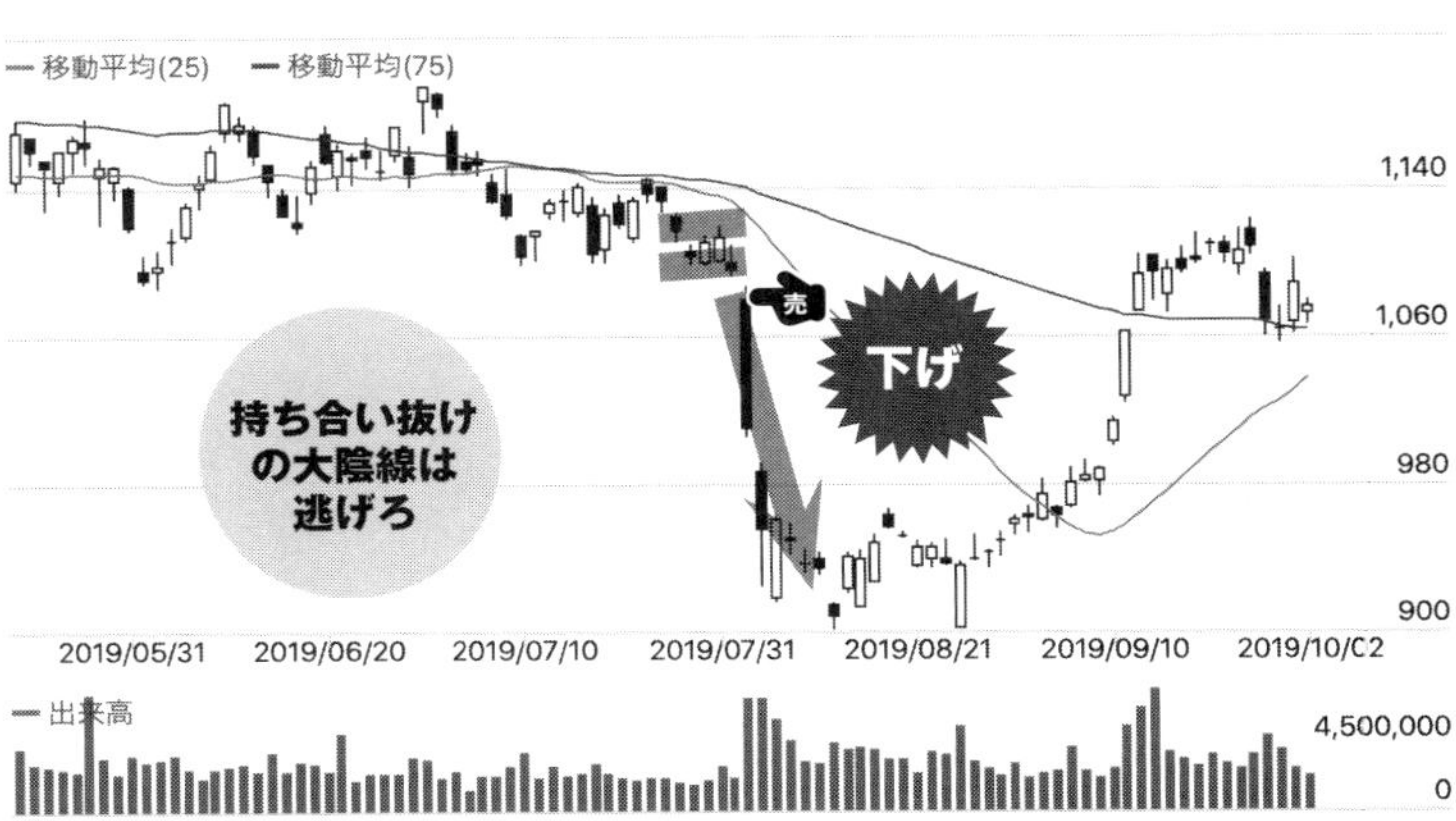

「みんなの株式」https://minkabu.jp

鬼100則 57

「ペナント型」の上値持ち合い抜けの下落

上値圏の形には様々なものがあるが、特徴的な形には、「**ペナント型**」（先細りの三角形）**の持ち合い**がある。

これが上値に出て、その先で**窓を開けて株価が下がっていけば、明らかな下降トレンド入り**である。

ペナント型は、株価の振幅が、陰線、陽線を交えて、次第に間隔が小さくなる。

その先で、ローソク足は最小限となり、持ち合いの終わりとなる。

窓を開けて株価が下にいくと、天井圏から株価が「下放れ」をして、相場は下降に入る。

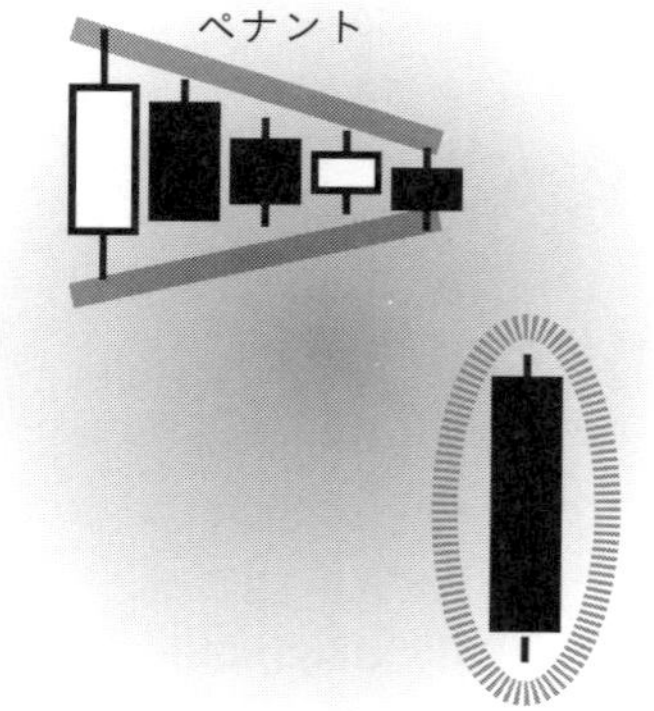

このタイミングで、逃げなければならない。

手持ちの銘柄は、利益があろうがなかろうが、関係なく手じまうことが大切である。

いったん落ち始めた株価は、陰線、陽線を交えながら、下へ下へと落ちていく。

株価はトレンドとして、下に向き始めたら最後、当面は再び上がることはない。

いったん底値を付けて、売る人がすべて売り、買い手も少なくなり、値幅が小さくなって、閑散とした時の経過がないと、再び復活することはないだろう。

もし、天井圏で処分せずに保有するならば、相当な期間、耐えなければならない。

その期間はお金を寝かせることになる。

注意しなければならない。

4901　富士フイルムホールディングス

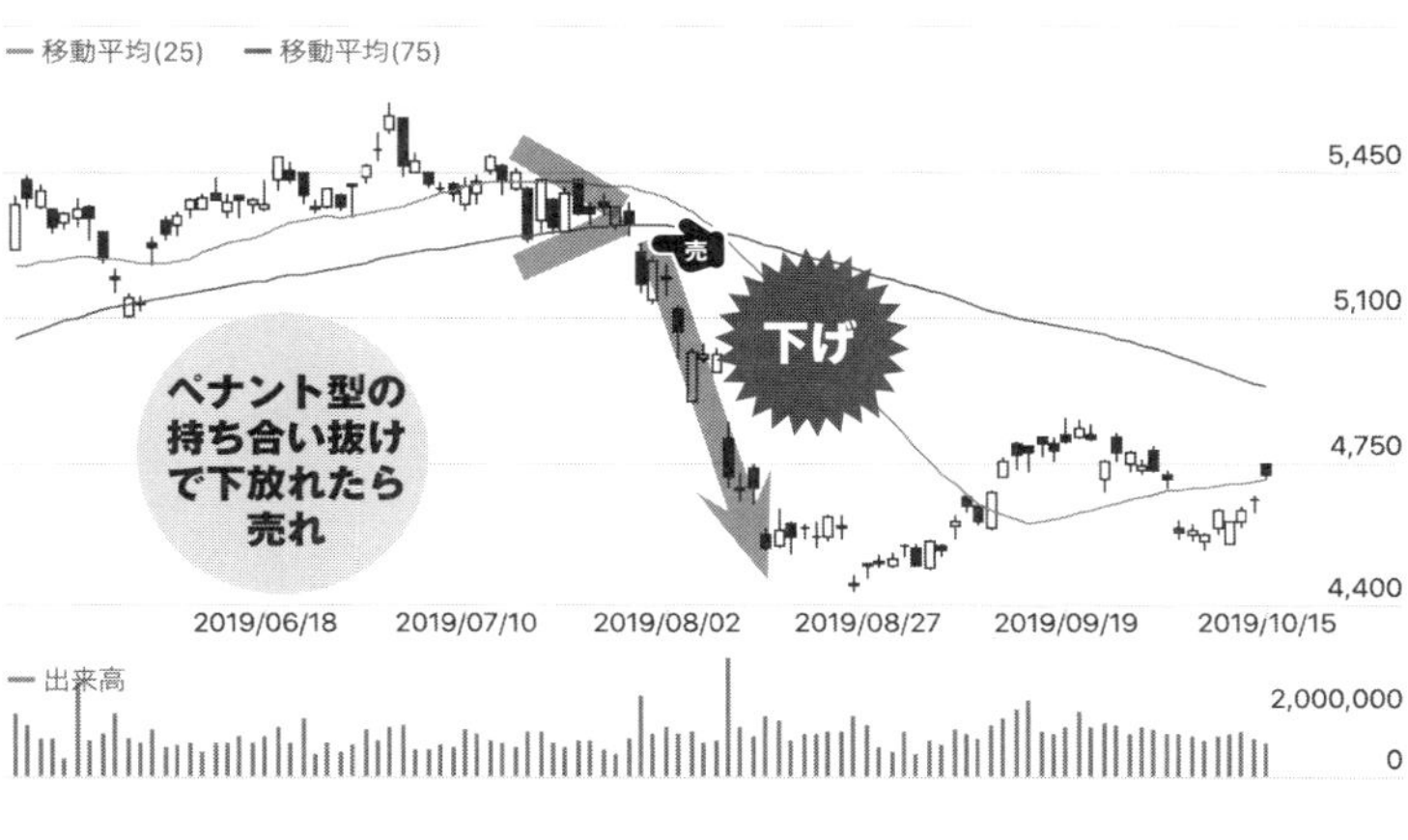

「みんなの株式」https://minkabu.jp

鬼100則 58

上放れの後の「窓開け陰線」は売り

急騰に急騰を繰り返した後に、落とし穴が待っている。

特に新興市場は、個人投資家の夢と欲が集まる市場。値動きが激しく、リスクも大きいが、値幅が大きいのでそのパフォーマンスに魅力を感じ、人が集まる。

さらに、強烈な材料があれば、「テンバーガー」（10倍株）への夢が膨らみやすい。

しかし、株価は上げれば上がるほど、リスクは最大に近づくことを知るべきである。

いかに素晴らしい材料があっても、株価は需給。

「そろそろだ」と考えて、売りを出す人が多くなれば、株価はこれまでの「イケイケ」から、売りの殺到になる。

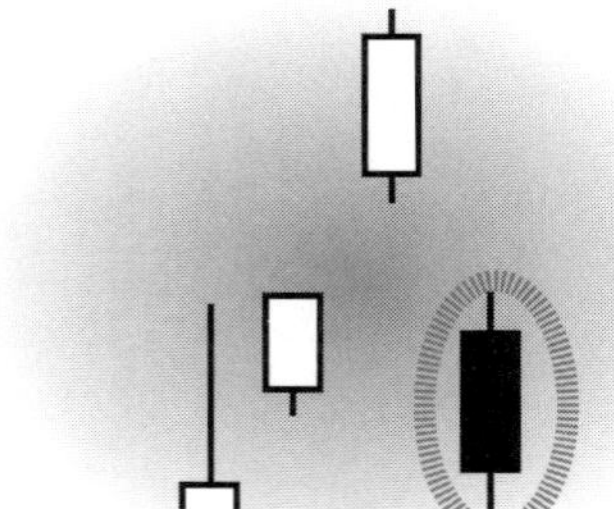

資本金の小さな新興の銘柄は少しのバランスの崩れで大きく下がりやすい。

この銘柄は、急騰の後に迷いの上値持ち合いの陽線が出て、そして急落が来た。

この**窓開けの陰線が出始めたら、一刻の猶予もなく、手じまう**ことが、含み損を避け、含み益を失わないトレードの鉄則だ。

株価はその後も反発することなく、売りが売りを呼んで、今までの急騰が嘘のように、反転、下落の一途となる。

怖い足である。

このような銘柄は、板を常時見られる人でないと、近寄ってはいけない。

ボラの大きさ過ぎる、日中すぐに動けない人は近づいてはいけない銘柄と言える。

4563　アンジェス

「みんなの株式」https://minkabu.jp

鬼100則 59

移動平均線との「デッドクロス」が出たら逃げる

上値限界から**下げトレンドになるシグナル**で明確なのは、**上げてきた移動平均線をローソク足が下に抜ける「デッドクロス」**を確認することだ。

株価が上げているうちは、移動平均線（25日）は右肩上がりになっている。

それは株価の方向を緩やかに表したものである。

これに対して、株価が暗転して、この平均線を下回れば、明確な下降トレンドとなり、ここに集まる投資家も「ここが限界」と悟るようになる。

途中で「値ぼれ買い」で陽線が出ても、それは「無駄な抵抗」。

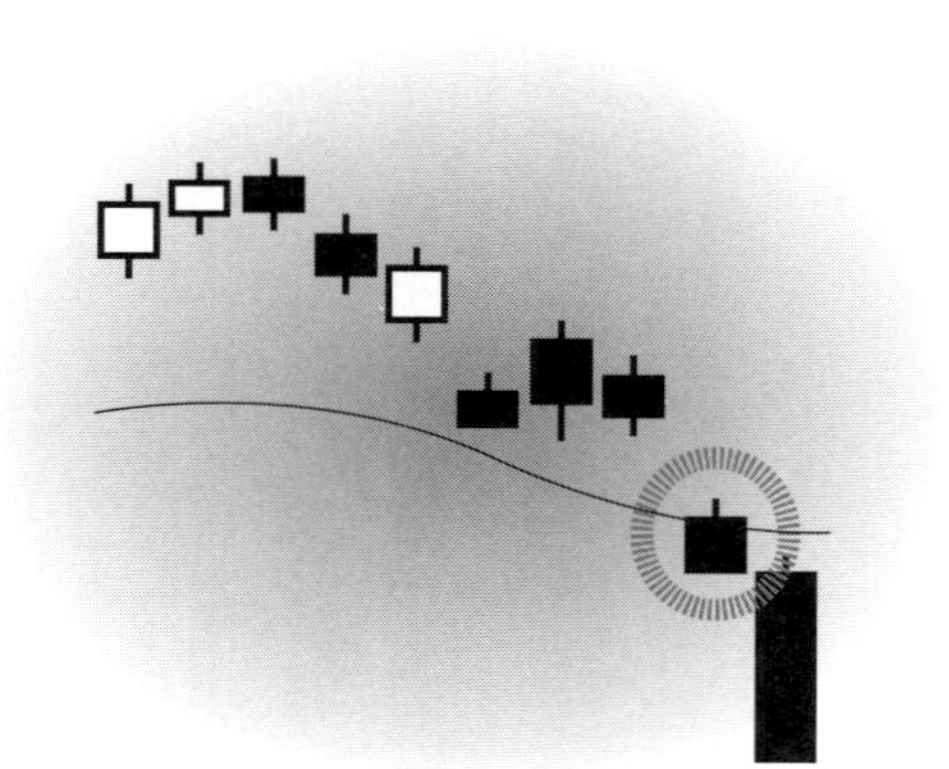

トレンドを変えることは不可能だ。

単なるローソク足の下向きだけではなく、移動平均線を下に抜ければ、下げ傾向の確認となるので、買いは無謀である。

株価の動きは日々上下しているので気付きにくいが、25日平均の株価のトレンドと合わせて見ることで、株価の方向が見えてくる。

ぜひ活用して欲しい。

6506　安川電機

鬼100則 60

上げの後の「陽のはらみ線」は限界になる

出来高を伴った上げでも、**最後の足が、前の日の急騰の足の範囲にとどまれば、「上値限界」**と見られる。

このチャートでは、大きく上げた前日の大陽線に対して、その株価の範囲に収まる、小さな陽線が出た。つまり前の日の終値よりも安く始まり、少し戻したが、大した値動きにならず、わずかに高く終わったということになる。それは高値圏での利益確定の売りが多くなったことを示している。

上値限界のシグナルの一つだ。

それを察知したか、翌日からは更なる上値を追うことはなく、陰陽を交えて、だらだらの下降トレンドになっている。

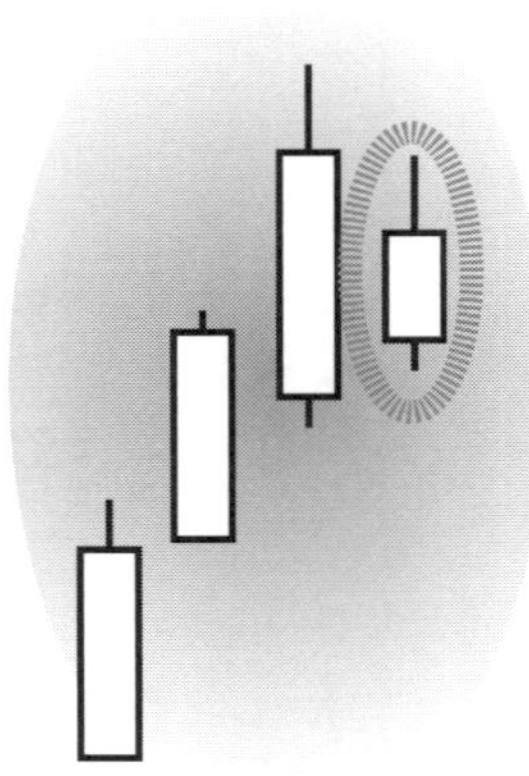

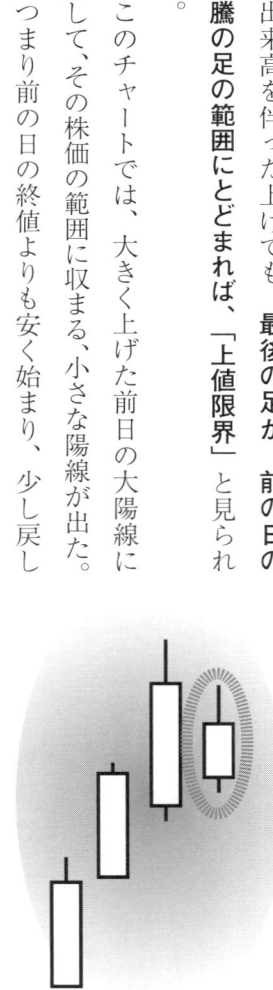

勢い良く上げてきた株価の勢いは終わり、利益確定の傾向が続いているので、ここから買っても、再び上値をとるのは難しい。

急激な上げにつられて買うと、下降トレンドに向かう下落に遭遇する典型的な足である。

急激な上げは、急激な下げか、だらだらの下げに出会うことになる。

なぜならば、慌てて買った人の損切りが続くからである。

それまでの株価をはるかに超える買いの枚数があれば別だが、なかなかそうはいかない。

いったん下を向き始めた銘柄の需給は簡単には回復しない。

この習性を飲み込んで、銘柄の高値圏に対処すべきである。

6800　ヨコオ

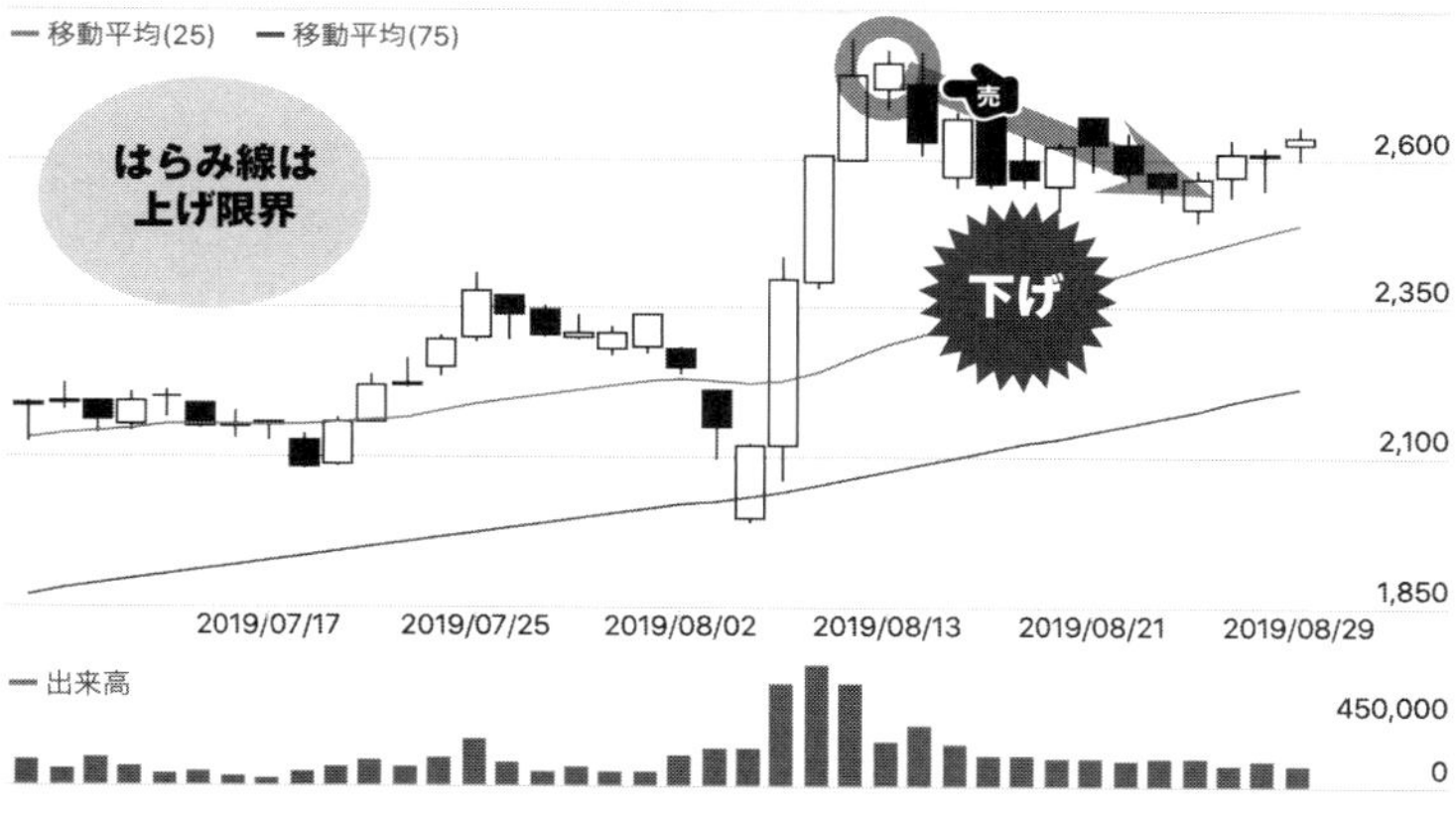

鬼100則 61

急な陽線連続は陰線連続につながる

急に上げた株価は、急に下落する。

これが習性である。

資本金の大小に関係なく、株価とはそのようなものなのである。

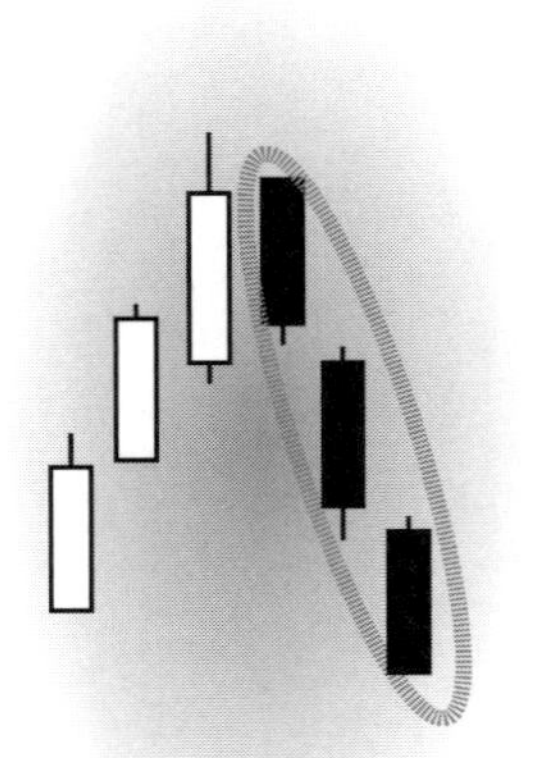

この銘柄の株価は25日移動平均線を上に突き抜けると、４日間であっという間に大陽線を付けながら上げて行った。

しかし、株価のバランスで売りが多くなり、陰線を付けると、今度は逆回転。坂を転げるように、陰線続きで下落し、移動平均線を下回った。

元の木阿弥である。

この動きは週足にすれば、２本の陰陽線となるだけだが、最近の短期トレードでは、この動きにもチャンスがあるので、無視はできない。

上げの場面で買いを入れて、下がる前に飛び降りることだ。

急に作られた相場は急に壊れる。

これは間違いない。

相場が緩やかに上げて、さらに高みに行くには、買いだけではなく、利益確定の売りもこなしながら、上げて行く。

短期で急激に上げて行った株価は、その後を買う投資家はいないので、買いの方向から売りに傾くと、簡単に壊れるのだ。

この癖をしっかりとつかんでトレードしなければならない。

株価の動きから、好ましいトレンドの見方がわかるはずだ。

2211　不二家

「みんなの株式」https://minkabu.jp

鬼100則 62

「長ーい上ヒゲ」は株価の限界

株価の勢いがついてきて、窓を開けての上昇、それも、陽線がほとんどの上げの場面では、追随の買いを入れたいなら、用心しなければならないことがある。

それは、**上げの限界を見極める**ということだ。

株価が勢い良く上げている時は問題はないが、いつかは限界がある。

その「上げの限界」のシグナルを心得ておくならば、高値圏で逃げ遅れることはない。

ここにあげたチャートでは、さりげなく上ヒゲ、それも比較的長いものが出ている。

この足は、間違いでも勘違いでもなく、立派な売買の力関係の表れである。

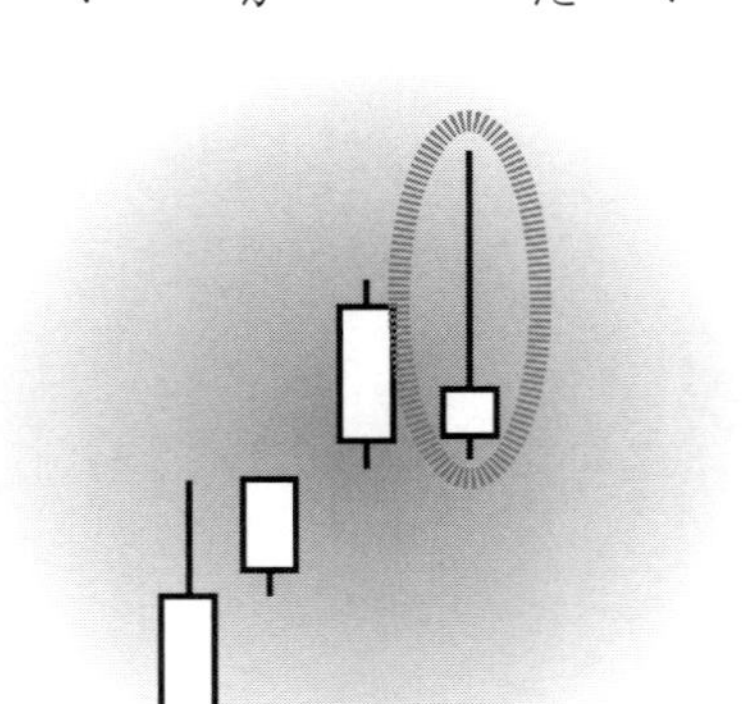

高値圏で、さらに高く買われたが、その先を買う人がいないので、株価は押し戻された。

そこに、**需給関係の異変**が見て取れる。

それ以上の高値は買わないという意味である。

そのシグナルを見落とさず、手持ちの銘柄は撤退し、さらに高値を望まないことが大切である。

下げの途中にも陽線が出ているが、銘柄に対する「憧れ」の証である。

国際優良株や材料豊富な銘柄は、多少下げても、「戻すのではないか」という見方があるので、下降トレンドに入っても、買いが入りやすい。

しかし、その考え方は間違いだ。

上値限界のシグナルが出た時に、撤退を考えないと、含み損を拡大させるだけである。

4063　信越化学工業

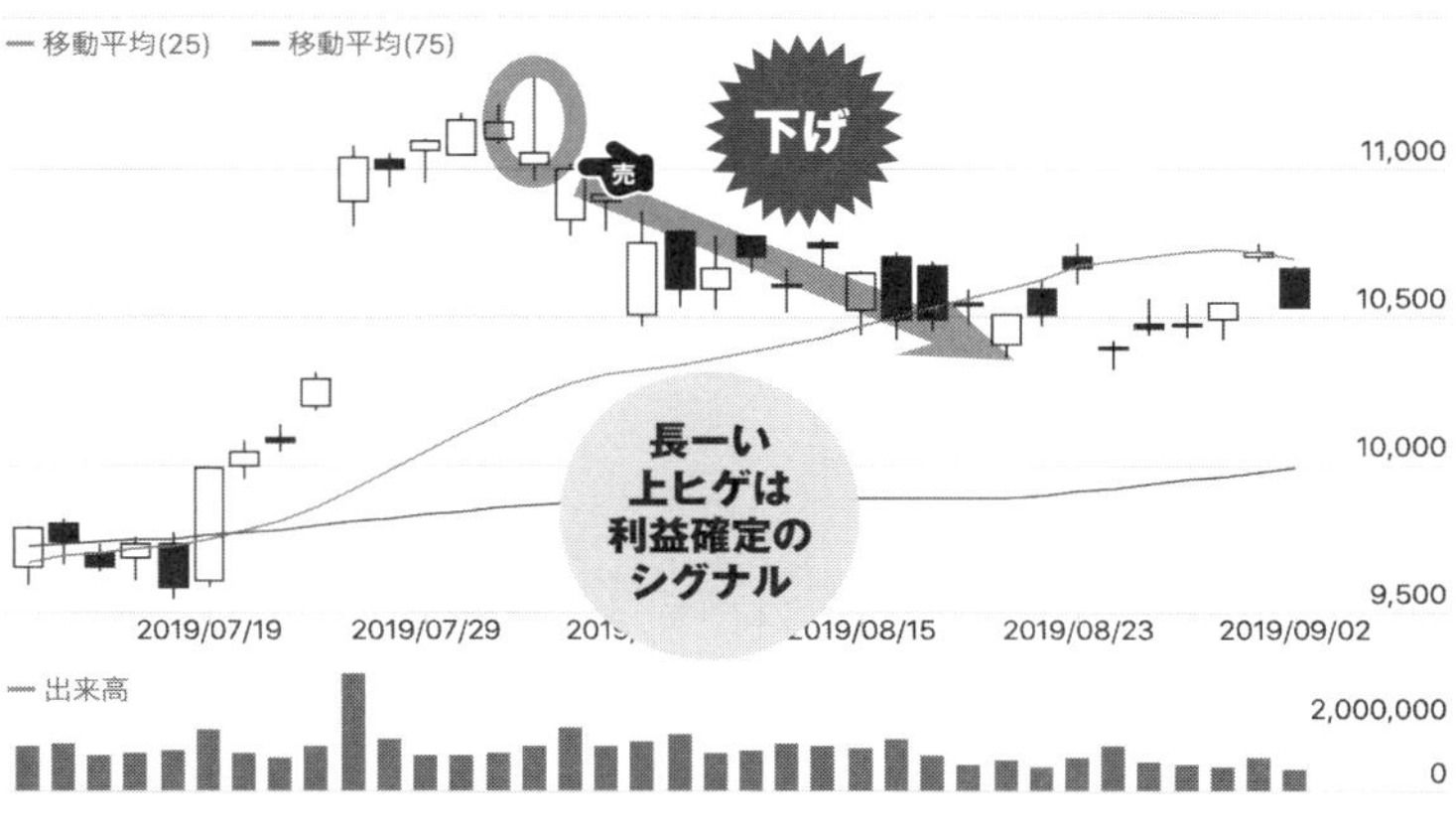

「みんなの株式」https://minkabu.jp

鬼100則 63

陰線と首つり線のダブルで天井付ける

株価が持ち合いの末に、いきなり、陽線続きとなり、人気化で高値を付ける。
これはよくあるパターンだ。
しかし、やがて、上げの限界は来る。
高値限界のシグナルは、色々述べてきたが、誰もが納得するシグナルはこれだろう。
株価が上伸した後の大きな陰線、それに次ぐ「首つり線」の出現だ。
いわゆる天井のシグナルのダブルパンチである。
これを見たら、問答無用で撤退しなければ、自殺行為になってしまう。
心しなければならない。

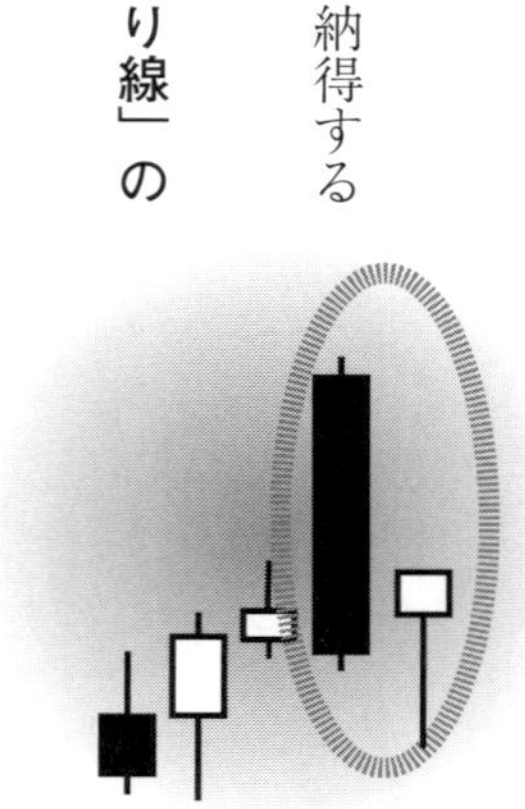

このシグナルの後は、わかる人はわかり、勘づくので、売り優勢となり、株価は下落していく。

当然のことである。

「また、反発するだろう」

などという甘い考えは持たない方が良い。

株価は、何度も言うが「需給」で決まる。

材料や業績にはあまり関係がない。

唯一確かな判断の材料は、投資家心理を表したローソク足の組み合わせなのである。

よく活用したい。

4091　大陽日酸

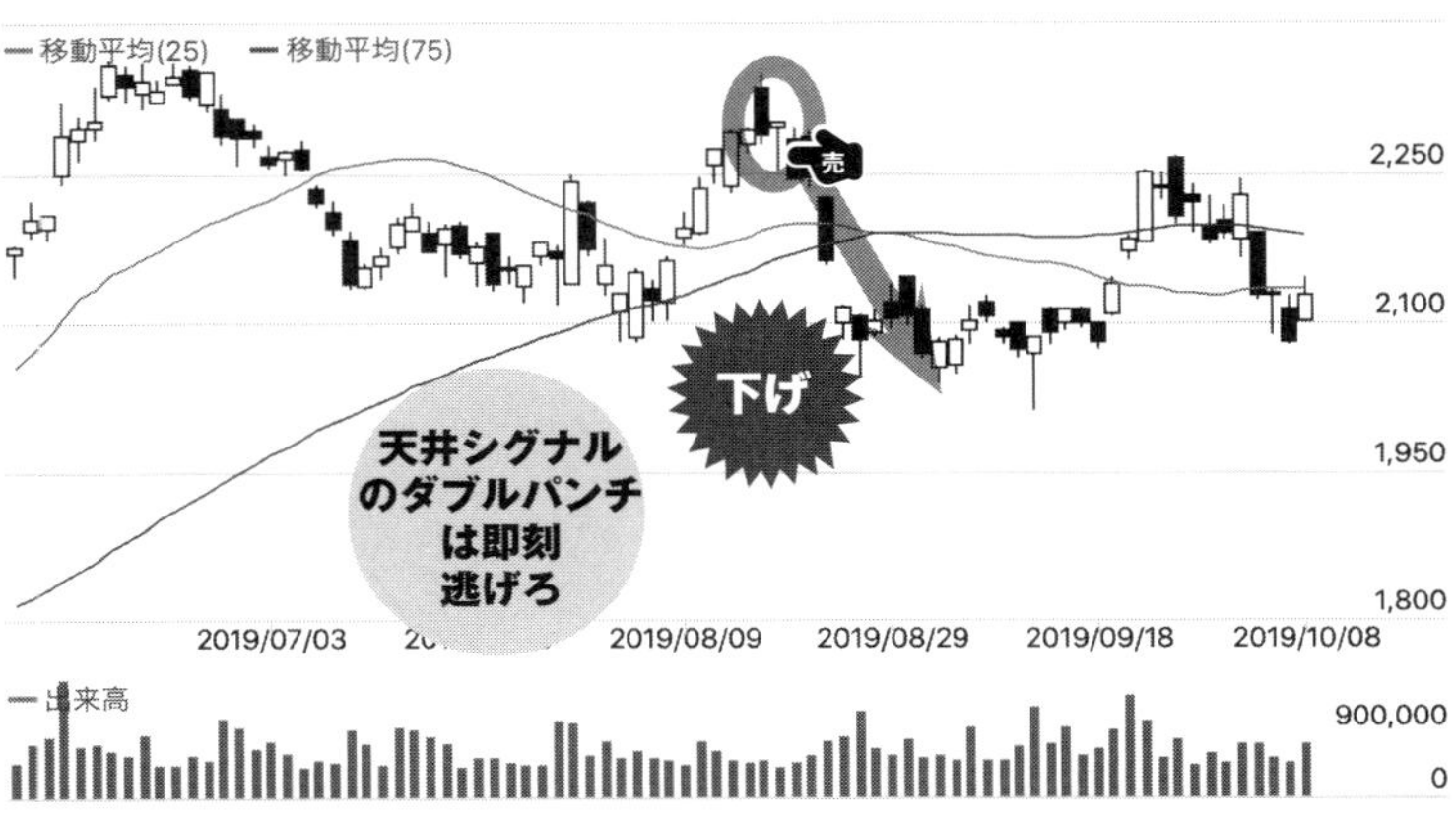

「みんなの株式」https://minkabu.jp

第6章

手出し無用の扱えないローソク足

ルール その1：絶対に損をしないこと。
ルール その2：絶対にルール1を忘れないこと。

ウォーレン・バフェット

銘柄は人が奨めるものではなく、自分で勉強して選ぶ。

是川銀蔵

鬼100則 64

落ちる途中での「値ぼれ買い」は厳禁

株は売買で利益を得るものだが、大切なのは、入る（買う）タイミングである。

下げの途中に入れば、含み損が拡大する一方で利益どころではない。

安くなったから良いというものではないのだ。

下げる中で買ってさらに下げれば、損が拡大するので、精神的にも良くない。

しかし、天井圏からの急な下げの局面でも株価が成立しているということは、その時点で買いに回った人がいる証左だ。

株価は買いがあり、売りがあって初めて成り立つからだ。

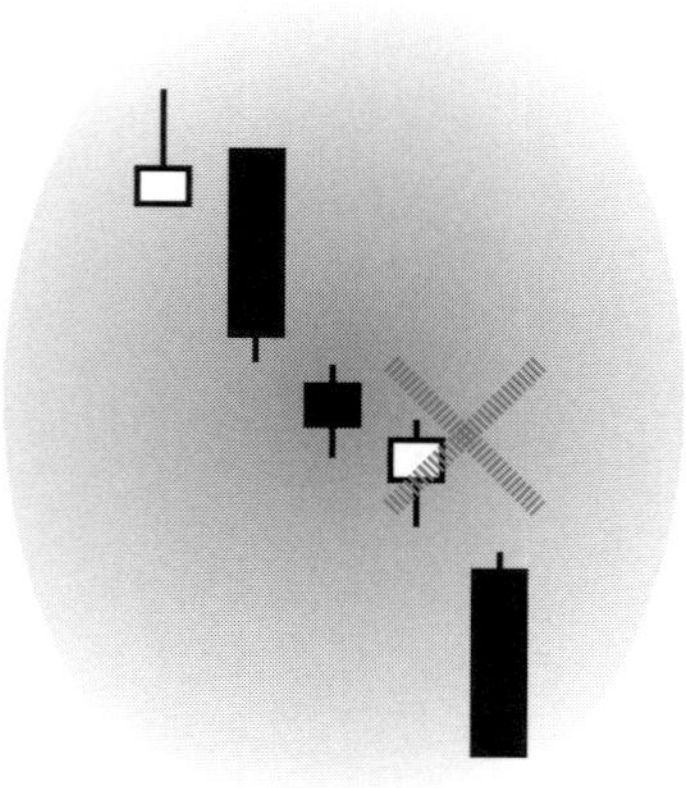

このような間違いの買いを行ってしまう人がいかに多いことか。

もちろん、下げの途中での買いは、信用の「売り建て」の買い戻しもあるが、すべてが、それではないだろう。

この銘柄の株価の推移でわかるが、株価は下降トレンドに入り、下値でもみ合いの後、ジワリジワリと上げている。

つまり、**値ぼれの買いを下げの途中で入れるよりは、下値確認の後で買いを入れた方が効率的な売買ができる**のである。

株式投資はタイミングが勝負だ。

ここにあげたような取引はやってはいけないタイミングであることを肝に銘じたい。

8591　オリックス

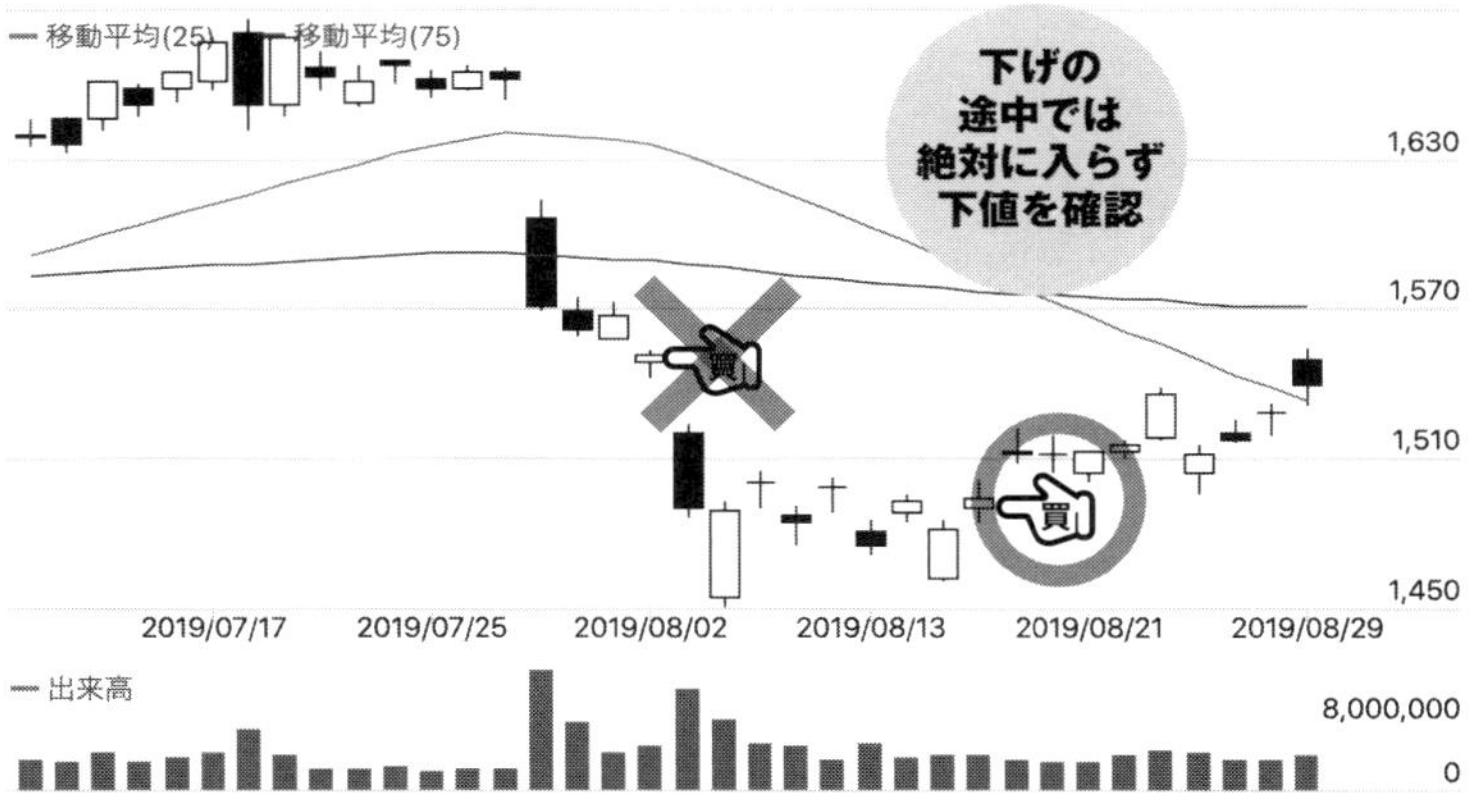

「みんなの株式」https://minkabu.jp

鬼100則 65

上に飛んだ株価も「陽線と陰線のはらみ」で限界に

株価がいきなり、窓開けで上に飛んだ時。

「これは上がるな」と判断して、飛びつく投資家が少なくない。

上がる株価には、飛び乗りたくなるのが、投資家心理というものである。

しかし、飛び乗った時に限って、株価は限界になりやすい。「高値つかみ」になるのだ。

その限界のシグナルが、ここにあげた「**はらみ線**」である。

天井に向かう大きな陽線に小さな陰線が収まると、そこが上値限界になる。

さらに窓開けの陰線なんぞが出たら、「**下げ決定**」である。

その後は、割安感からの買いが入り、陽線も出るが、

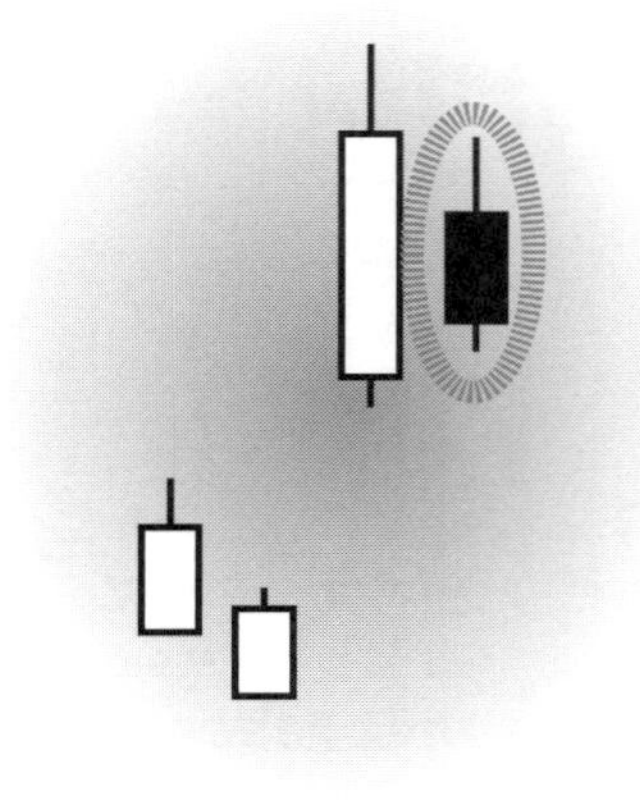

力関係は下に向いているので、下降トレンドが変わることはない。

この下げの途中に陽線があるのは、「妥当な株価で買いタイミング」と誤解した人がいたからだ。

このチャートは一部銘柄だが、新興市場の銘柄は、個人投資家が多いので売りが売りを呼んで、買いは入らず、ストップ安になることが多い。

この形になれば、短期間に「値幅調整」が進むので、下値に届くまでの期間は意外と短い。

だから、下げトレンドでは、信用の売り建ては構わないが、決して「値ぼれの買い」をしないことだ。

買って、下がり、ナンピンして、さらに下がる。

最悪の売買になるので、このようなトレンドの銘柄にかかわるのは、用心しなければならない。

4502　武田薬品工業

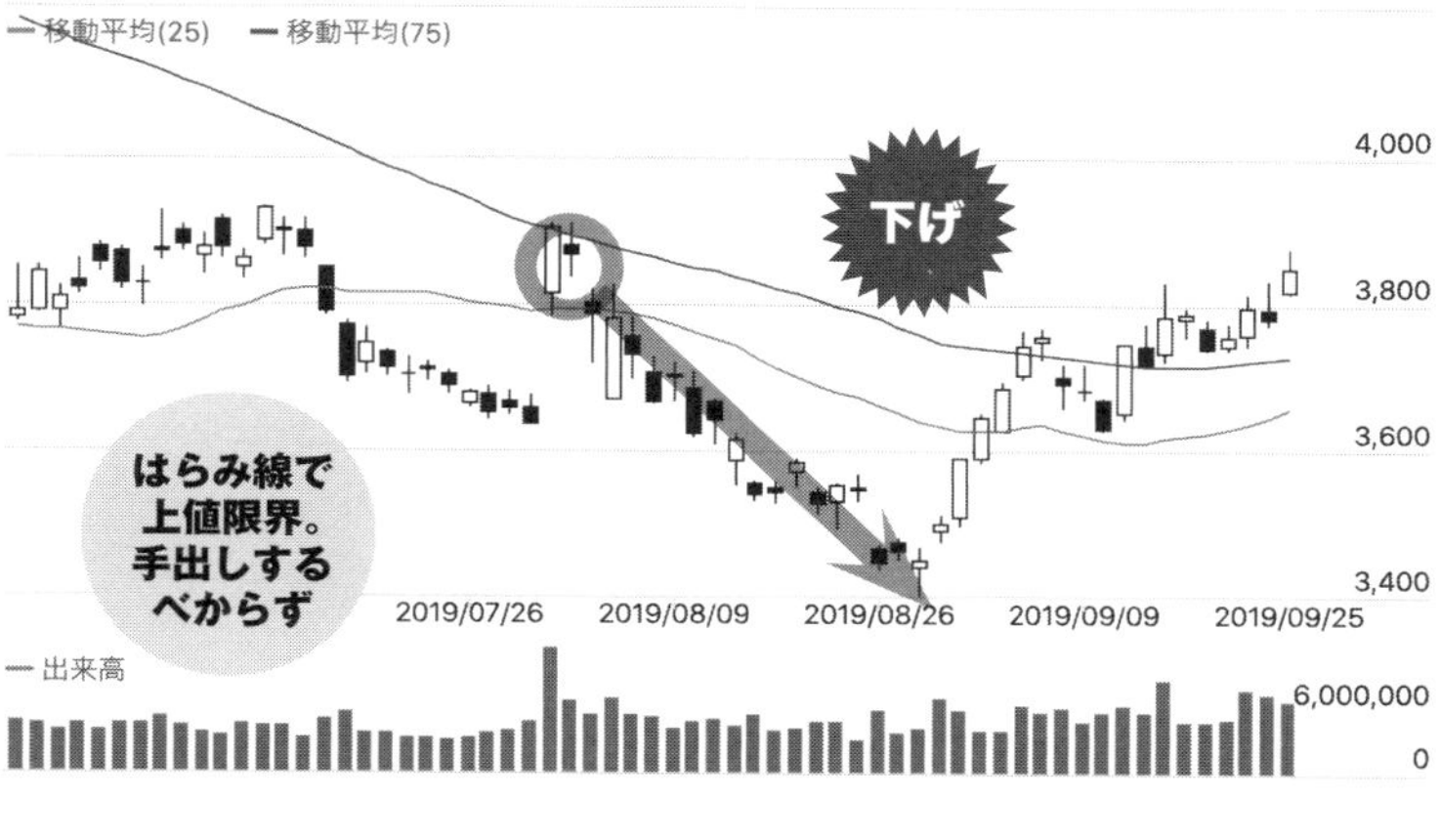

「みんなの株式」https://minkabu.jp

鬼100則 66

「だらだらの下げ」は間違っても拾うな

人気の銘柄が下げてくると、ついつい、「これぐらいなら買ってもいいかな」と**ナンピン買い下がり**を入れたくなるものだ。

しかし、ナンピンで成功するのは、長期の上げトレンドの押し目くらいなもの。

高値を付けての下げ局面では、良いことはない。

絶対にやってはならない。

この銘柄で間違えやすいのは、下げの途中で大きな陽線が出ていることだ。

一時的なニュースや思惑で買われるが、下げトレンドが始まった以上は、その流れを変えることは難しい。

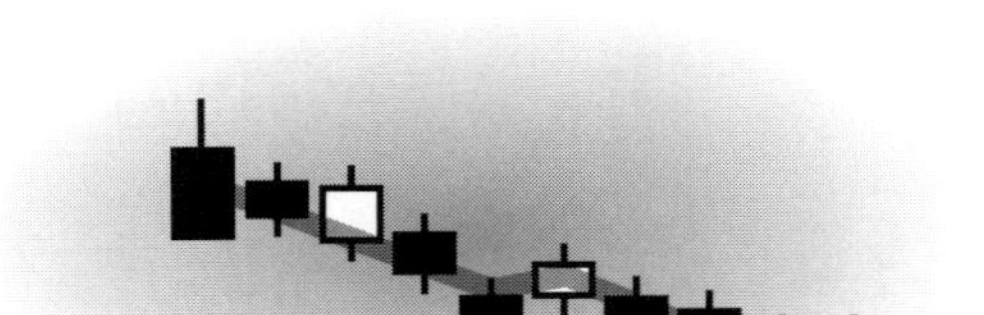

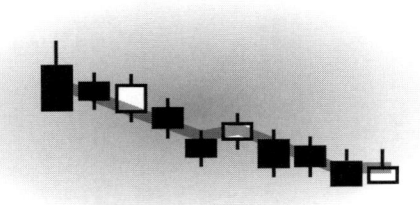

上げの時は、ぐんぐん上げて行き、買いが上値をとってくるが、下げの時は、利益確定の売りや、先行きの下落を見越した処分売りで売り圧迫が強くなる。

ここで買うのは無謀と言える。

株で損をする人の大半は、私から見れば買ってはいけないタイミングで「買いの行動」を行っている。

チャート分析で見ればあり得ないタイミングでの買いであり、売り玉にチャンスを与えるようなものだ。

「ついつい」を慎まなければ、投資での損は拡大するばかりである。

6047 Gunosy

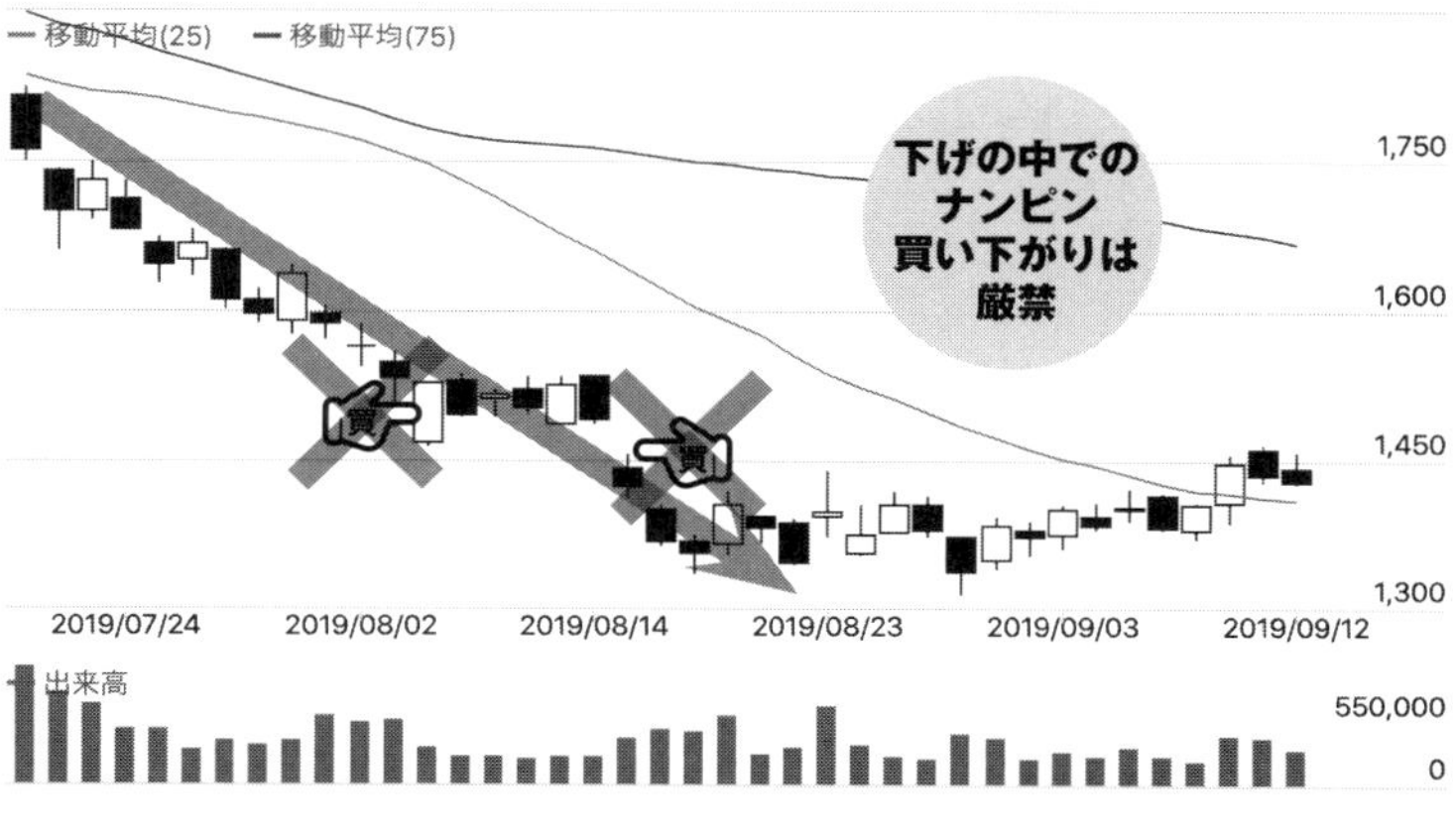

「みんなの株式」https://minkabu.jp

鬼100則 67

急騰の後には必ず「利益確定」があるので用心だ

株価が中低位の銘柄が、下値から上げて行き、倍近くまで上がると、すわ！「買わなければ」という雰囲気が出てくる。

しかし、そうした銘柄は、ある思惑に操られた「仕手株」の場合があるから、注意が必要だ。

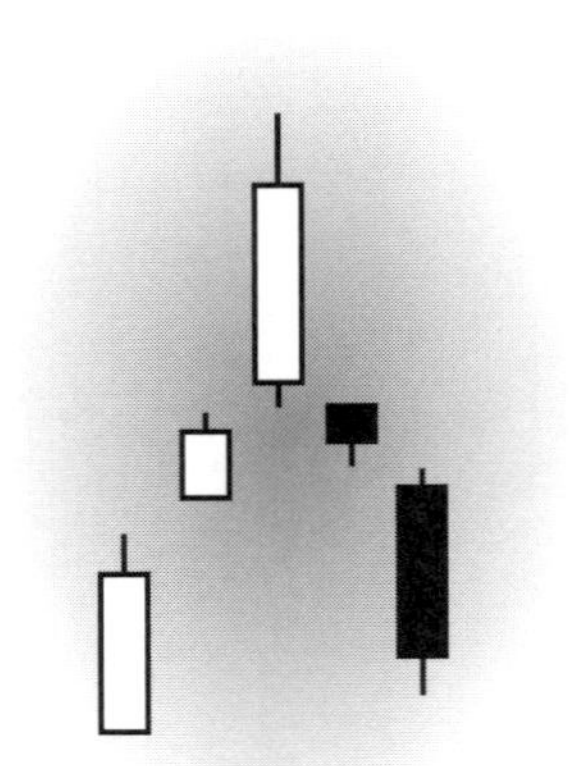

銘柄を仕掛ける筋は下値から周到な作戦で上げてくるので、初動で乗れる。

少しは回転して、利幅を取っていくが、個人投資家の大半が気付くのは、出来高を伴っての急伸の時である。

しかし、**皆が知ったら、相場はおおむね終わり**近くだと考えて良い。

最後の大陽線が出たタイミングが天井圏。

ここで急騰したのは、それだけ「先高観」をもって買った人が多いということだ。

チャートでわかるように、**このタイミングでの買いに利益確定のチャンスはない**。

しかし、ここで、出来高が最高になっているので、買った人がいかに多いということか。

付和雷同の買いである。

上げた時は「買い安心」。

しかし、そのタイミングで買うのは、最悪だ。

やってはならない売買のやり方である。

6146　ディスコ

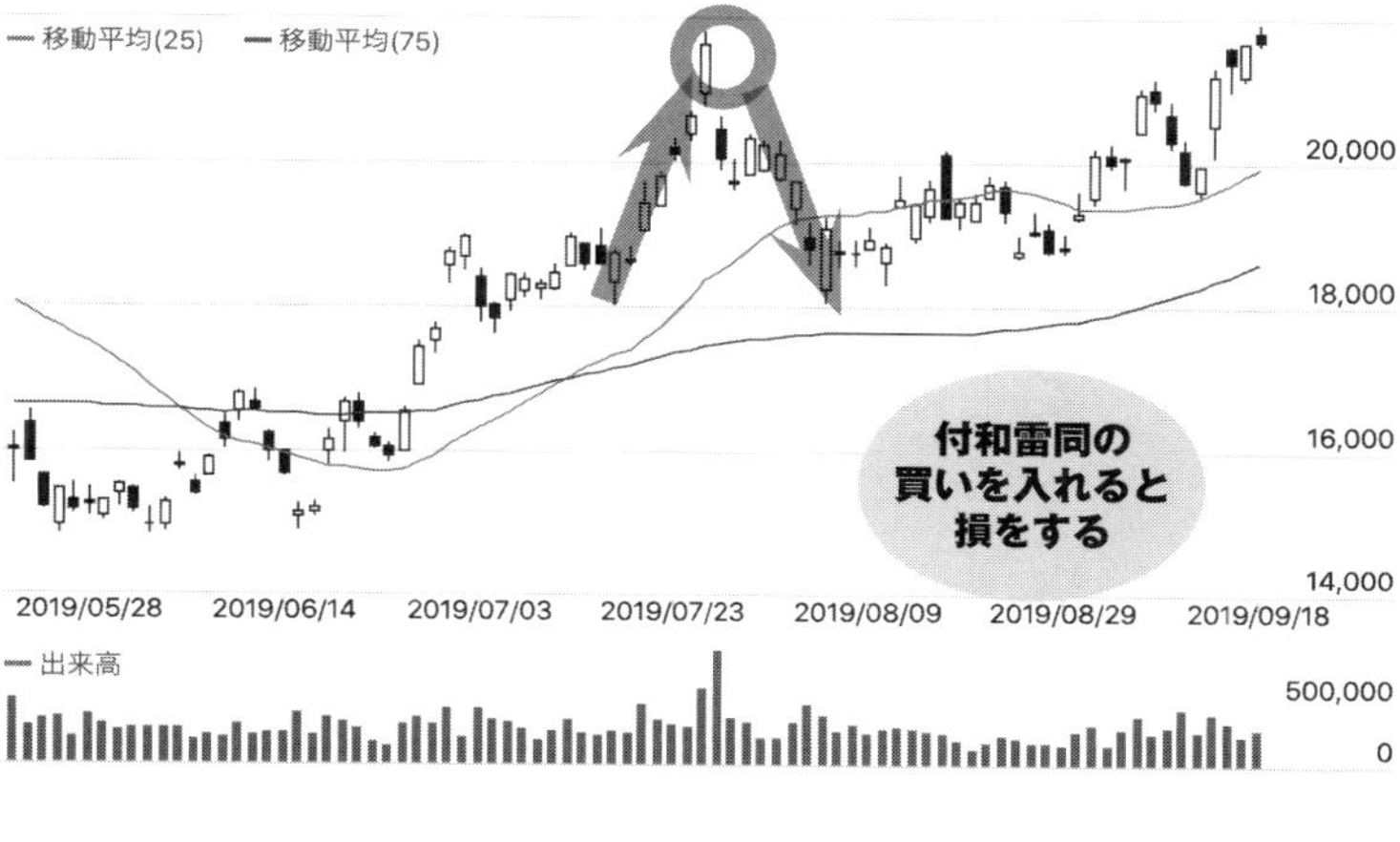

「みんなの株式」https://minkabu.jp

鬼100則 68

「ストップ高」はどれだけメリットがあるのか

株式市場で華やかなニュースといえば、「ストップ高」である。

特に、手持ちの銘柄がストップ高になれば、こんなに嬉しいことはない。

余裕で利益確定ができるからだ。

ただ、**ストップ高の銘柄をストップ高の時点で買うのは、全くお勧めできない。**

結果的に成功することになっても、だ。


例えばこの銘柄は人気化で2回ストップ高を演じている。

ところが、その後はさすがに上値限界となり、高値波乱から陰線続きのだらだら相場になった。

1回目のストップ高で買えた人には利益確定のチャンスがあるが、そのニュースを見て押っ取り刀で駆けつけた2回目やその後の高値では、利益確定はほとんどできず、含み損を抱えることになったはずだ。

このように、ストップ高に付和雷同する気持ちはわかるが、**その先の株価を誰が買うのか**を考えないと、賢明な投資とは言えない。

新興市場の銘柄には、毎日のようにストップ高をする銘柄がある。

それだけ、投資家は派手に動く銘柄を追いかけている。

派手な動きの銘柄に乗ろうとしている。

しかし、この投資スタイルには、あまりチャンスがない。

チャートでわかるように、急騰の後の株価は持ち合いからだらだらの下げになりがちだ。

大金を失うのも、この手の銘柄での投資である。

4331　テイクアンドギヴ・ニーズ

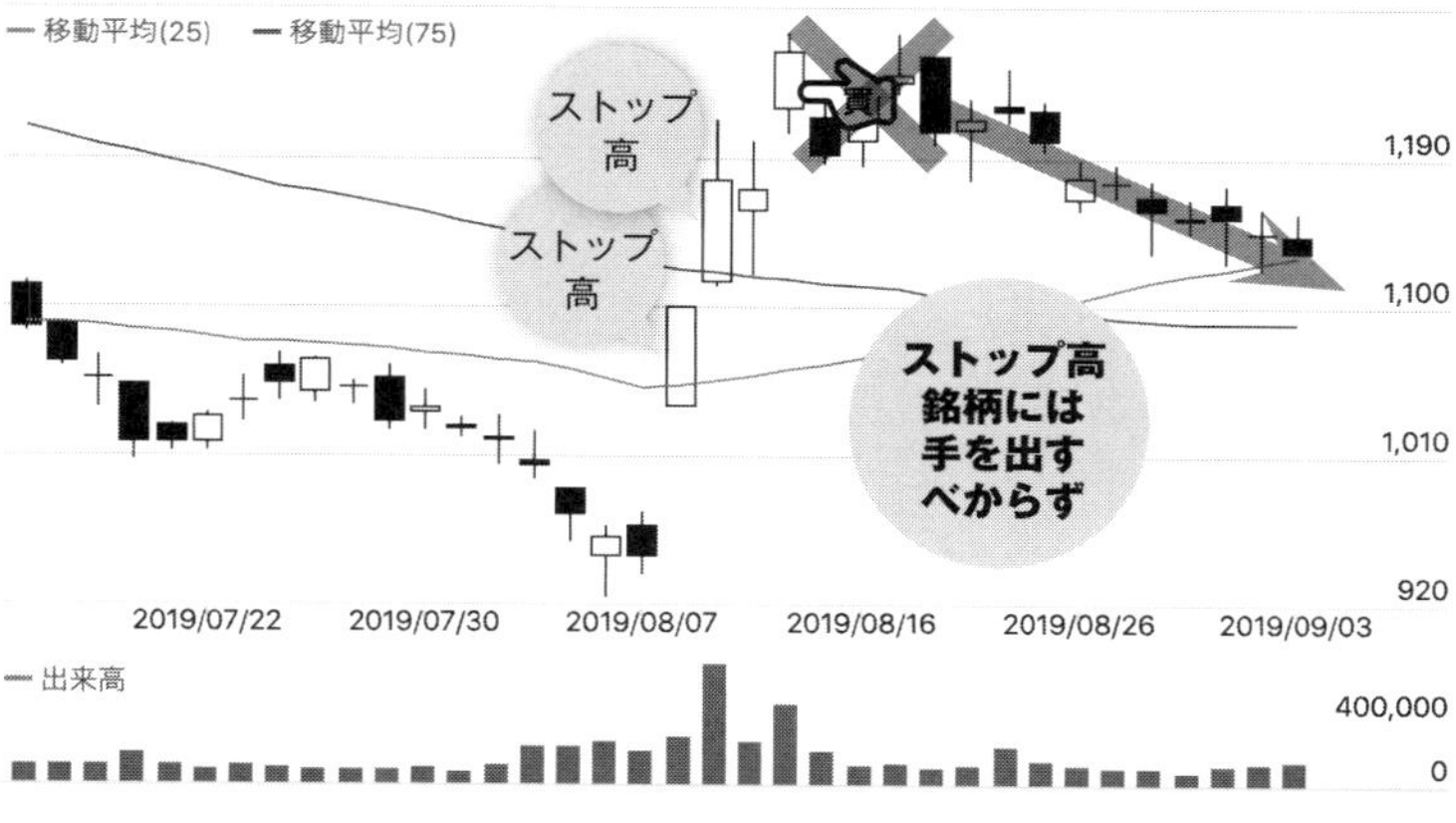

「みんなの株式」https://minkabu.jp

鬼100則 69

「材料先食い」の株価の押し目は

株価は常に、新しい材料を先食いして上げて行く。

期待で上げて、現実で下げる。

この癖を知っておかなければならない。

特に、バイオ関連などは、期待で上がる傾向が強い。

治験開始、新薬開発が進展した……

期待のうちは、買いが買いを呼んで、ぐんぐん上がる。

しかし、期待は所詮、期待である。薬品が市場に出回る段階で下げる可能性大である。

伸びにも限度がある。

ローソク足は、期待からの買いで上がる。

この動きを反映して、需給関係の良さから買われていく。

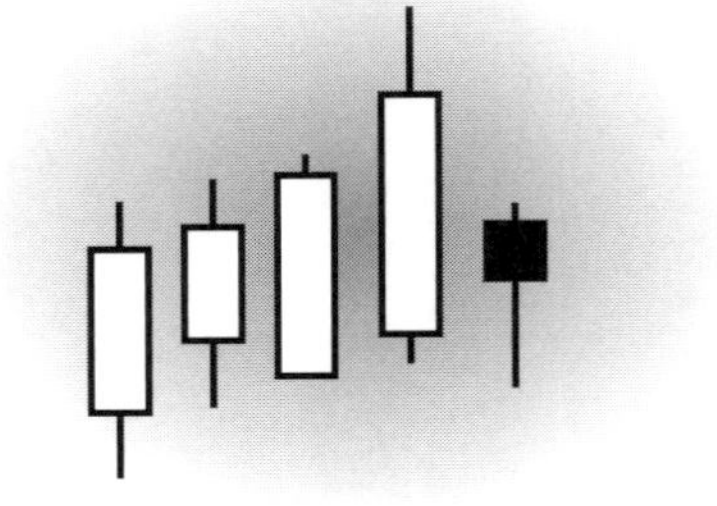

この時点では、「天井知らず」の勢いである。

しかし、この動きに対して、遅く乗った人は用心である。

株価はやがて上値限界になるので、注意しなければならない。

頭をつけると、株価は一転して、下落傾向になりやすい。

材料株は、早く乗って、早めに降りるのが賢明である。

いかに魅力の材料でも、所詮は需給。

売られ始めた株価はますます売られる。それこそ底なし沼に。含み損は拡大。ストレス最大になることは間違いない。

4587　ペプチドリーム

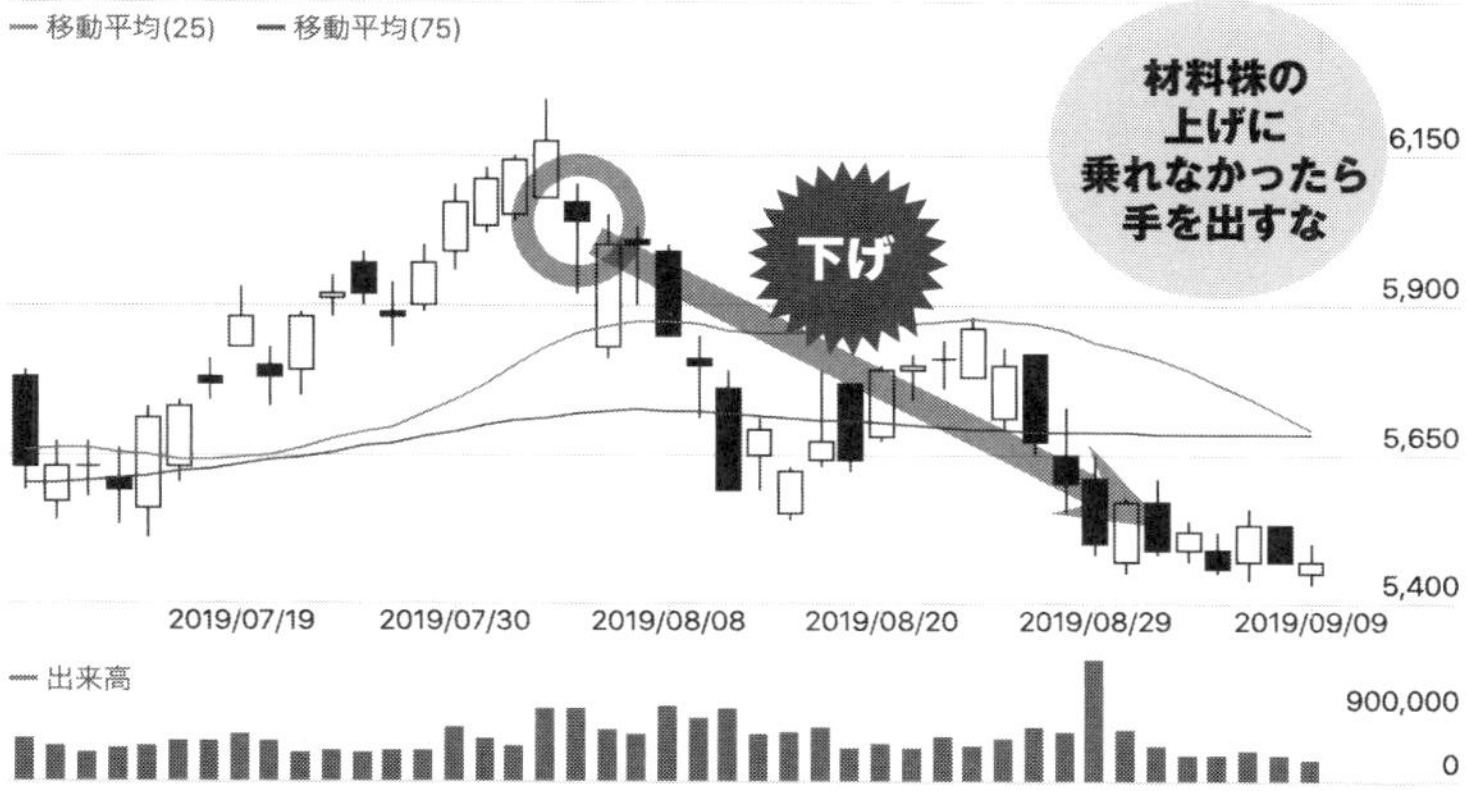

「みんなの株式」https://minkabu.jp

鬼100則 70

「ストップ安銘柄」は追跡が賢明だ

株式投資で打撃が大きいのが、**買ったとたんに「ストップ安」**に遭遇することだ。

企業における悪材料は、一般投資家には知り得ないことが多い。

信じて買ったことが悪夢のように感じられるだろう。

暴落の時は、ショックから出来高が多い。

セーリングクライマックスだ。

しかし、ここにあげたストップ安銘柄のその後の値動きでもわかるが、いかにも暴落のように見えるが、その後の株価は「持ち合い」になる。

右肩下がりになることなく下げ止まり、次の材料を待って、売りをこなしている。

持ち合い状態にあるのは、買いもそこそこあるということだ。

この場面で、**枚数を増やして、購入単価を下げておく**のも一つの手だ。

もしあなたが投機的な考えで買ったのであれば、負けを認めて、潔く損切りするのを勧める。

しかし有望な内容の銘柄だと確信して買ったのならば、持ち続けるのも一つの方法だ。

資金に余裕があるならば、保有して配当をもらい、やがて来るであろう、反発のタイミングを待つのも手なのである。

ストップ安の後に、しばらくしてストップ高になる銘柄は珍しくはない。

特に新興市場の銘柄である場合は、値動きが激しく、少しの材料で反発することはいくらでもある。

一見、矛盾するようだが、長い目で見ることも、一つの方法である。

6958　日本CMK

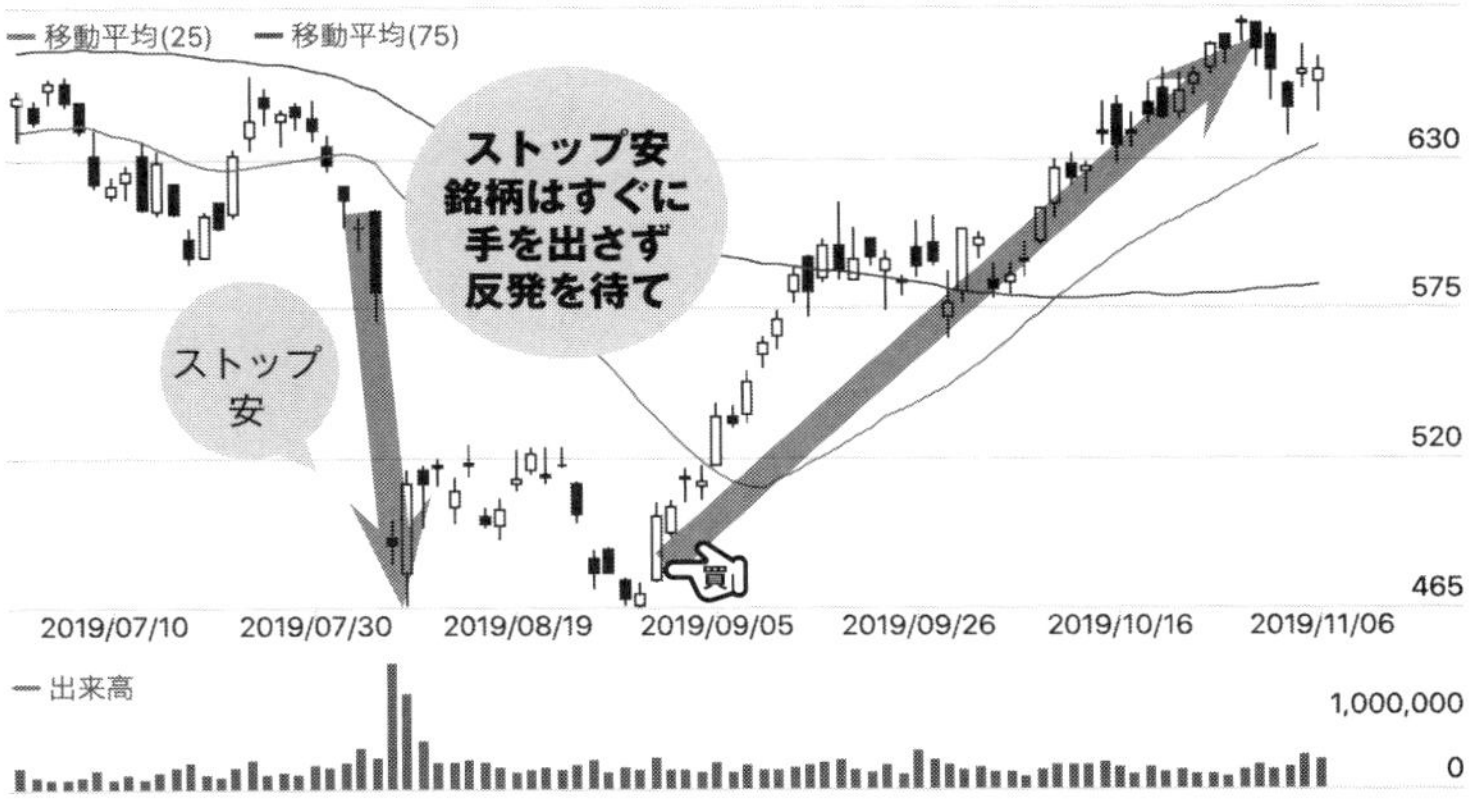

「みんなの株式」https://minkabu.jp

第7章

底値を探る技術

町のあちこちで通りが血に染まっているときこそ、買いの絶好のチャンスだ。

ネイサン・メイアー・ロスチャイルド

真の投資家にとって、株価変動の持つ重大な意味は一つしかない。急落すれば抜け目なく株を買い付けて、急騰すれば売り抜けるチャンスなのだ。

ベンジャミン・グレアム

鬼100則 71

「リターンリバーサル」の原理を知ろう

株価は上にも下にも行き過ぎる。

この事実を覚えておこう。

ここにあげた銘柄は、日本を代表するハイテク銘柄（今は投資銘柄）だが、高値を付けた後に、1000円近く下げて底を這っている。

しかし、この株価はたまたま、悪い材料などで頭を押さえつけられているだけで、**企業価値を必ずしも正しく反映しているわけではない。**

業績はあまり良くなく減益なので無理もないが、人気があり過ぎて、信用の買いが多く、上値を押さえられている。そのために、値動きの重さから嫌われて、買いが入ってこない。

言うならば、**需給の悪さが株価に影響**してくる。

今後はどうなるかと考えれば、**信用の買いの期日が通過して、買いの玉が減った時がチャ**

ンスかもしれない。

上げたものは下がり、下げたものは上がる。

もちろん企業価値が棄損していないことが前提だが。

チャートと需給。

この要素を考えて、**下げ過ぎを買う**というスタンスが、下値の仕込みのチャンスになる。

チャート読みで大切なのは、「割安か、割高か」という意識である。

割安になった株価については、反発の地合いを見て、果敢に仕込んでいく。

その考え方が報われることは間違いない。

高値を追わず、飛びつかず。

下値からの反発の場面をしっかり仕込むことだ。

9984　ソフトバンクグループ

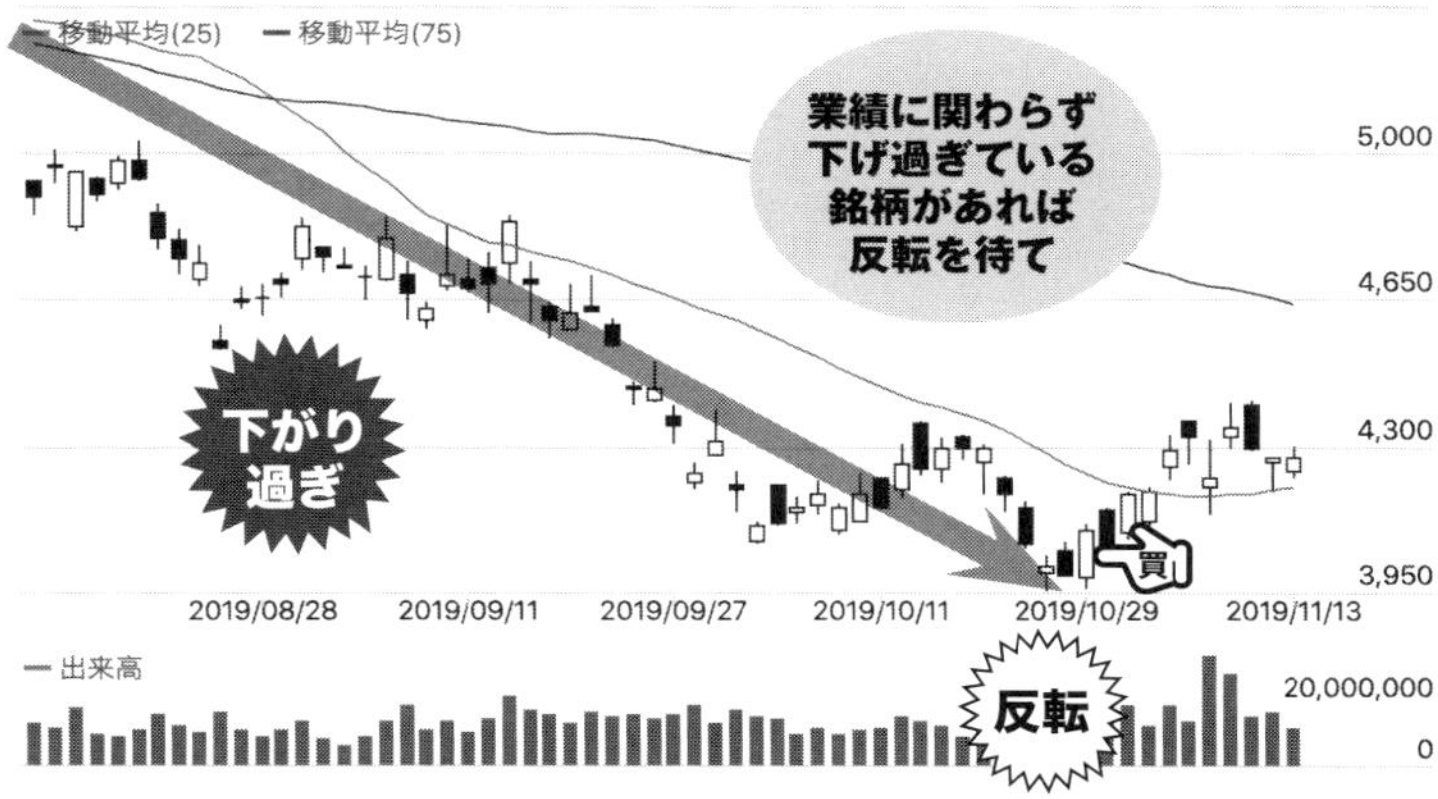

「みんなの株式」https://minkabu.jp

鬼100則 72

「急落」は下値確認のチャンス

業績に特段問題がない限り、株価は一時的に調整しても、全体相場が下落しても、**必ず元に戻すか、さらに上げて行く。**

これは株価変動の習性である。

それを活用して、確実に利益を確保したい。

ここにあげたのは、一部上場のゲーム会社だが、だらだらの下げの後に大底を付け、「抱き線」を見せたところで、株価のトレンドは反転して、上げて行く。

さらに、下降していた25日平均線を抜いて、ゴールデンクロスとなり、理想的な上げになる。

株価の習性と、ゲーム関連というテーマに着目することで、株価変動のうまみを享受できるのだ。

トレードの技術では、**下げていく銘柄の下値を確認して、転換した上げトレンドにうまく乗る**眼が必要となる。

これが大切な「儲かる投資」のコツである。

下げの途中に買って損切りし、その後は追跡もしないで、次の銘柄の割高を買う。

押している銘柄の下げ局面で「値ぼれ」の買いを入れるのは、個人投資家によく見られる失敗する売買の例だが、それをやっているうちは、株で勝つことはないだろう。

チャートの上げ、下げのシグナルをしっかり活用して、確立の高い投資を行いたい。

9766　コナミホールディングス

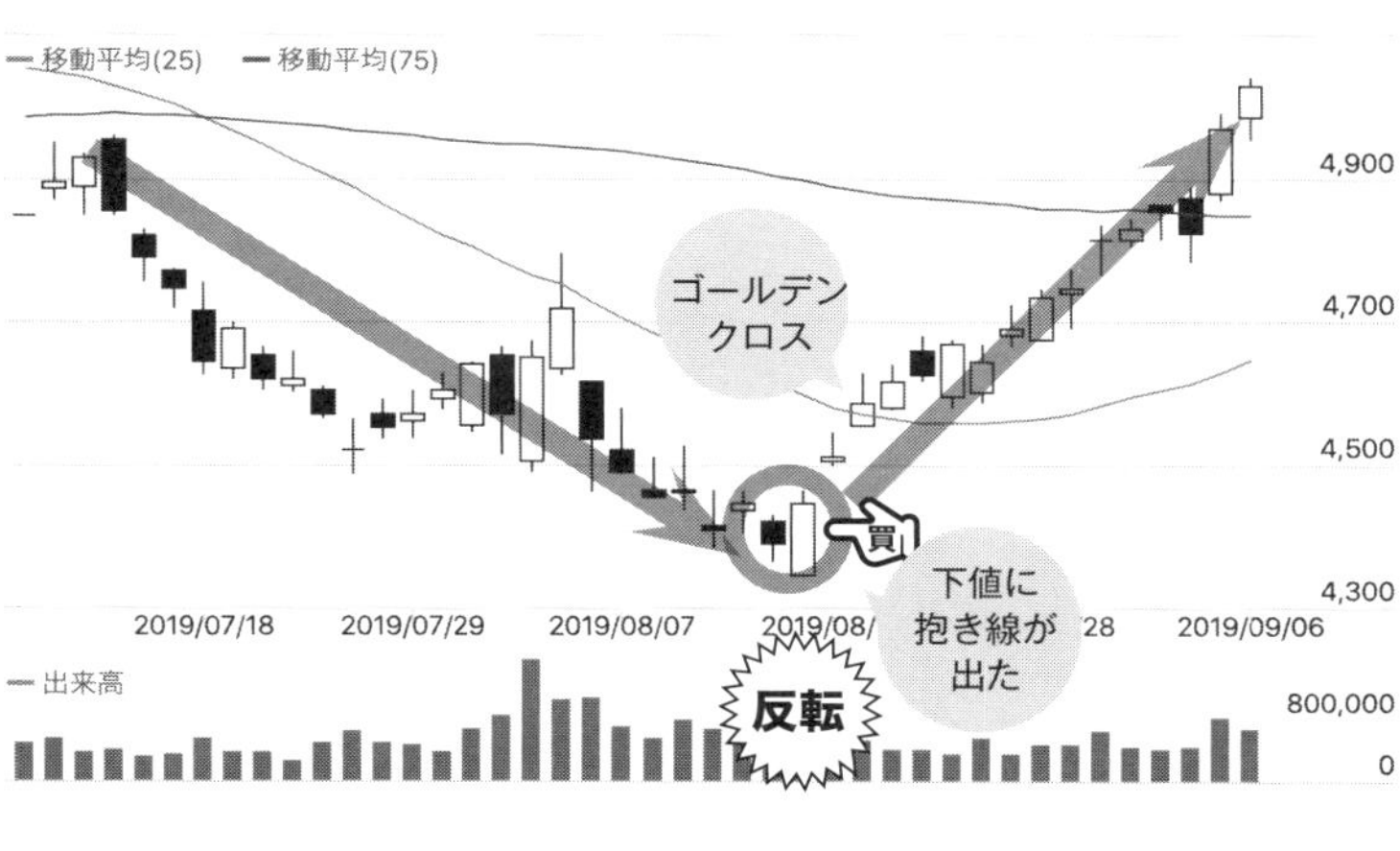

「みんなの株式」https://minkabu.jp

鬼100則 73

「地道な追跡」が儲けの宝庫になる

安定した経営で、誰もが認める**優良企業**。

そうした会社の株価に照準を当て、**全体株価の影響で下がり続けている時の底値**を狙う。

このやり方で損をする確率は、リーマン級の大不況が来ない限りはないだろう。

トランプ大統領の呟きくらいではびくともしない銘柄が好ましい。

特に、優良銘柄の全体相場につられての急落は美味しい。

いかに優良な銘柄でも、外資系のリスクオフ、市場からお金を一時撤退する動きには抗えない。

この流れを逆に活用したい。

そこに、チャンスがあるからだ。

この銘柄はＮＹ相場の下げにつられて下げたが、ＮＹ相場の復活で資金が戻り、底を付けて戻し、下値持ち合いから、ジワリジワリと上げて、やがては、移動平均線を超えてきた。

このタイミングは、すでに上げトレンドに入っているので、先行き急落の可能性が薄い。

チャートは、このように活用することで、実際に利益を得ることができる。

チャートをすべて信用することはできない。

チャートで儲かれば、苦労しない。

しかし、全体の流れが変わり、資金が戻り、プロは運用しないわけにはいかない状況になった。

そこで、この流れに乗る。

これは賢い判断である。

この局面でのチャートの活用は成果につながるので、大いに活用したい。

8058　三菱商事

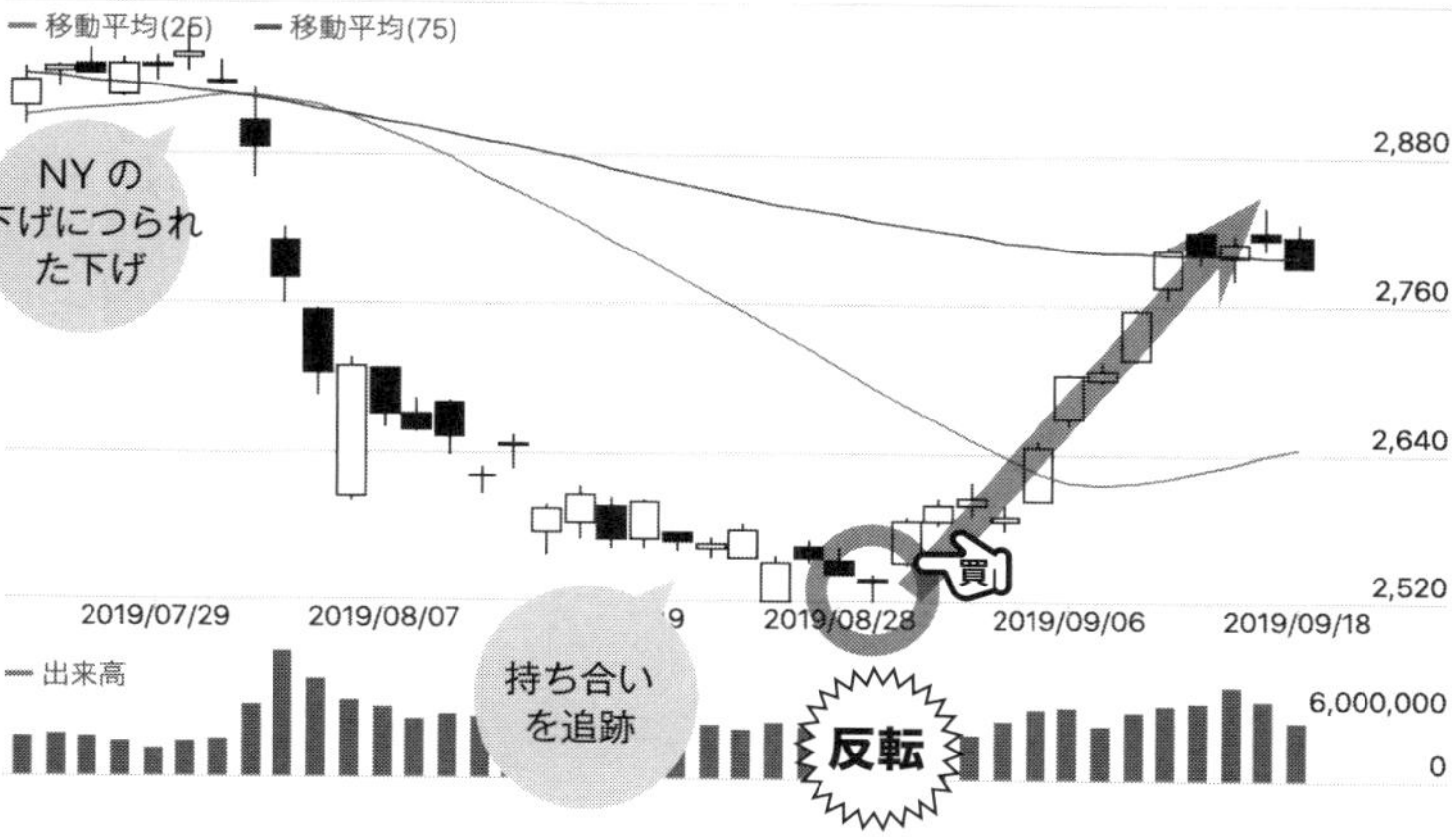

「みんなの株式」https://minkabu.jp

鬼100則 74

「損切り」しても追いかけてものにする

相場は、売り買いのリズムさえ間違わなければ、勝率は高くなる。

逆をやれば、果てしなく、損が拡大する。

これは基本である。

それを改善するために、チャートがあり、それをうまく活用できる人にチャンスがあるのである。


この銘柄は世界に知られた優良企業である。

優良企業の代表ともいえる。

日経225平均の採用銘柄は、外資の売買の主な対象になるし、年金基金（GPIF）や生保など機関投資家の運用対象にもなる。

そのために、トランプ大統領の発言で、リスクオフ、リスクオンを繰り返す**NYのダウ**

平均株価にも連動しやすい。

もちろん、中国での仕事が多いこの銘柄は**中国の経済状況ともリンク**する。

これらの動きを見ながら、相場の方向をつかみ、投資を行えば、さしたる損はしないどころか、安定的な利益を積み重ねることが可能だ。

ローソク足のトレンドを見ても、なだらかに下げ、なだらかに上げている。

中長期の投資では負けないチャートと言える。

ただし、ある程度上昇してから乗ると、上昇・下落の幅に振られやすいので用心が必要だ。

6301　コマツ

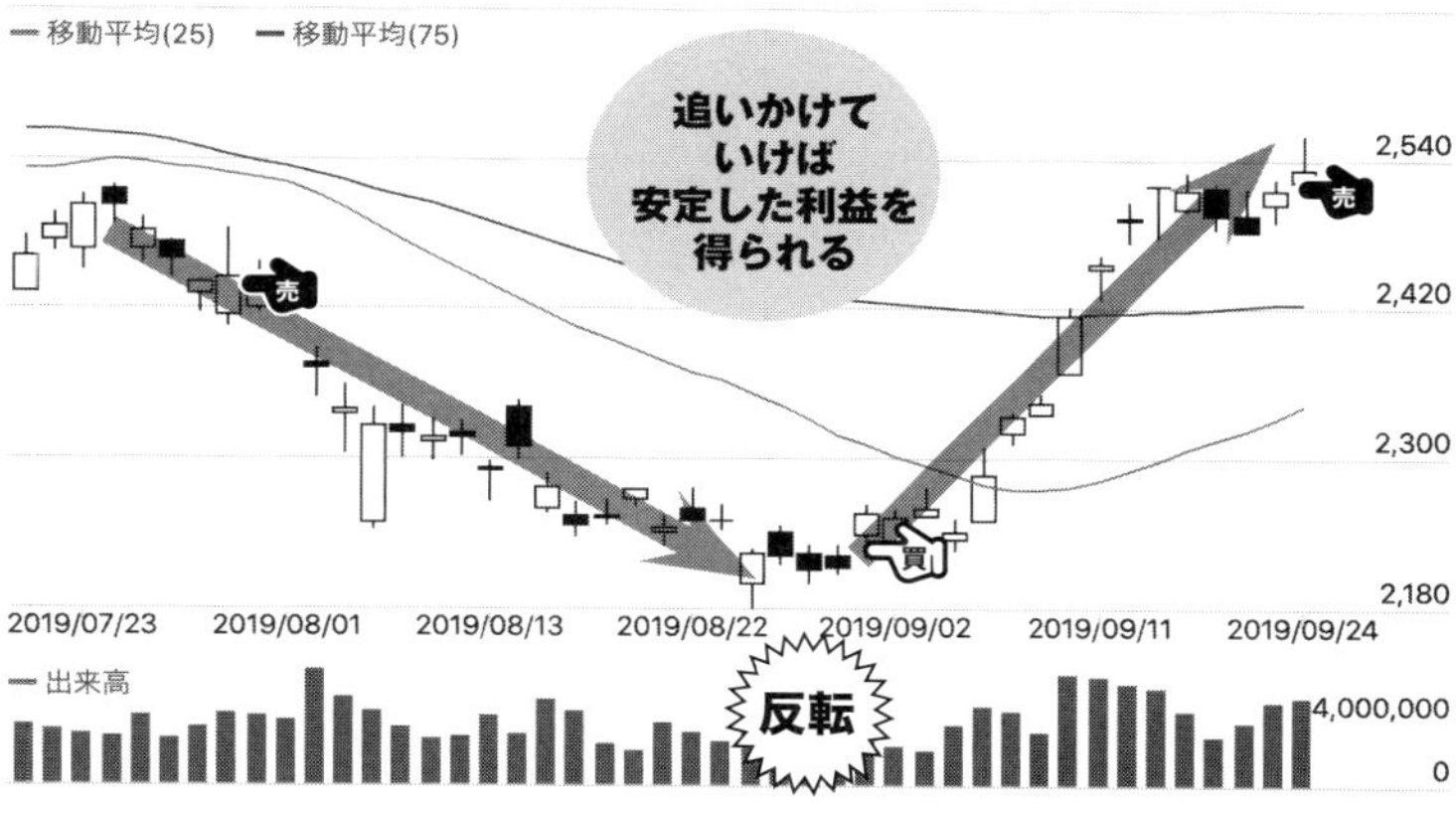

「みんなの株式」https://minkabu.jp

鬼100則 75

「上げ下げ」のサイクルからチャンスをつかむ

新興市場の銘柄は資本金が小さく、浮動株も比較的少ないので、急激な上昇・下落をするのが特徴だ。

ローソク足の動きを見ても一定の特徴があり、それを読み解くことで、買い時・売り時がわかる。

出来高と株価の関係を見ると、**ストップ高近辺で出来高が急増**して、その後には、買いの重しをこなすために、持ち合いが続く。

それが終わった時点で、再び動きだす。

このような習性が見られる。

強烈な上げの前には、その初動が見られるので、参戦するならば、その**初動をとらえる**必要がある。

もし、大きく上げた時にやっと気が付いたならば、そこで入るべきではない。

しばらく追跡して、やがてやってくる「初動」をとらえることが大切である。

新興の銘柄は、たとえ動いても、線香花火になる可能性があるので、タイミングをしっかりととらえなければならない。

素早く、チャンスをつかむ。

素早く売って逃げる、この習慣こそが大切である。

大きく変動する新興の銘柄は、その癖を見極めて、賢く入ることが勝利のトレードになる。

3477　フォーライフ

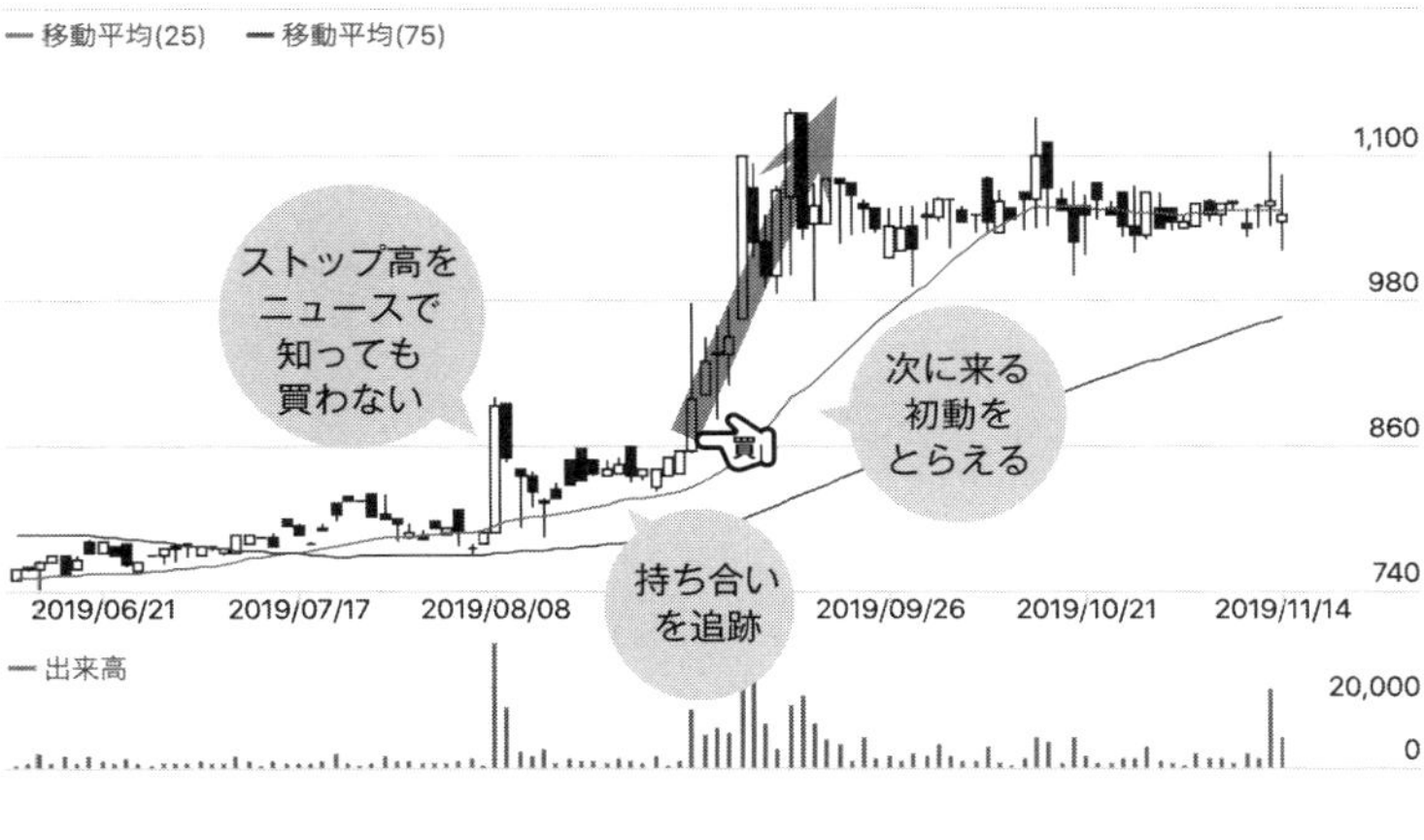

「みんなの株式」https://minkabu.jp

鬼100則 76

わかりやすい「ジグザク持ち合い」で稼ぐ

株価に一定のリズムがあると、取り組みやすい。

株価については、「こうなった場合にはこうなる」という、一定の上値下値のサイクルがわかると、売買しやすい。

ここにあげた銘柄は、上値と下値が似ていて取り組みやすいといえる。

もちろん、株価の動きはあくまでも、過去のものであり、将来を約束するものではない。

それでも、見えてくるのは、**株価の癖**である。

このチャートを見ると、初心者でもプロでも、「この銘柄は**上値下値が持ち合いだ**」という印象を持つだろう。

それで、この銘柄に取り組む時には、上値限界、下値限界を自然と意識する。

そのために、結果としては、似たような動きになるのだ。

トレードでは、銘柄ごとの癖を知って、すべてを取るのではなく、**そこそこの利益を確保**したい。

そこそこが、良いのだ。

そのためには、この銘柄と類似のものは大いに活用したいものだ。

株価にはどの銘柄にも、上げ下げ、上値下値はある。

しかし、どこが底で、上はどこまで行くのかは正直わからない。

その点で、この**「往来銘柄」は、癖が明確**なので、活用したい形である。

2670　エービーシー・マート

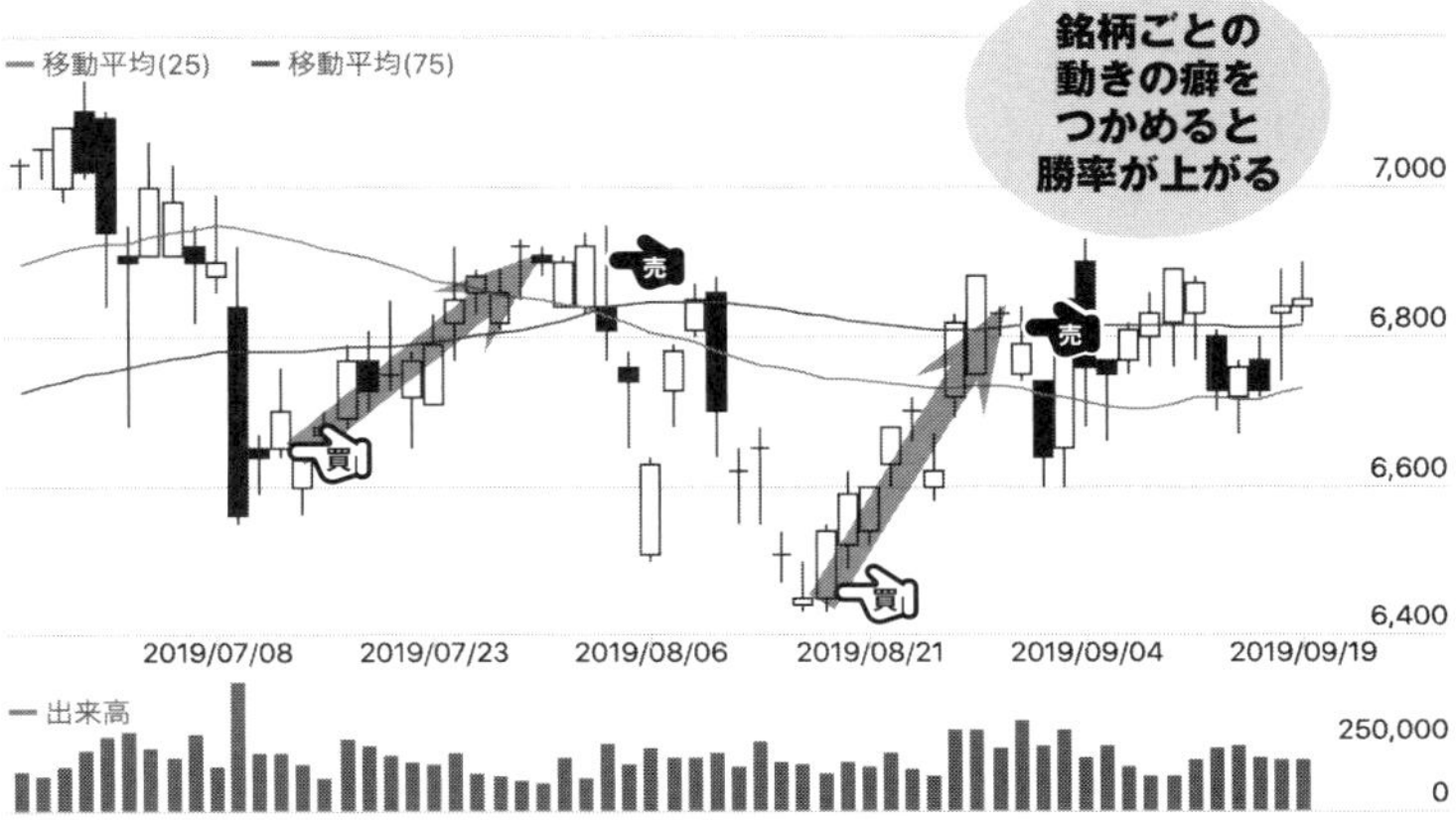

「みんなの株式」https://minkabu.jp

鬼100則 77

上げトレンド、移動平均線とのつながりを活用

株式投資の利益を取るチャンスは、変動そのものにある。

動きさえすれば、差益が取れるのだ。

もちろん、下げて取れるのは、信用の売り建てぐらいで、順張りの上げで差益を取る時は、上下に振れる際の上げる動きを狙う。

ここにあげたチャートで言えば、**25日移動平均線に対して上げ始めた時点で買いを入れ、上方乖離が大きくなった時点で手じまう**と良い。

しばらくして、25日移動平均線まで落ちてきた時に、再び上げのサイクルに入る。

そこで仕込む。

このように、上げ下げの動きを見逃さないで、差益を取っていれば、ある程度の利幅が得られる。

どの銘柄にも上下の波動はあるので、それぞれの銘柄の上げを取れば良いのだ。

逆を行くのは、筋が良くない。

上げの終わりの時点で買いに回り、すぐに高値が来てあっという間に、下落相場に出会う。

含み損が拡大して、損切りした時点で、再び上げに向かう。

まさに、「売り後が高い」典型的な間違ったリズムでの売買であり、資金はどんどん減っていく。負のスパイラルである。

この投資スタイルは、絶対に直さなければならない。

勝つための投資スタイルは、上げの始まりで買い、ある程度の利幅を取って逃げるに限る。

欲張らず、「ある程度」が肝要だ。

4974　タカラバイオ

「みんなの株式」https://minkabu.jp

鬼100則 78

テーマをにらみ「上げの初動」に即座に乗る

株価の動きはある程度は予測できる。

なぜならば、**銘柄は、テーマで動く**からだ。

この時点では、アメリカの長期国債金利が下がり、長短金利が逆転する「逆イールド」現象が回避されたことにより、金融株がNYで上がった。

NYでの動きは、まるで写真相場のように、東京にも及んでくるのが経験則である。

金融株は銀行、証券が主である。

株価の変動を見ると、業種で買われる傾向がある。

銀行はあまり人気がないために、極めて割安に放置される傾向にある。

PBR（株価純資産倍率）が1倍以下、すなわち、株価がその会社の解散価値以下にしか買われていないことを示す。

金融関連の銘柄は、低金利時代で運用の環境が悪く、不人気である。

人気が回るのは、最後になる可能性がある。

他の材料銘柄が食い散らかされ、**最後に上げるのが金融銘柄**なので、ここに順番が回ってきた時には、なるべく、ＰＢＲの低い銘柄を狙うのが良い。

プロの専門投資家も、考えは同じなので、割安に放置されている銘柄を買うのが普通だからだ。

プロが狙う銘柄を自分も狙う。

この視点が大切である。

一人相撲ではなく、皆が狙いそうな銘柄を狙う。

同じ土俵で、同じ考えで株価の変動を狙うのだ。

そこに、値幅取りのチャンスが生まれるのである。

8614 東洋証券

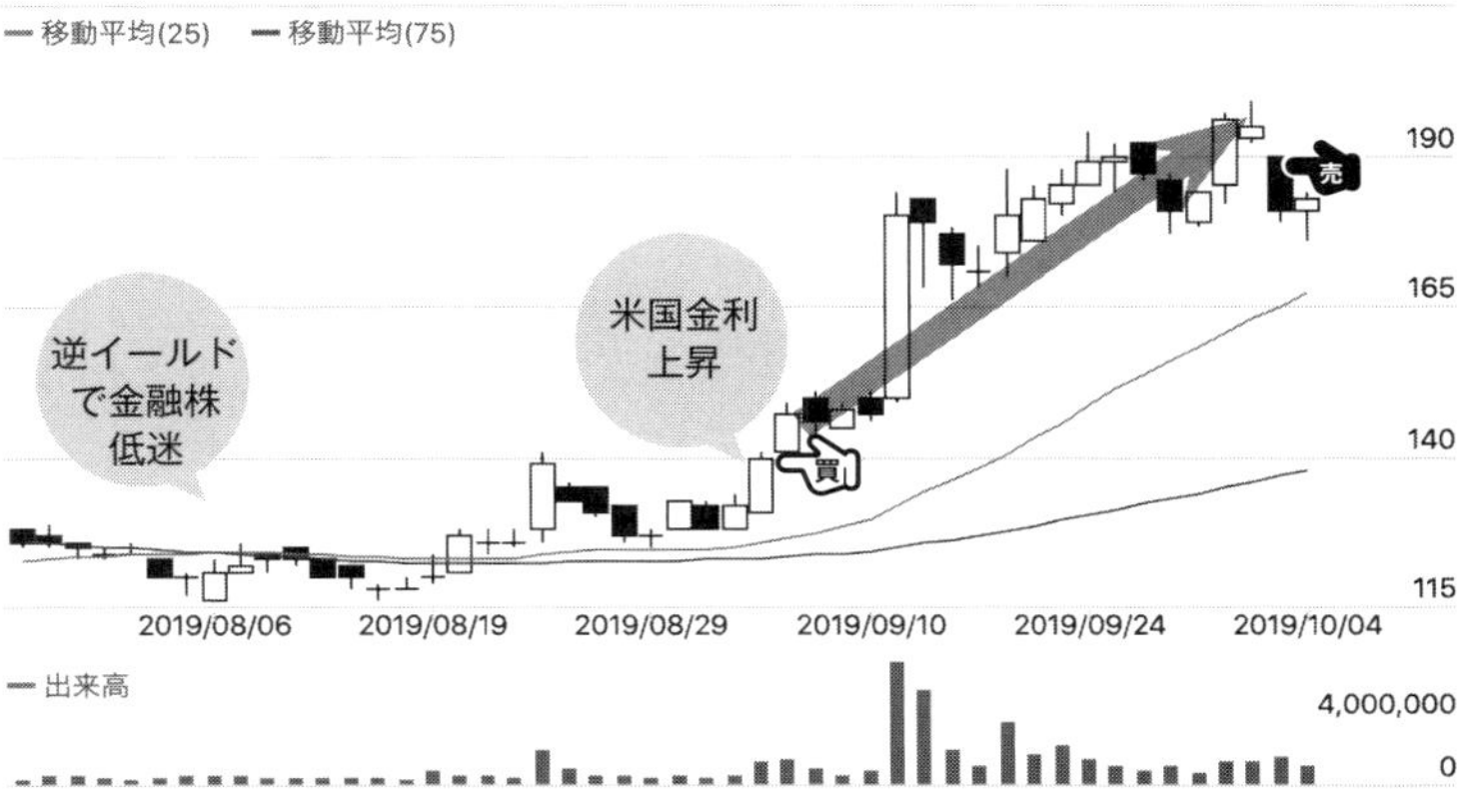

「みんなの株式」https://minkabu.jp

第8章

天井まで株価と付き合う術

経験豊かなトレーダーは誰でも知っていることだが、適時にポジションを手仕舞うことは、適時にポジションを設定するよりはるかに難しい。

ラース・トゥヴェーデ

辛抱する木に金がなる。

鬼100則 79

上げに乗ったら、「最後まで」

株式投資でしっかりと儲けるには、**良い銘柄に乗ったら、とことんついていく**ことだ。日々の株価を見ていると、上げの次は下げになることが多いので、ついつい利益確定してしまいがちだ。

それが投資家の偽らざる気持ちである。

しかし、一度は勝っても、次の段階で失敗すれば、勝ったり負けたりで、トータルではなかなかお金が増えない。

それどころか、逆に減ることも少なくない。

それを避けるためには、好循環に見える**「当たり銘柄」に乗れたら、簡単には利益確定しないで、我慢してついていく**ことである。

ここにあげたのは、理想的な右肩上がりの銘柄である。

上げトレンドの最中なので、じっくり取り組みたい動きだ。

ただ、きれいに見える日足でも、よく見れば、陰線、陽線、同時線などが交じっている。

上げたかと思えば、次の日は下げている。

上げても陰線だと、次の日は下がるのではないかという不安がよぎる。

含み益が減るのではないかと不安にもなる。

株価の損はもちろんだが、儲かっても怖い。

厄介ではあるが、やめられないものだ。

「すぐに利益確定する」癖をなくすには、その銘柄ごとの「投資計画」をきちんと立てて、安易に手放さない方法を確立すると良いだろう。

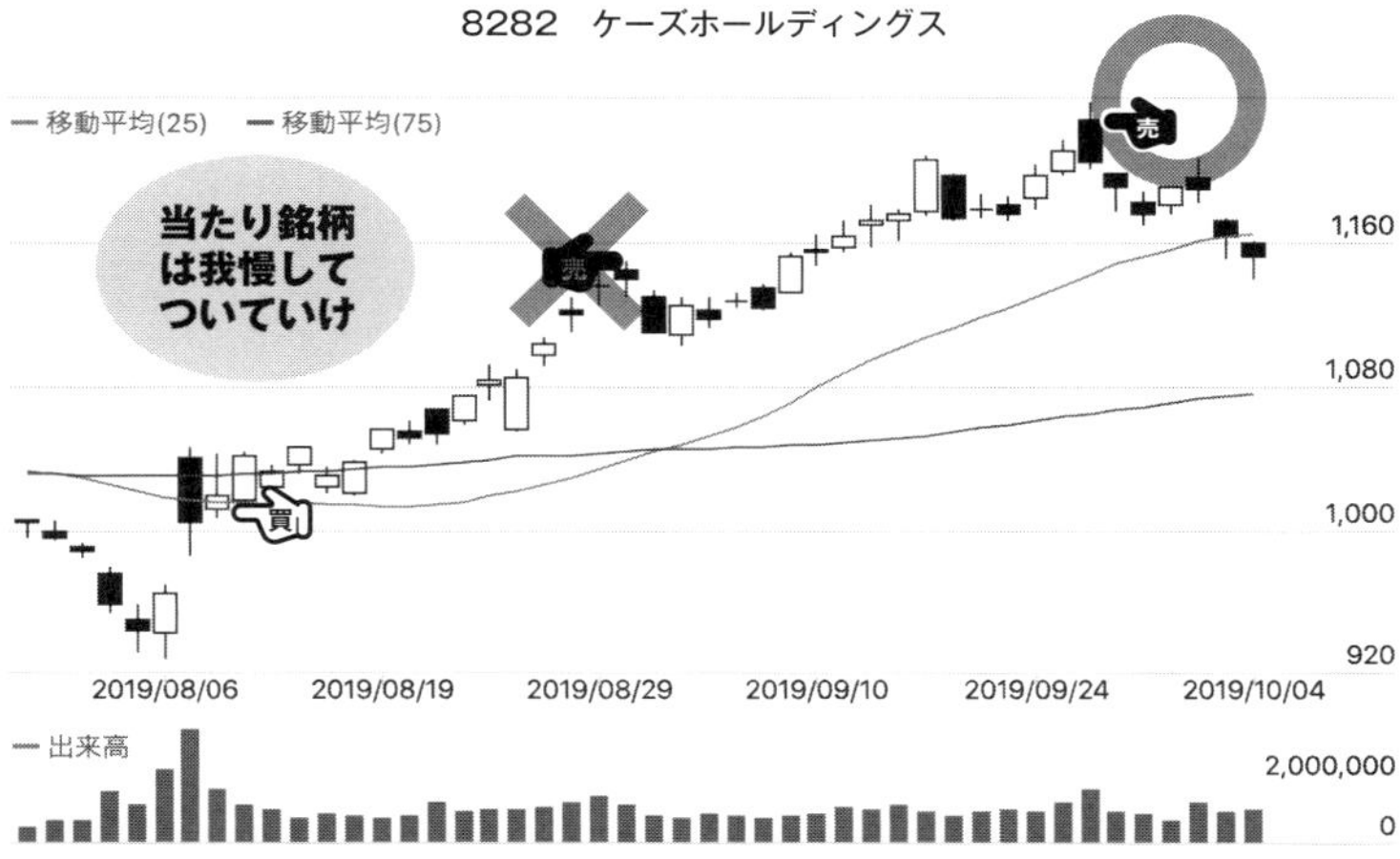

「みんなの株式」https://minkabu.jp

鬼100則 80

「持ち合いで逃げる」と利益を逃す

株価の明日は正直わからない。

そこで、目の前の利益をとりあえず確定したい。

これはわかる話だ。

しかし、せっかく流れに乗ったにもかかわらず「途中下車」はもったいない。

なぜならば、持ち合いの後で株価がぐんぐん上がれば、買い直すにしても割高になるからだ。

意を決して再度買えば、単価が高くなるし、高いところで買った時点から間もなく、下降トレンドに入ることもある。

そこでお勧めしたいのが、上げの途中にこのチャートのような**「持ち合い」のシグナルが出ても、それはすでに買った人の「利益確定待ち」のシグナルと解釈**し、**我慢して、次**

なる高みについていくことである。

全体相場が、「割安修正」に入っているならばなおさらのこと、割安に放置された銘柄には、見直しの買いが入る。

大きな株価のトレンドを見て、水準訂正の流れでは、率直についていくのが良い。

株価は中長期の上げトレンドに入っても、多少の上げ下げはある。

買い一方ではなく、利益確定を誘いながらの上げになるのが通常なので、その流れを理解して、ついていこう。

そうしないと、大きな利幅は取れないものだ。

8001　伊藤忠商事

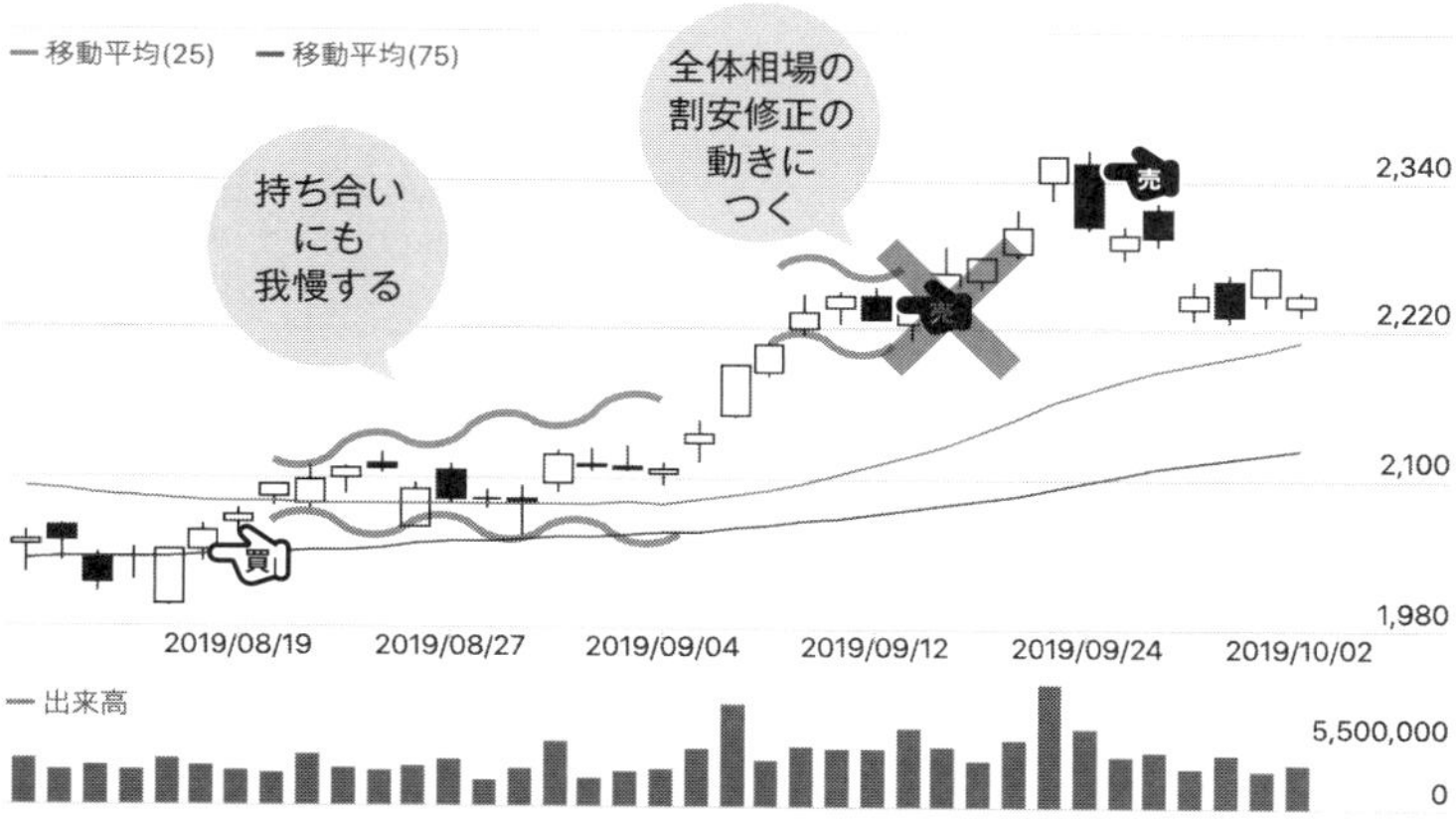

「みんなの株式」https://minkabu.jp

鬼100則 81

上げの「途中で」乗っても良い動き／悪い動き

株式投資でうまく儲けている人は、「持ち合い」の時点での判断のしどころが違う。ここにあげた銘柄では、底値を脱したことは誰にでもわかるが、下げてきた25日移動平均線を超えたところでもたもたしているので、「売らなければ、また下がるのでは…」という強迫観念にとらわれやすい。

しかし、ある程度の売りが出て、株価が軽くなると、再び、上げを加速している。

大切なのは、この時点まで待てるかということだ。**株価が上げてきて、もたもたするのは、悪いことではなく、次なる飛躍に対しての踊り場であること**を学んでおきたい。

このタイミングを待てる人は、どの銘柄の上げに対しても、美味しいところをいただける可能性がある。

「もたもた」を待てるか否か。

紙一重ともいえるタイミングで、資産形成の可否が決まることを学ぶべきである。

底から上げてきて、一休みして、また上げる。

このリズムは多くの銘柄に多少の差はあってもあり得ることである。

上げては休み、さらに上げるという一般的な株価のリズムを心得ておきたいものである。

株価の動きは、上げたら、そのまま、ぐんぐん上げるというような都合の良い具合にはいかないことを知っておかなければならない。

長い上ヒゲのローソク足や、大陰線が出たら問答無用で逃げよう。

1802　大林組

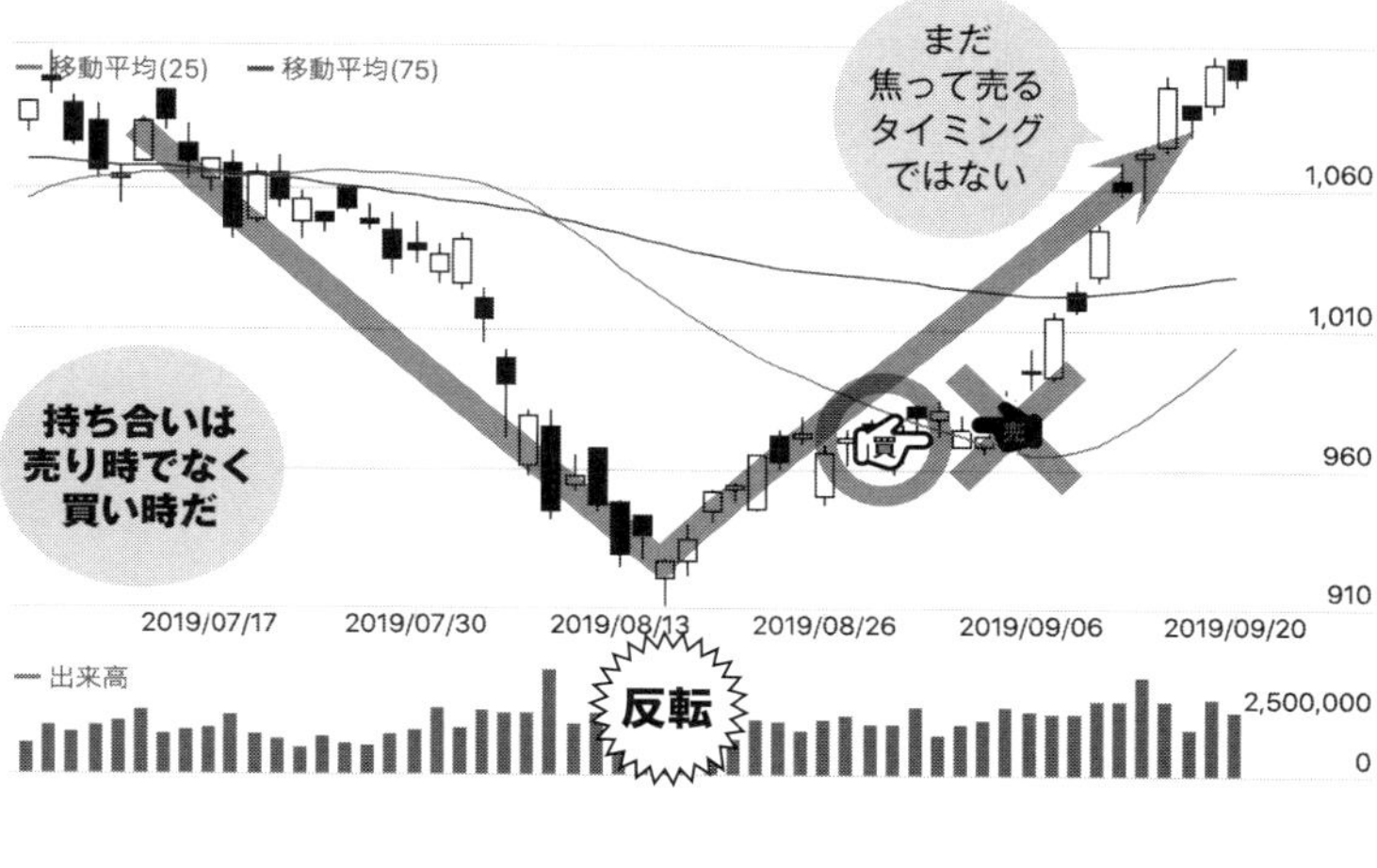

「みんなの株式」https://minkabu.jp

鬼100則 82

上げ「途中の試練」に耐えられるか

株価が上げの途中に、結構きつい揺さぶりに恐れをなして逃げるということがある。

株式投資は恐怖との戦いである。

銘柄を買うには、簡単に揺るがない信念が必要だ。

ましてや、チャートの上でも、上げトレンドであれば、少しの揺さぶりや信用取引の「増し担保」の悪材料に勝たないと、その先の株価の果実をいただくことはできない。

誰もが、株価変動のリターンを得たいと思ってトレードをしているが、それを簡単に許さないのが、特に**小型の仕手系銘柄の癖**である。

株価が上げて行く途中には、買い時もあるが、動きが弱くなれば、意図的な「売り仕掛け」も当然ながらある。

これに驚かないで、しっかりと、トレンドを見ていく胆力が必要になる。

大きな陰線が交じっても、大切なのは、**株価の方向がどうかを見る**ことである。

多少の上下があっても、目指すところが上であるならば、それを許して持ちこたえるだけの強い心が必要だ。

多少の揺さぶりがあっても、微動だにしない投資スタイルが、巨利を手にする可能性につながる。

株価のトレンドの中で、陰線やそんなに長くない上ヒゲが出ると、ついつい狼狽して手放しがちになる。

そうなれば、売り方の思うつぼ。

勝てる人は、大局を見て、慌てない。

そのご褒美に、初めて大きな含み益がある。

株価は時に、予想外の動き、値下がりや異常な値上がりがある。

ここにあげた銘柄は参考であり、株価上昇を約束するものではない。

3667　enish

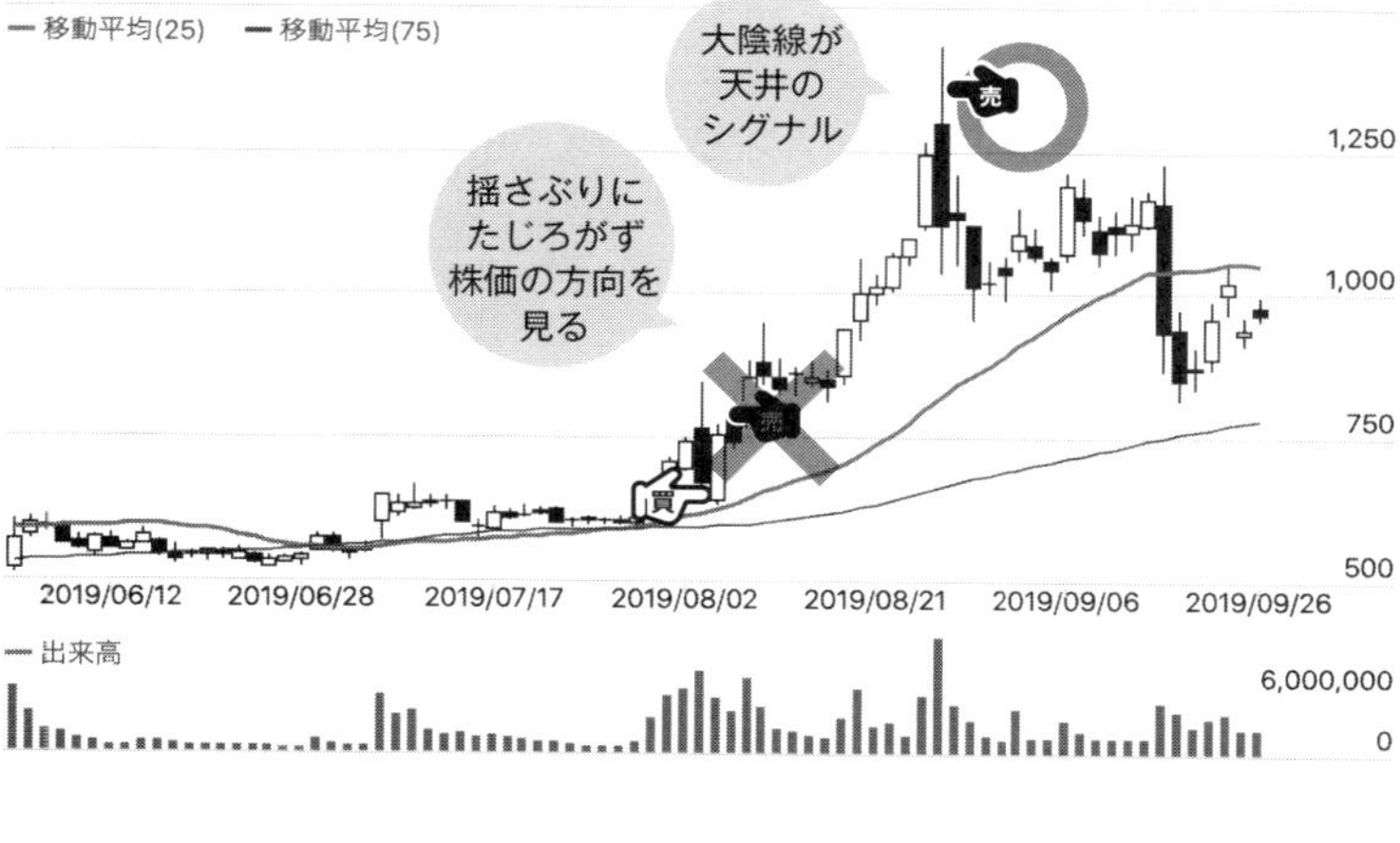

「みんなの株式」https://minkabu.jp

鬼100則 83

「出来高増加」の上げに乗る

株価の上げが本物かどうかは、出来高がそのカギを握っている。

出来高がさしてない時の動きは方向性がつかみにくいが、特に**出来高を伴った上げは本物**と言えるだろう。


出来高が増えるというのは、買いも多いが売りも多いということだ。

売りをこなしながらも上げて行くというのは、簡単な話だが、買いの方が勝っている状態だ。

すなわち、先高観が強いということである。

先に高いというのは、雰囲気だけではなく、それなりの材料があるからである。

業績はもちろん、時流に乗っているなど、魅力がなければ株価の上げはない。

買いたいという要望も存在しない。

その動きに乗って投資をすれば、期待した成果があるだろう。

もちろん、**買っても良いのは、25日移動平均線を超えて間もない時**の話で、大天井のように、**移動平均線との乖離が明らかになった時点ではない。**

乖離が少しだけ目立ったという、頃合いが大切である。

移動平均線との乖離が大きくなる。すなわち、買われ過ぎの段階になれば、リスクも高くなるので、用心しなければならないし、高値つかみの恐れも大きくなる。

これだけは知っておきたい。

4689　Ｚホールディングス（旧ヤフー）

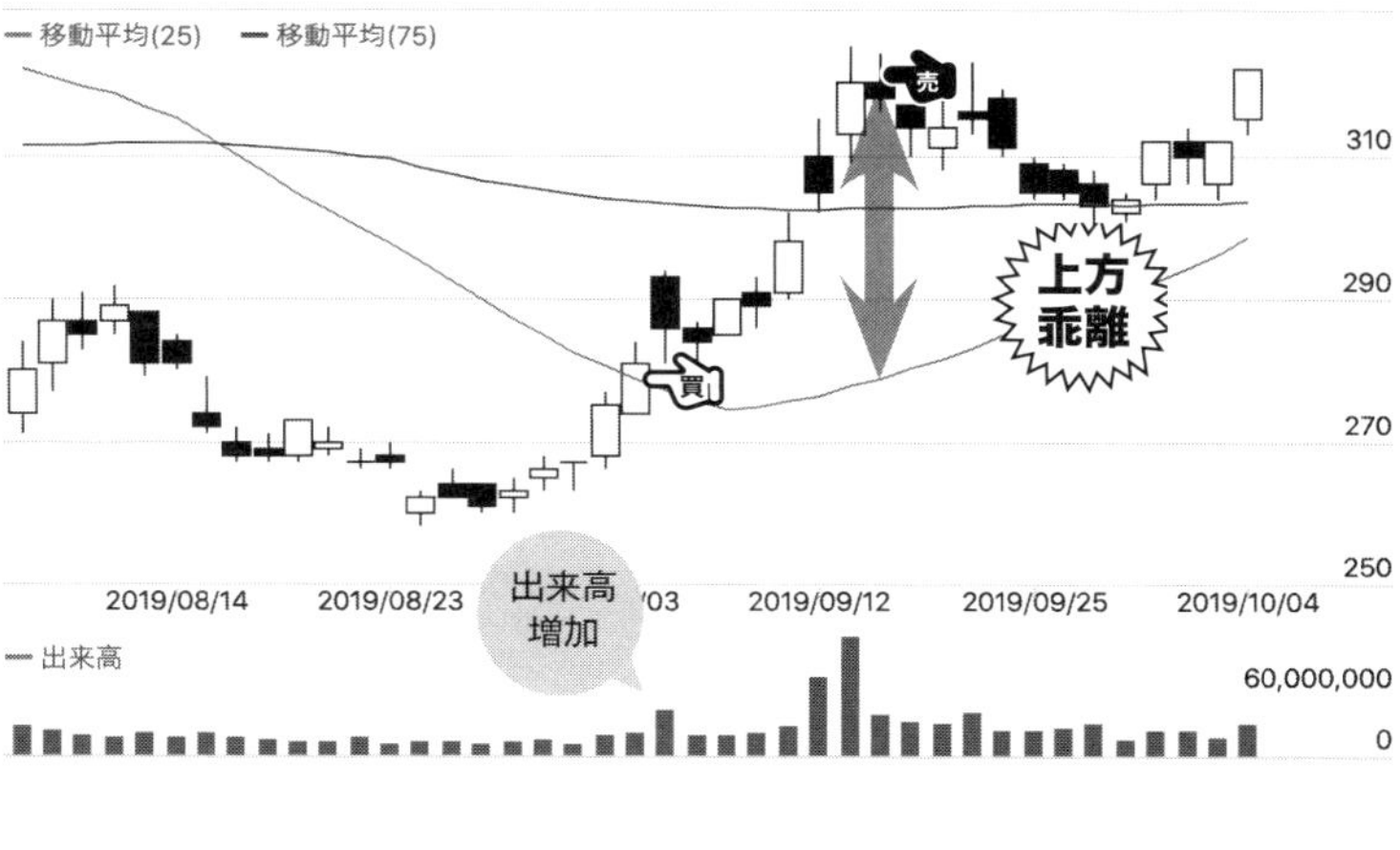

「みんなの株式」https://minkabu.jp

第9章

仕手株特有の癖を読む

一般の投資家が市場に対して持っている誤解。それは相場がニュースによって反応すると考えていることだ。

マーク・ワインスタイン

脅えたカネで勝つことは出来ない。負ける余裕のないカネを危険にさらせばトレードの感情的な落とし穴がすべて増幅されてしまうからである。

鬼100則 84

「ストップ高、ストップ安」の激しい動き

個人投資家はなぜか、値動きの荒い銘柄に集まる。

買ってからストップ高をすれば、100株でも500円の水準で100円高ならば、利幅は10000円になる。

5万円を投資して1万円のリターンなので、美味しいことは間違いない。

しかし**間違うと逆に動き、一時的にせよ1万円の損にもなる。**

それでもここにお金が集まるのは、「テンバーガー」、すなわち、10倍株への夢があるからだ。

宝くじよりも確率が良い。競馬、パチンコよりも良いといえばそれまでだが、とにかく個人投資家の多くはギャンブルが好きなようである。

それに乗じて仕手筋も雲霞のごとく集まり、株価を操縦するのだ。

ここにあげた暗号関連の銘柄は、業績とは関係なく、値動きの面白さで資金が集まる。

２００円台から始まり、高値は１４００円まで、１か月で値動きがあった。７倍である。

あながち、10倍も夢ではない。

しかし、仕手筋も株価を作る意図からか、簡単には上げさせない。

買いが集まり急騰すれば、売りを浴びせて大陰線を形成し、ストップ安もある。

ストップ安、ストップ高。

激しく上下するのが仕手株の典型的な値動きだ。

うまく波乗りすれば利益が積み上がるが、株価の急激な変動は恐怖との戦いだ。

心して取り組まないとならない。

3747　インタートレード

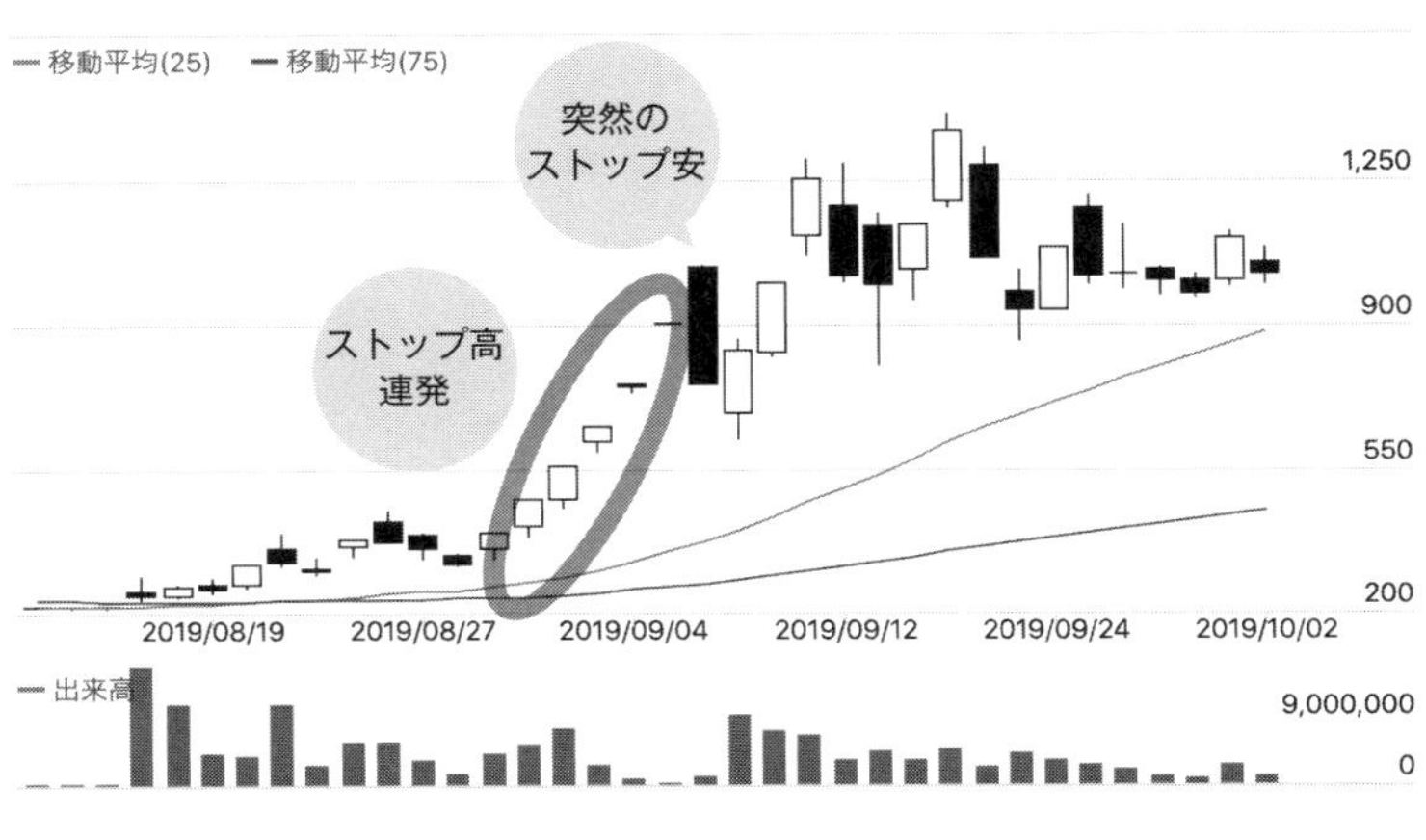

「みんなの株式」https://minkabu.jp

鬼100則 85

「思惑で動く」仕手株の特徴

アパートの不正工事で大問題になり、オーナーの信用を失うどころか、賃借人の移転、修理工事で大わらわの企業の株価が、問題発覚から1年経って意外にも上げたり下げたりする。

なぜ、このような悪材料満載の会社の株が買われるかといえば、往年の仕手筋である旧村上ファンドが動いたからだといわれる。

ファンドがなぜ買うかといえば、２００円台（最安値１８５円）の株価を仕込んでおけば、改革・業績回復を狙って、売り抜けられるとの思惑があるからだ。

このように仕手系銘柄の特徴は、**悪材料と株価を上げる材料が混在**していることである。強弱が対立しているところに、売りと買いがぶつかり、値動きが荒くなる。その荒さが、ボラタリティとなり、参加者のうまみにもなる。

通常、株が買われるのは、業績向上期待があるものだが、悪材料満載でも、その会社が最悪の状況を脱したその先に意識がいくので、経営状況が悪くても買われる可能性がある。

しかも、信用倍率が、売りと買いが拮抗していくので、余計に株価の動きが荒くなる。株価の値動きが荒いこと自体が材料になりやすい。

これが仕手系銘柄の特徴だ。

この銘柄の値動きは、仕手株でも、そんなに荒くはなく、上げトレンド、下げトレンドが一つの方向なので、リスクは少ないかもしれない。

株価が業績に関係なく動く典型例である。

8848　レオパレス２１

鬼100則 86

「国策を背景」に思惑が動く

国策銘柄は買いであることは言うまでもない。

事業を国が後押ししてくれるのだから、人気化も当然だ。

しかし、あらかじめ仕込んだであろう、このローソク足。

上げはたった2日だった。

その後は、上値持ち合いとなり、ジリジリの下げとなっている。

足でもわかるが、この動きで利益を上げられるのは、出来高が増えた初日と2日目、それも寄りで買った人だけだ。そのタイミングで仕込んでいなければ、利幅は出ない。

そこでわかるのは、**出来高が増えないように密かに仕込んで、一気に出来高を増やして上げてきた、明らかに意図的な動き**である。

まさに、仕手中の仕手株である。

この銘柄は、国策関係なので、移動平均線にタッチした頃に、再び仕掛けの上げがあるかもしれないが、初動の大陽線で仕込まないとチャンスはないだろう。

急激な出来高増加は、ネットで明らかになるし、ランキングにも表れるので、９時から15時までの間に仕込んでおくことが前提だ。

たった１日、されど１日。

９時から15時までの間には、休息を入れて６時間ある。日中に板を見ることができない人でも、昼休みがある。

ここで仕込める人が、勝てる人である。

仕手株は短期で終わる時もあるし、結構な値幅が取れる時もある。

望まれるのは、俊敏なトレードだ。

1447　ＩＴｂｏｏｋホールディングス

「みんなの株式」https://minkabu.jp

「相場の流れ」を活用した仕掛け

仕手系の銘柄でも、投資家にチャンスをくれる動きもある。

往年の仕手株である造船の銘柄がある。

底値からの「鍋底」の動きから、株価は出来高を伴って、上げている。

ただ、全体相場の動きの恩恵もあってか株価の動き、出来高は持続性があり、線香花火にはなっていない。

業績で買われるはずのない企業なので、明らかに「仕掛け」による相場以外の何物でもない。

この銘柄の相場の息が長いのは、ローソク足でわかるように、足の長さが小さいからだ。

新興市場の銘柄ではなく、資本金も大きいので、簡単には出来高と株価は作れない。

どちらかといえば、**全員参加型の仕手株**と言える。

仕手株とわかって参加する。

このような値動きと株価も存在する。

この動きには大体の人が乗れるはずであり、チャンスをものにしたい。

仕手株には短期で終わるものもあれば、比較的長く続くものもあるのだ。

チャートでこの銘柄に乗るタイミングを知るには、すでに述べたように、持ち合い放れに注目することだ。

ここで乗り、ある程度の値幅で逃げよう。

7014　名村造船所

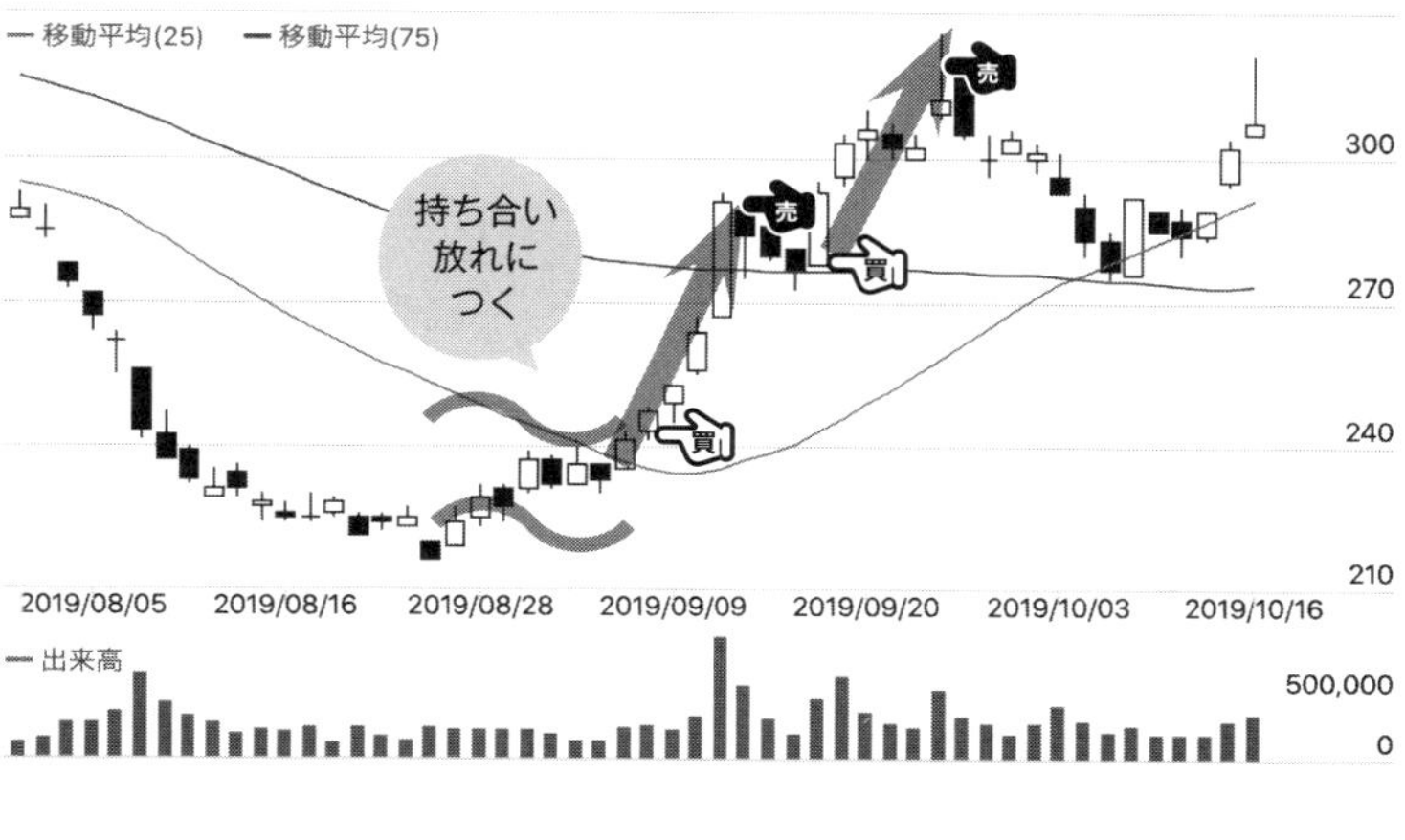

「みんなの株式」https://minkabu.jp

鬼100則 88

「企業の吸収」で人気化する動き

株価は様々な材料で動く。

この銘柄は女性に人気のブランドだが、経営がイマイチで、大手の紳士服銘柄の吸収の動きが出てきて、業績の先行き安定化の材料が明らかになり、人気化した。

ただ、新興市場の銘柄で、材料が一つ。上げた後に更なるプラスの思惑があるわけではないので、相場は長続きしない。

材料株ではあるが、事前に知っていた向きもあるので、**「早耳」有利な株価**の動きだ。

株価も極めて低位なので、ロットで勝負すれば、結構な値幅が取れる。

ただ、上げの期間は3日しかなく、今後同じような動きがあったとしても、材料の食い散らかしが短期間に終わることを知っておきたい。

企業の吸収は好材料には違いないが、それが現実のものになるのは、時間が必要だ。

そのために、**この手の株価の動きは、「短期勝負」が必須**だ。

１日２日の勝負と心得て臨むのが良いだろう。

この手の銘柄を「成長株」などと誤解してはならない。

思惑優先の動きなので、その先を買う人はいない。

仕手株は、次から次へと、手を替え品を替えて違う銘柄が出てくる。

食い散らかしである。

それを承知で対応すべきであり、一つの銘柄にこだわれば、失敗も多くなる。

用心しなければならない。

7829　サマンサタバサジャパンリミテッド

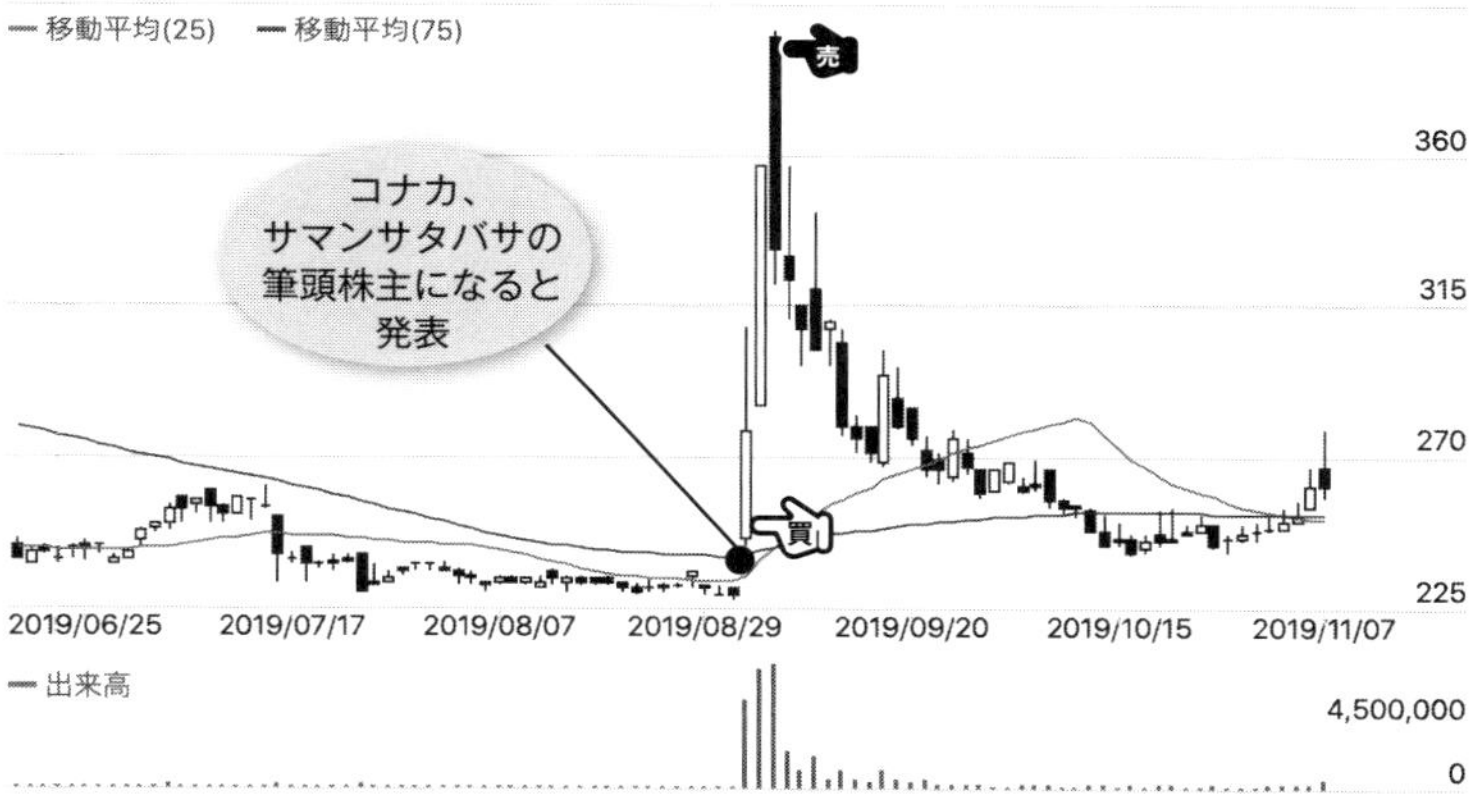

「みんなの株式」https://minkabu.jp

「仕手の勢い」に買い向かう

携帯関連は5G時代を見据えて、仕手化しやすい。

銘柄により、仕掛けている仕手筋が違うのと、提灯の買い（人の真似をして株を買う人）を呼び込む仕掛けが成功するかどうかは、やってみなければわからないのだ。

総務省の携帯料金の値下げ方針には、これからは、キャリアも格安も同じ土俵で勝負させ、利用者の負担を軽減させたいとの意図が見える。

そこで、注目されるのが、眠れる中古携帯の掘り起こしだ。

最初は業績の好転期待から買われたが、出来高を伴い上げてくるにつれて、「夢よ再び」の意識から買いが買いを呼ぶ展開となった。

ただ、出来高は増えても、高値挑戦への不安もあるので、利益確定の動きが絶えない。

長い持ち合いの後は、窓開けで高値をとってきたが、仕手筋の思惑通りの出来高急増と高値挑戦とはいかない。

仕手株としての成立の可否は、時流性があるかどうかである。

その意味では、この銘柄は波に乗りやすい材料があるので、注目が集まる。

まだ、この時点ではすっ飛び高値にはなっていないので、参加の可能性がある。

ただ仕手株としての成否は保証されたものではなく、こうした取り組みには、とりあえず小さい打診買いで挑戦するのが良いだろう。

買ってみて、動きを見ながら、次の一手を考える手法が好ましいといえる。

9425　日本テレホン

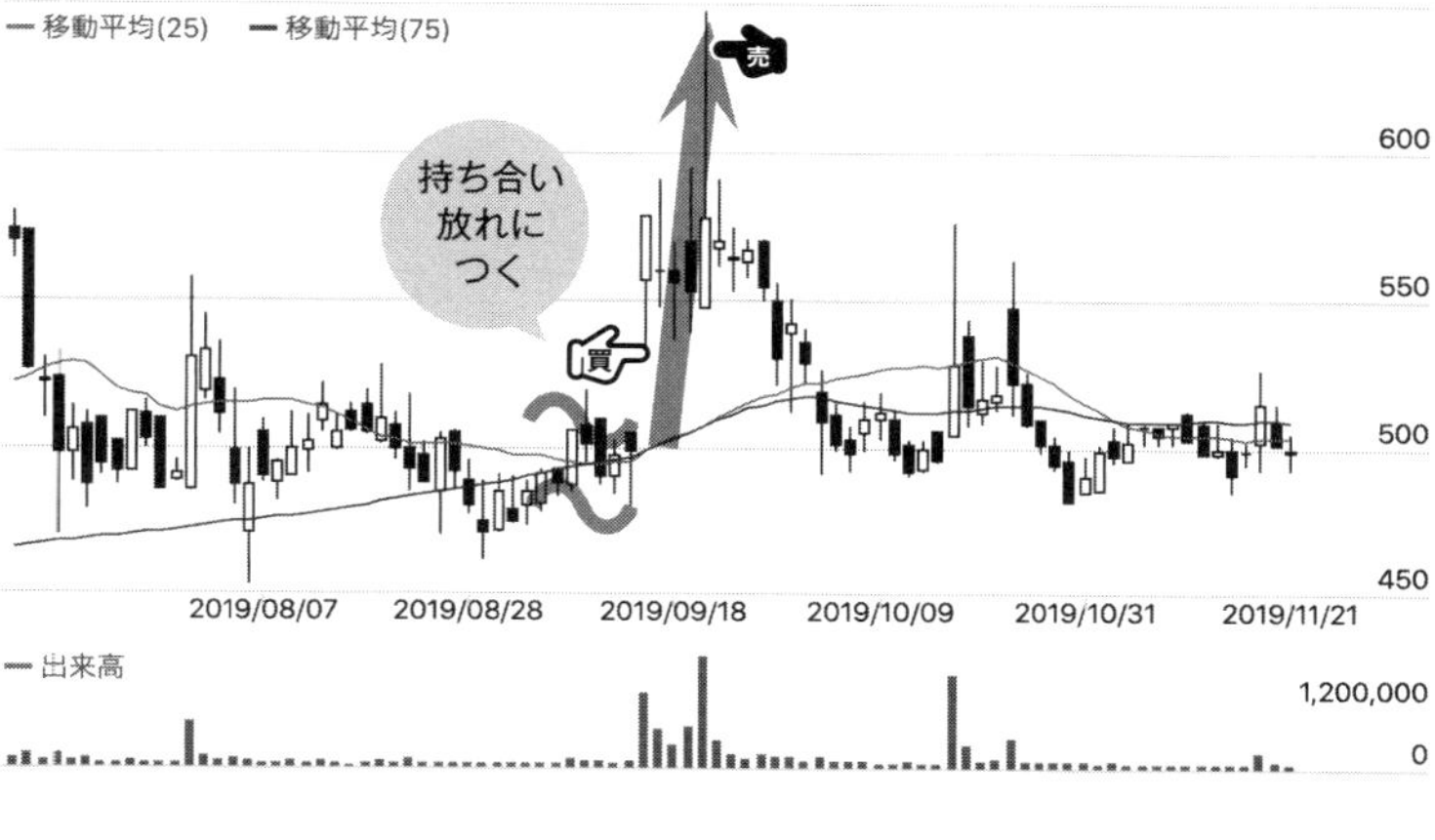

鬼100則 90

ゲーム株は「ダウンロードが命」

仕手株と言えるかどうか、判断つきかねる面もあるが、長期的に持ち合いの銘柄が俄かに人気化した。

引き金はやはり、ゲーム株の命である「ダウンロードの勢い」である。

投資家もその傾向をかたずをのんで注目していたが、予想外の数値が叩き出されたので、問答無用の買いが集まり、ストップ高連荘となった。

こうした銘柄への仕掛け方は、買いに躊躇があってはいけない。

ダメもとでの打診買いで行くしかない。

日中足を見ていても、始値でいきなりのストップ高ではなく、結果的に張り付いている。

それだけ、この銘柄には、「そろそろ限界か」という観念が抜けない。

長期に下降から持ち合いであった過去のトレンドが、投資家をして慎重にさせていた。

ゲームが当たるかどうかは公開してみないとわからない。ある意味で賭けになるが、それだけに、強弱が対立しやすい。

そこは、８００円、９００円の株価なので、「とりあえず買ってみる」勇気が必要だ。

株価を追いかけ、ストップ高になってから、慌てて買いを入れても遅いのである。

仕手性もあるが業績連動の銘柄は、出来高を信じて買い向かうしかない。

「出来高は嘘をつかない」

株価には勢いが必要だ。

出来高に勢いがあれば、上がる。

それに乗れる人が、仕手株で勝てるのだ。

3668　コロプラ

「みんなの株式」https://minkabu.jp

鬼100則 91

「往年の仕手株」の下値を拾えるか

仕手株に育つ要素は三つある。

1000円以下の株価。資本金が小さい。強弱の材料がある。

これが肝心だ。

ここにあげた銘柄は、これからますます大切な「セキュリティ関連」の銘柄である。

その意味では、指紋認証という濃い材料がある。

一方で、業績難というマイナス面がある。

それでも、この銘柄に資金が集まるのは、過去に何回も仕手化したという実績があるからであろう。

一度、吹き上がると結構な値幅になるという思惑がある。

落ちてもやがては上がるという、この銘柄独特の習性が注目を集めている。

仕手に参加するのは、ある意味では「思い切り」が大切である。

それがないと、「勝ち馬」には乗れない。

仕掛けには様々な要素があるが、なんといっても、過去に急激に上げたことがあるという事実が強い。

動き出す引き金は、出来高である。

これを合図に、株価は急騰に変わる。

できれば、その**のろしが上がる前に、少しの出来高の変化とローソク足に注目して買っておきたい**ものだ。

ストップ高をしてから追いかけるのは、仕手系であるがゆえに、リスクが伴う。

失敗がないように手掛けるには、「初動」をつかむことである。

それができれば、後は値幅を取り逃げるだけだ。

3782　ディー・ディー・エス

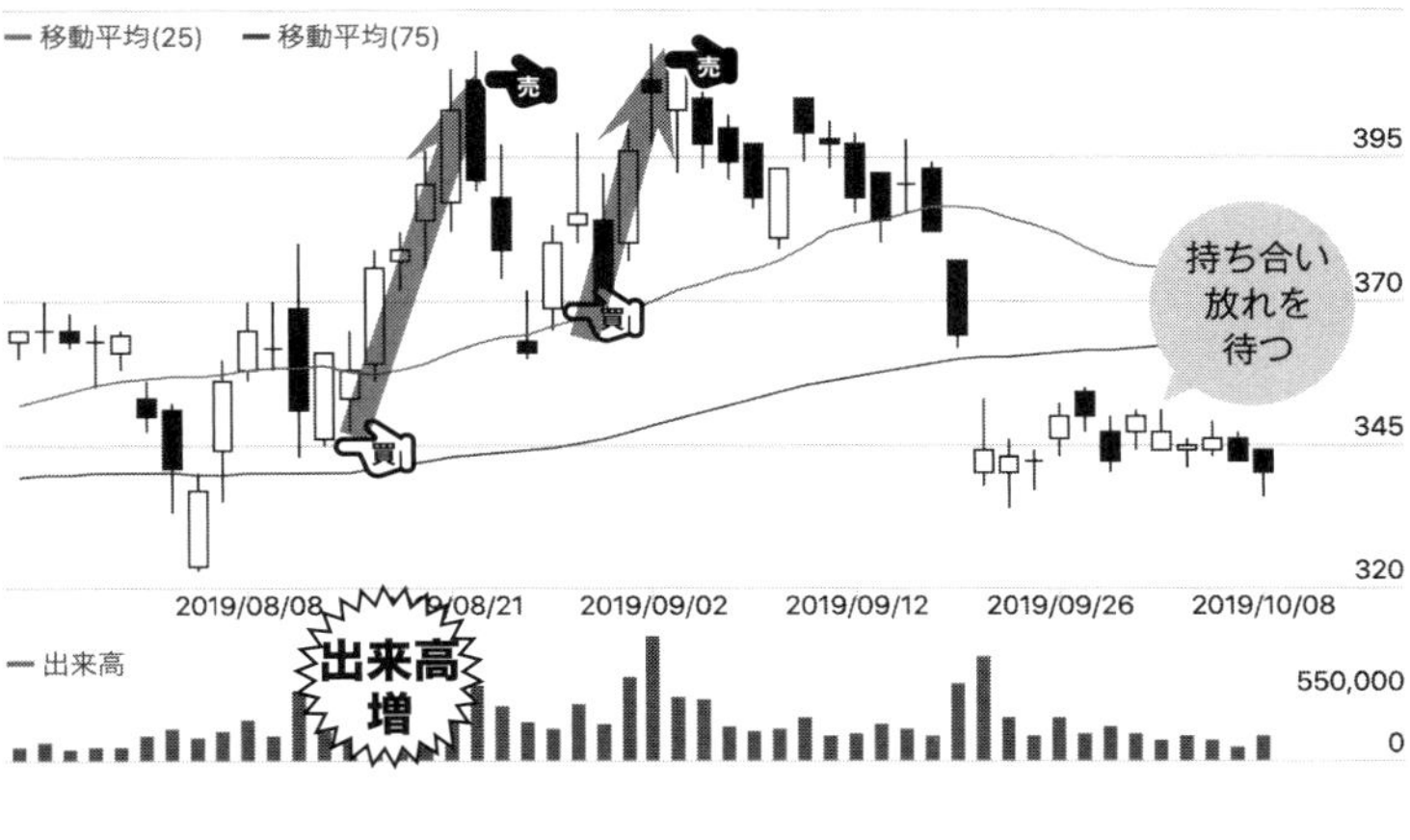

「みんなの株式」https://minkabu.jp

鬼100則 92

「シリコンサイクル」にかける思惑

株式はもちろん、相場である。

その銘柄つまり企業の仕事も同じく「相場の世界」にある。

半導体関連なども、需要と供給で価格が決まる相場の世界だ。

せっかく生産しても、価格が弱ければ利益にはつながらない。

そこで、市場は半導体の相場の動きに注目し、先行き相場が強くなると判断すれば、その関連の銘柄に投資する。

これが半導体関連で言われる「**シリコンサイクル**」である。

半導体市場を先取りする思惑で、昔から仕手系株と言われている。

株に資金を投じる前に、その企業の業績が決まる背景を知らなければならない。

先行き明るいニュースが期待できるのであれば、投資したお金は増えるし、時には、何倍にもなる。

この考え方、目の付けどころが大切である。

やみくもに何でも買えば良いというものではない。

企業環境により、下げる銘柄があるかと思えば、上げる銘柄もある。

大切なのは、「勝ち組」に投資することだ。

その眼がなければ、期待した成果は上げられない。

株価変動の背景には、かならず、投資に値する経済的な動き、企業活動のプラス面の動きがある。

それを見極めることが大切である。

3436　SUMCO

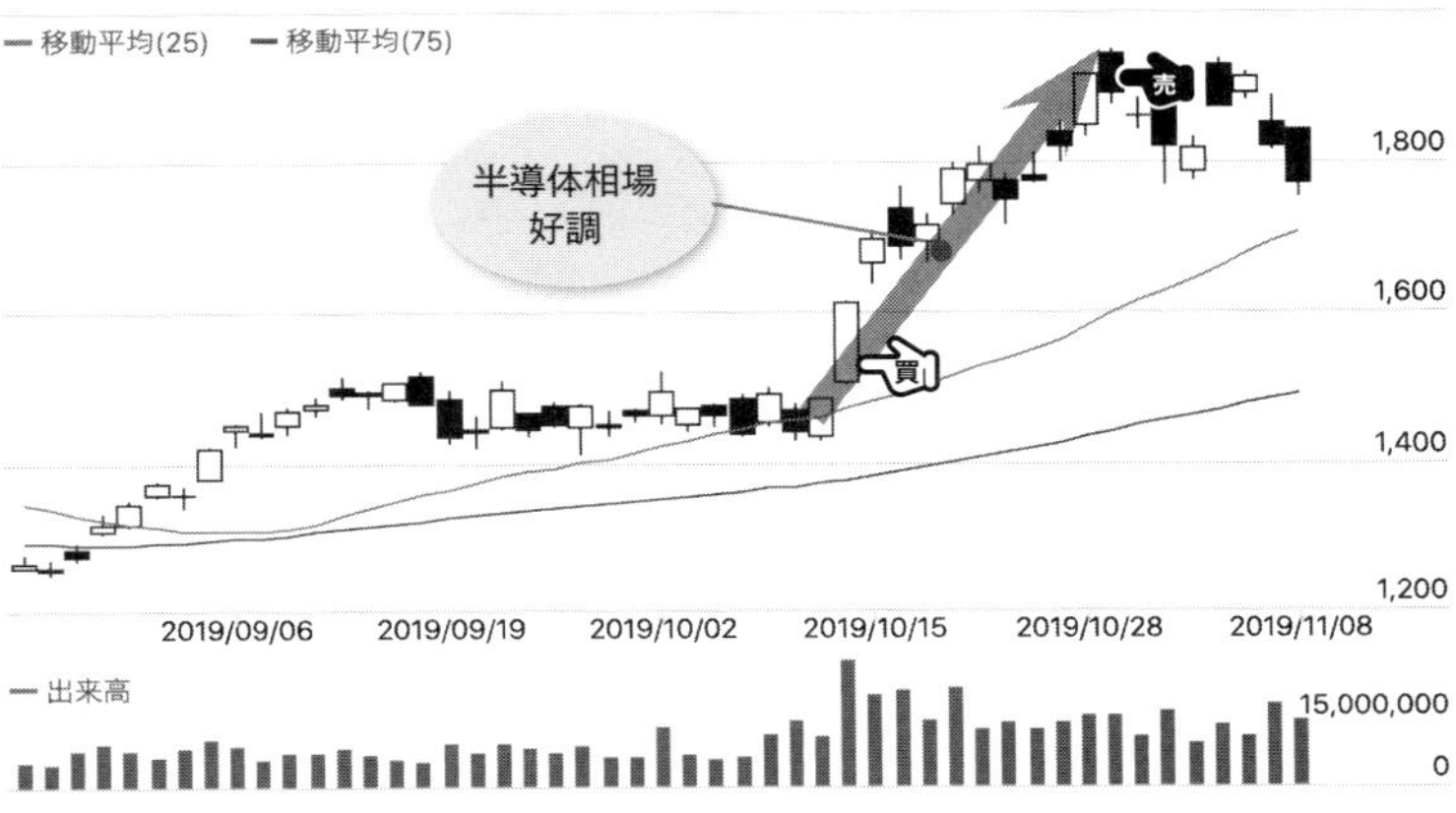

「みんなの株式」https://minkabu.jp

鬼100則 93

「企業再生」に思惑が集まる

業績が伸び悩むどころか、経営の行き詰まりで資金がショートすることもある。

しかし、その企業の製品が業界にとって極めて重要であれば、むやみに倒産、廃業には追い込めない。

サプライチェーンが破綻すれば、それは一企業の問題ではなく業界全体、さらには産業界、日本経済の問題に発展するからだ。

すこし大げさかもしれないが、日本経済は様々な企業が複雑にからみ合い、互助の関係で成り立っている。

ここにあげた企業もそれで、つぶせない。

自動車のブレーキの大手だ。

ブレーキなくして、車はあり得ない。

債権者が債権放棄をしてでも存続が必要になる。

株価はそのような「裏事情」を織り込んで、形成される。

必要な企業だし、再建の見込みがあるだろう。

ここに投資家のお金が集まる。

ましてや、存続が危ぶまれたので、株価は極めて低い。

その**株価が低位であるということにも、魅力が集まり、資金も集まる。**

株価と企業価値、復活への思惑が投資意欲を駆り立てる。

株に向かうお金は、ガンガンの優良企業ばかりではない。

瀕死の企業でも株価に比べて買いたい余地があれば、資金が集まり、それが仕手性の動きにもなって、魅力のトレンドやチャート形成となるのだ。

7238　曙ブレーキ工業

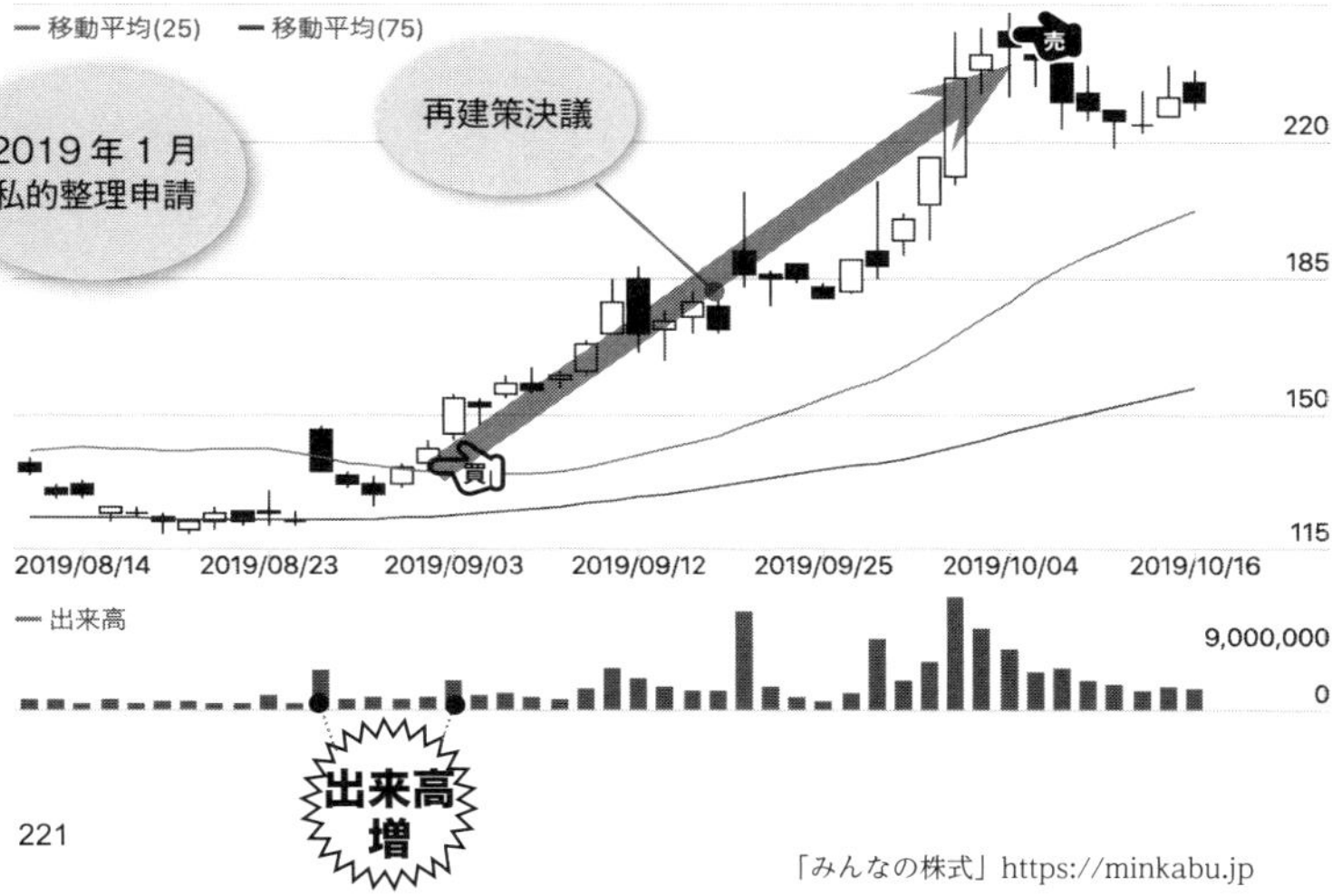

「みんなの株式」https://minkabu.jp

鬼100則 94

「持ち合い抜け」から本領発揮の株価

仕手株であっても、株価の動きはチャートの理屈抜きには語れない。

この銘柄は、中期で右肩上がりである。

やはり、ゲーム株の人気に乗っており、テクニカルでは、右肩上がり。

至近では**「持ち合い抜け」を演じての高値追いの様相**であった。

株価の動きや出来高は嘘をつけない。

出来高を伴い、新しい相場の展開があれば、買いたい人が増えるので、株価は更なる高値に挑む。

買うから上がる。

上がるから買う。

この好循環がつながれば、更なる高値を目指すことが可能になる。

大切なのは、株価がしこることなく、利益確定の売りをこなしながら、さらに、その上の株価を狙っての買いが膨らむことだ。

もちろん、株価が高値を目指すには、ゲームの売上が予想よりも伸びているなどの材料が必要だ。

材料の後押しがあれば、株価はイケイケとなる。この良い循環を感じ取りながら、リスクを取る。この投資スタイルに、ご褒美があるのだ。

株価は動くことが大切である。

さっぱり動かない銘柄に、資金は集まらない。

不人気銘柄を逆張りで狙うのも良いが、短期的に利幅を取る仕手株では、値幅こそ魅力になるのである。

3758　アエリア

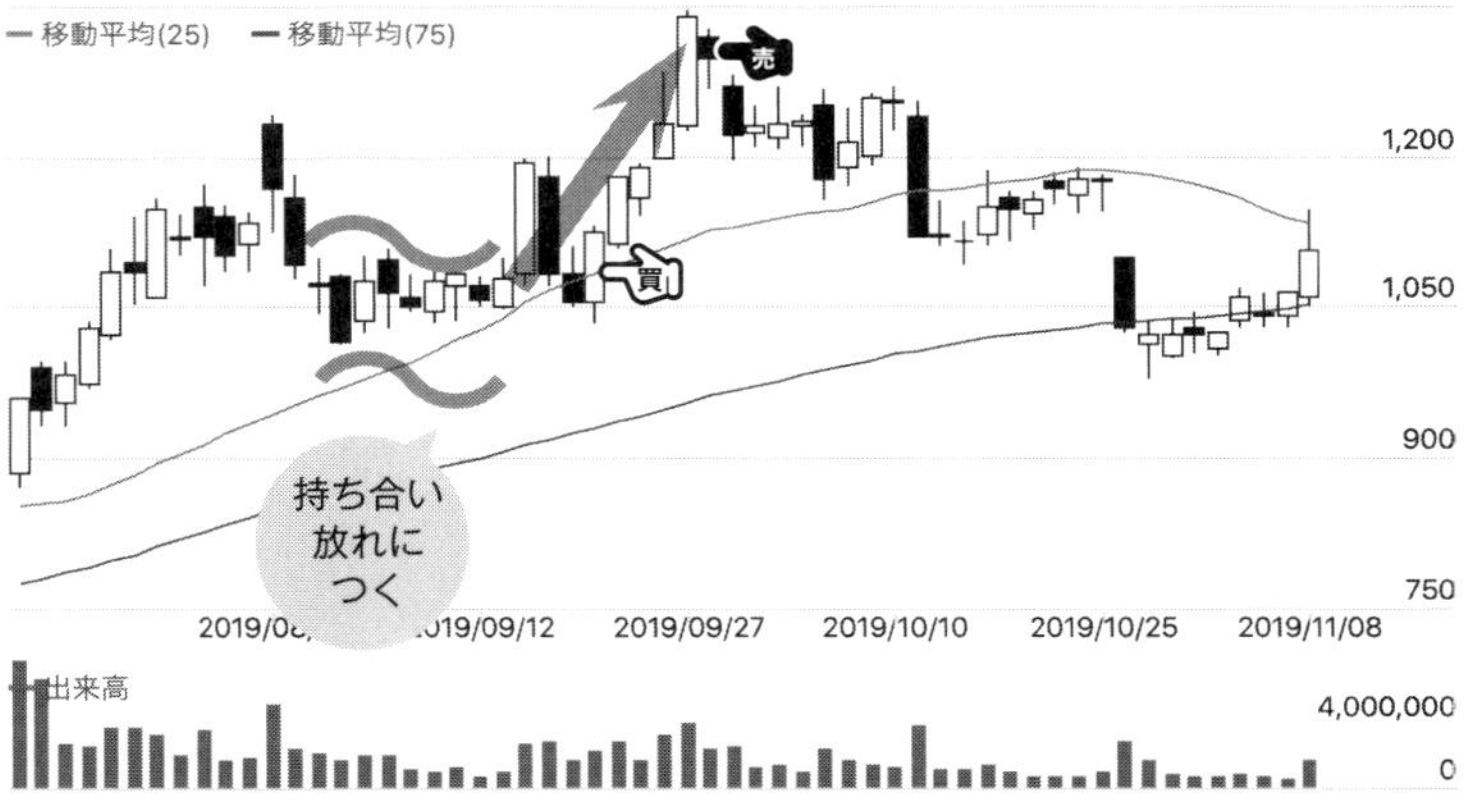

「みんなの株式」https://minkabu.jp

鬼100則 95

「空売りが入りやすい」ので株価が飛ぶ

人気の化粧品銘柄。

PER（株価収益率）の数値は高いので、株価が上がると、ちょいちょい空売りが入る。

それが燃料となって、株価が飛ぶ。

まさに、売りと買いがぶつかる仕手的な動きの株価変動である。

この動きの華やかさに個人もファンドも集まる。

もちろん、株価は上げばかりではない。

ファンドの決算などの都合で利益確定の動きが激しくなると、空売りの動きも激しくなり、値動きが荒くなる。

時には、急落に見舞われる。

しかし、実はこの**急落こそ、チャンス**である。

ここで買えないと、次なる急騰の果実はいただけない。

株式投資は、人の反対をいかなければ成果を上げにくい。

特に、この銘柄は、急落もあれば急騰もある。

その癖を知っておいて、急落を買い、持ち合い抜けを買うというスタンスでいると、株式投資で成果を上げやすい。

空売りも巻き込んで激しく動く株価。

これも投資の醍醐味だ。

うまく波乗りをして、賢く利益を積み重ねたい。

急落した場面で「ここだ」とばかりに打って出る投資家が成功するのだ。

このコツを覚えておきたい。

株式投資は、時には流れに逆らうことも必要である。

4911　資生堂

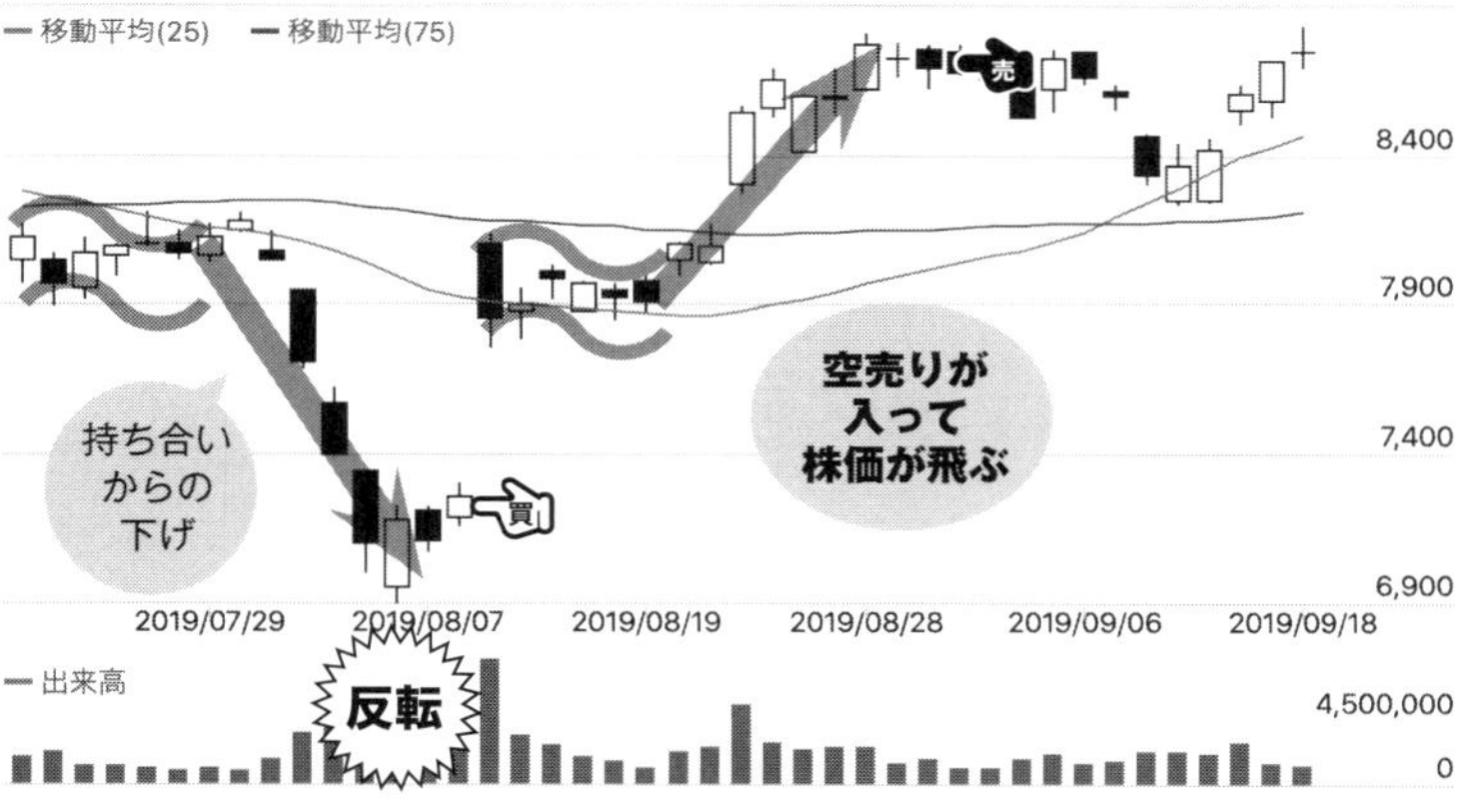

「みんなの株式」https://minkabu.jp

鬼100則 96

「急騰急落の波」に乗ろう

バイオ関連の銘柄は夢を買うという一面があるので、強弱が対立しやすい。

強い材料としては、薬が広く使われることへの業績のメリット。

かたや、治験不成功への不安や薬価に対する不安のイメージがある。

株価は、好材料、悪材料が対立することで、売買のバランスが激しくぶつかる。

急騰急落が繰り返され、思惑が膨らむ。

ここにあげた銘柄の動きを見てもわかるが、**持ち合い放れの後には、急騰急落が繰り返され**、強弱感の対立がそのまま、ローソク足の動きに現れている。

値動きが激しい場面では、出来高が増えるので、株価の振幅は嫌でも激しくなる。

その値動き、出来高に魅力を感じる投資家のお金が集中して、嫌でも盛り上がりが出てくるのである。

仕手株の特徴は「値動きが激しいこと」にある。

板でも、その目まぐるしい値動きで目がチカチカする。

売りと買いのぶつかり合いが人気のすごさを求めて、お金が集まる。

大切なのは、**押しで買い、上げで売るというリズムを逃さない**ことだ。

当然ながら、仕手株はリスクマックスであり、それを知って売買を仕掛けなければならない。

反対をやれば、資金がどんどん減っていくことは間違いない。

成功するリズムに乗りたいところである。

4588　オンコリスバイオファーマ

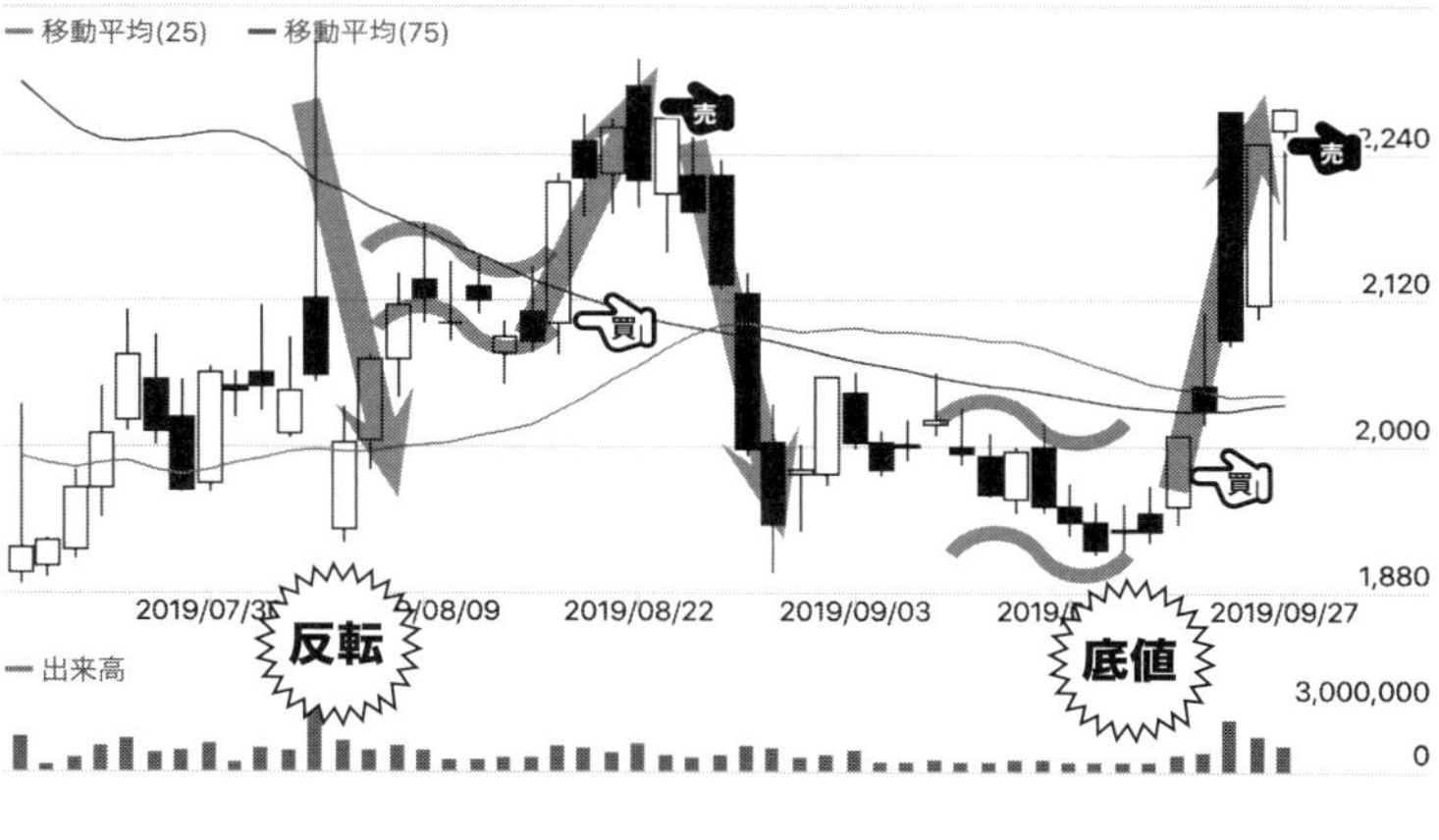

「みんなの株式」https://minkabu.jp

第10章

ゲーム株に見るチャートの心理学

株式投資で成功するために必要なのは、大幅に値上がりする幾つかの銘柄であり、それらによるプラスは期待外れの株の損失を埋めて余りある。

ピーター・リンチ

成長株とはドリーム・ストック（夢によって作られた株）のことだ。

ウォルター・グートマン

鬼100則 97

「業界トップ」銘柄の戦い方

ここにあげたのは日本のゲーム業界のハード・ソフト双方でトップを走る名門企業だ。それだけに株価水準も高く、100株で400万円もするので、初心者には手が出せない。

長期のトレンドは、上げ下げを繰り返すも、最近は上げトレンドだ。

なにしろ、市場の人気度が高い輸出関連など、トランプ大統領の動きに左右される銘柄を本気で手掛ける局面ではないので、それとは関係ないゲーム株に利がある。

株式投資では、テーマを逃さない、外さない。これが大切である。

日足を見ると、底値を付けて、急激に上げている。ゲームの大本命にも順番が回ってきた観がある。超値がさの株での変化率もある。

この銘柄だけに絞って賢くトレードする手法でも、安定した企業だけに、投資対象としては良いだろう。

肝心なのは、**上げの勢いに中途で飛びつかない**ということだ。

投資家心理としては「上がると買いたくなる」。上げに飛びつけば、その上に行くことはない。上げトレンドから下に放れてしまった際も、業績面での不安は少ない。

一時的な調整はむしろ、チャンスととらえた方が賢明だ。

何度も言うが、投資で大切なのは、高値を追わず、押し目、調整を仕込むことである。

しかも安いから買う、これだけではうまくいかない。下げたが、すかさず、買いが入ることが仕込む前提になる。

それだけは守っていきたい。

7974　任天堂

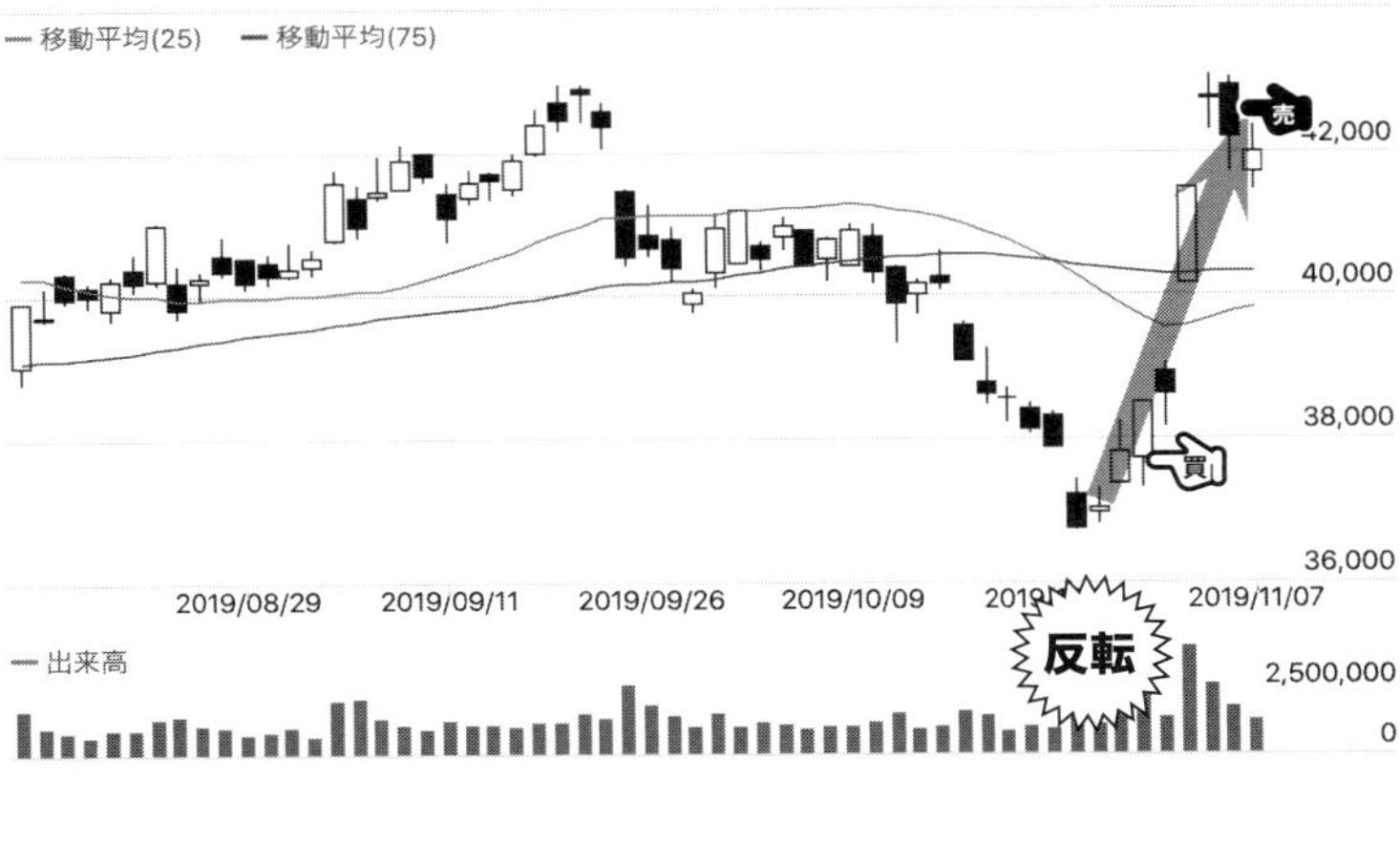

「みんなの株式」https://minkabu.jp

鬼100則 98

長期では下げも、「ここにきて反発」を狙う

株価で大切なのは、「波動」である。

今、方向が上げなのか、それとも下げなのか、ということである。

この銘柄は、超長期では下げてきたが、目先は、反発に転じている。

様々な事業展開で利益を出せる体質への転換を図り、それが功を奏しているといえる。

日足での株価の動きを見ると、上げ下げがありながらも、方向は右肩上がりである。

大切なのは、ローソク足でもわかるように、**急激に上げて大陽線が出た後は、陰線が出やすい**ことだ。

こうした、銘柄ごとの癖をつかむのが、株で勝つコツだ。

この癖からいうならば、大きな上げの後は、たいがい押し目を構成する。

そこで、上げに飛びついてしまうと、その後は手元の評価がマイナスになりやすいので、

慌てて買い向かわないことである。

我慢して、押し目を買う。

それで含み益をものにできるのだ。


どのような銘柄でも、高値に飛びついて良いことは少ない。

あるとすれば、押し目を作らない動きの銘柄くらいだ。

この銘柄は、それほどの勢いはなく、**上げの後は時間を費やして、売りをこなしてから上げる**傾向があるので、その傾向に逆らわないことだ。

「買いたい」という気持ちはわかるが、そこを我慢して、ローソク足の形をしっかり見て、タイミングを誤らないことである。

3903　gumi

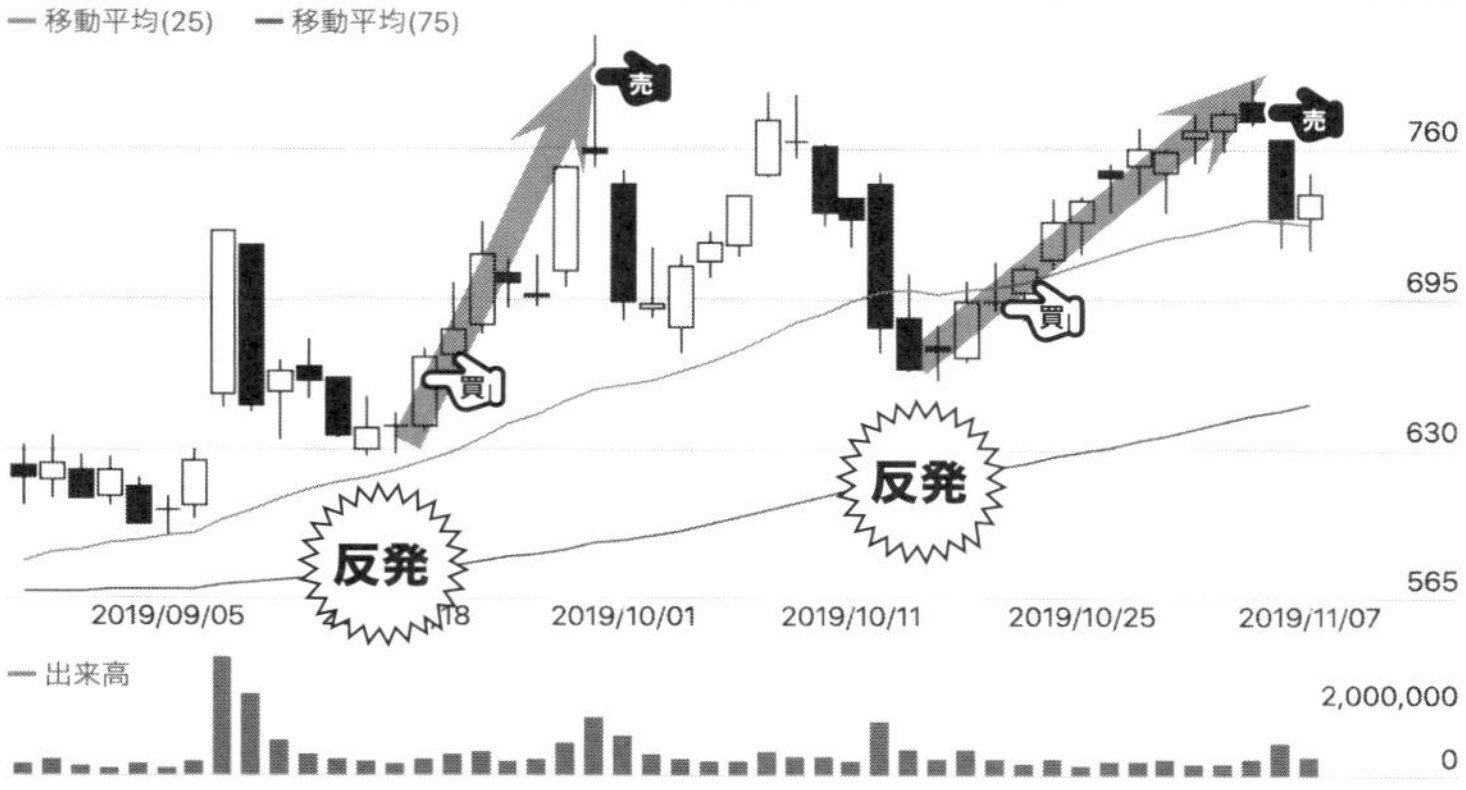

「みんなの株式」https://minkabu.jp

鬼100則 99

IPO関連の銘柄の戦い方

人気の銘柄「KLab」とゲームアプリで提携しているゲーム作成の企業で、執筆時点の3か月前に新規上場したばかりだ。

順調に人気化し、高値を追っている。

2000円近辺から株価は1000円幅を軽く上げ、ゲームアプリの売上動向によっては、更なる高値を目指す可能性が大きい。

チャートは1か月近く持ち合いを続けた後に、高値に挑戦する動きを見せた。

こうした銘柄では、**上ヒゲが実線（実体）になってくるタイミングをとらえたい。**

長期でも、業績を反映した株価になると思われるので、目先の利益確定に流されないで、しっかりと上値をいただく投資スタイルが良いだろう。

人気の銘柄、これから評価されると考えられる銘柄は、安易に利益確定しないで、十分な値幅を取っていきたい。

ＩＰＯ間もない銘柄は、安く始まり、利益が評価された時点で高値を追うのが賢い戦い方だ。

新規上場だけに、発行株も少ないので、値動きは荒くなる。

この値動きに魅力を感じて「ＩＰＯ専門」の投資をする人は多い。

上場するというのは、それにふさわしい業績があるからであり、そこに、魅力がある。

だが、発行時に評価され過ぎて、いったん落ちてしまう銘柄も多いので、ＩＰＯなら何でも良いというわけにはいかない。

株価のトレンドや癖をしっかりつかみ、上げトレンドに乗りたいところである。

7803　ブシロード

「みんなの株式」https://minkabu.jp

鬼100則 100

「ストップ高銘柄」の関連株の戦い方

ゲームアプリの世界は一社単独で開発するのではなく、その制作過程で、協業していることが多い。

そのために、協業する会社の株価が急上昇すれば、関連銘柄として、遅れても連動しやすい。

そこを狙って利益を出す手法もある。

この銘柄は、以前人気化して結構な上げを演じたので、株価水準も高くなっている。

そのために、右肩上がりの株価だが、目標株価（証券会社などのアナリストが独自に予想する株価水準のこと）を証券会社が引き下げにかかっている。

しかし、**証券会社の「目標引き下げ」は、あまり信用できない**。

自らが仕込みたい時に、株価を低迷させる作戦をとってくる可能性が多いからだ。

株式市場はまさに、魑魅《ちみ》魍魎《もうりょう》の世界と言える。
何を信じるか。
それは相場だけである。
上げるか下げるか。
出来高は増えているか、減っているか。
これだけである。
目の前にある株価の動き以外には信じるものはないのだ。
よく、心すべきである。
株式投資は人気化の様相がある限り、一時的な調整を買う。
すなわち、人の行く裏を行く必要がある。
そこにこそ、勝つ要素がある。
この手の銘柄は持ち合い抜けを狙いたい。

9684　スクウェア・エニックス・ホールディングス

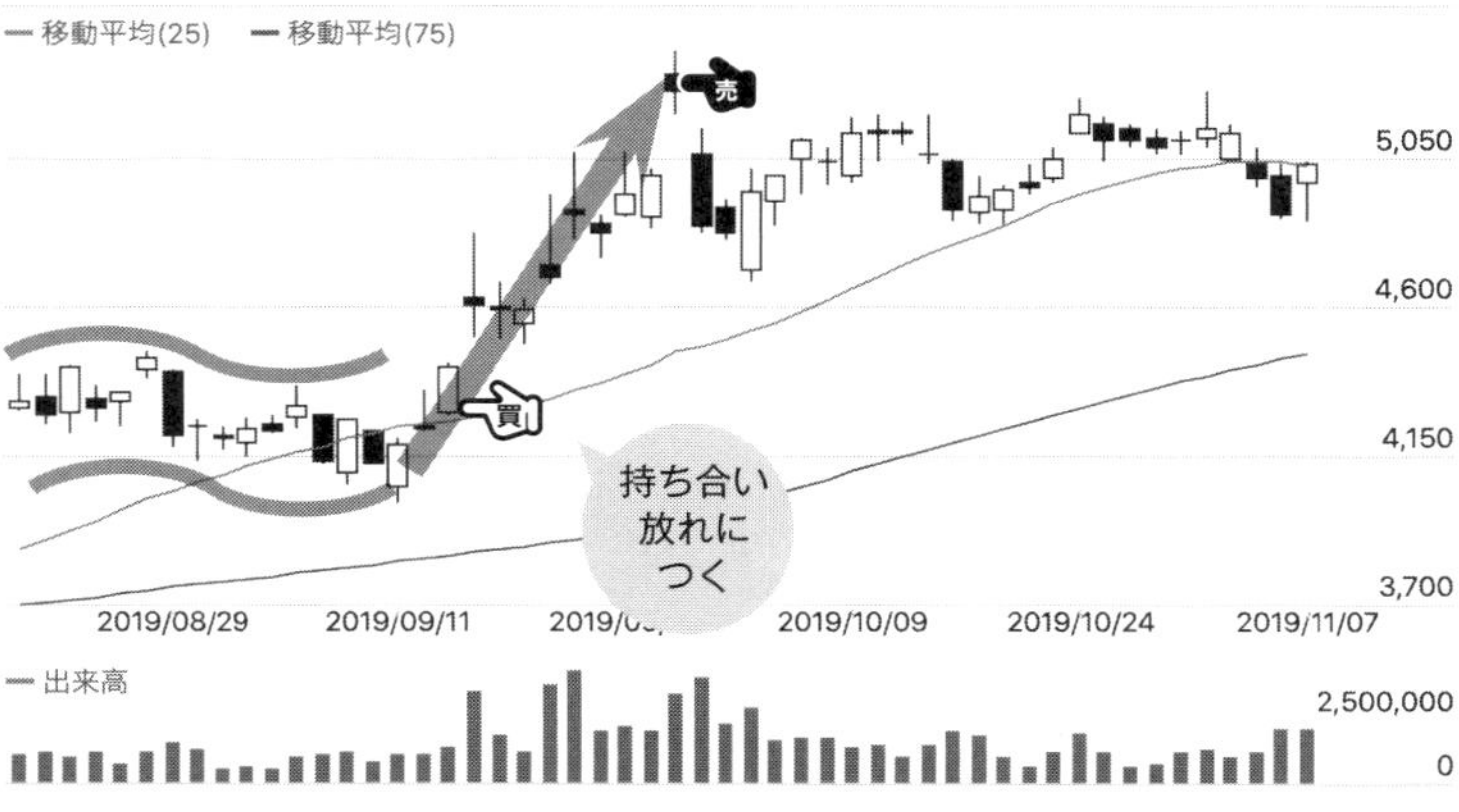

「みんなの株式」https://minkabu.jp

■著者略歴
石井　勝利（いしい　かつとし）
早稲田大学政治経済学部卒。1939 生まれ。

宇都宮工業高校から、高卒で文化放送に就職。働きながら夜学独力で大学を出た苦労人。政党機関紙の記者を 23 年勤めた後、住宅、金融等の著作、評論活動で独立。明日香出版社では、『日本経済新聞を 120% 読みこなす法』『マンガ版 生まれてはじめて株をやる人の本』等で、10 万部超のベストセラーを連発。2019 年集大成として著した『株の鬼 100 則』がトーネッツアイ株部門で 1 位獲得。最近は複数のペンネームで、デイトレ対応、チャートの読み方、5 分足チャート、仕手株本などを手がけ、ヒットを飛ばす。投資生活 45 年超、著作は 300 を超え、安定したファンがある。 Twitter：@kabu100rule

本書の内容に関するお問い合わせ
明日香出版社　編集部
☎(03) 5395-7651

株価《かぶか》チャートの鬼《おに》 100 則《そく》

2019 年　12 月　15 日　初 版 発 行
2020 年　1 月　24 日　第 20 刷発行

著　者　石《いし》　井《い》　勝《かつ》　利《とし》
発行者　石　野　栄　一

明日香出版社
〒112-0005 東京都文京区水道 2-11-5
電話 (03) 5395-7650 (代 表)
(03) 5395-7654 (FAX)
郵便振替 00150-6-183481
http://www.asuka-g.co.jp

■スタッフ■　編集　小林勝／久松圭祐／古川創一／藤田知子／田中裕也
営業　渡辺久夫／浜田充弘／奥本達哉／横尾一樹／関山美保子／藤本さやか　財務　早川朋子

印刷　美研プリンティング株式会社
製本　根本製本株式会社
ISBN 978-4-7569-2066-9 C0033

編集担当　藤田知子

好評！石井勝利　株の決定版

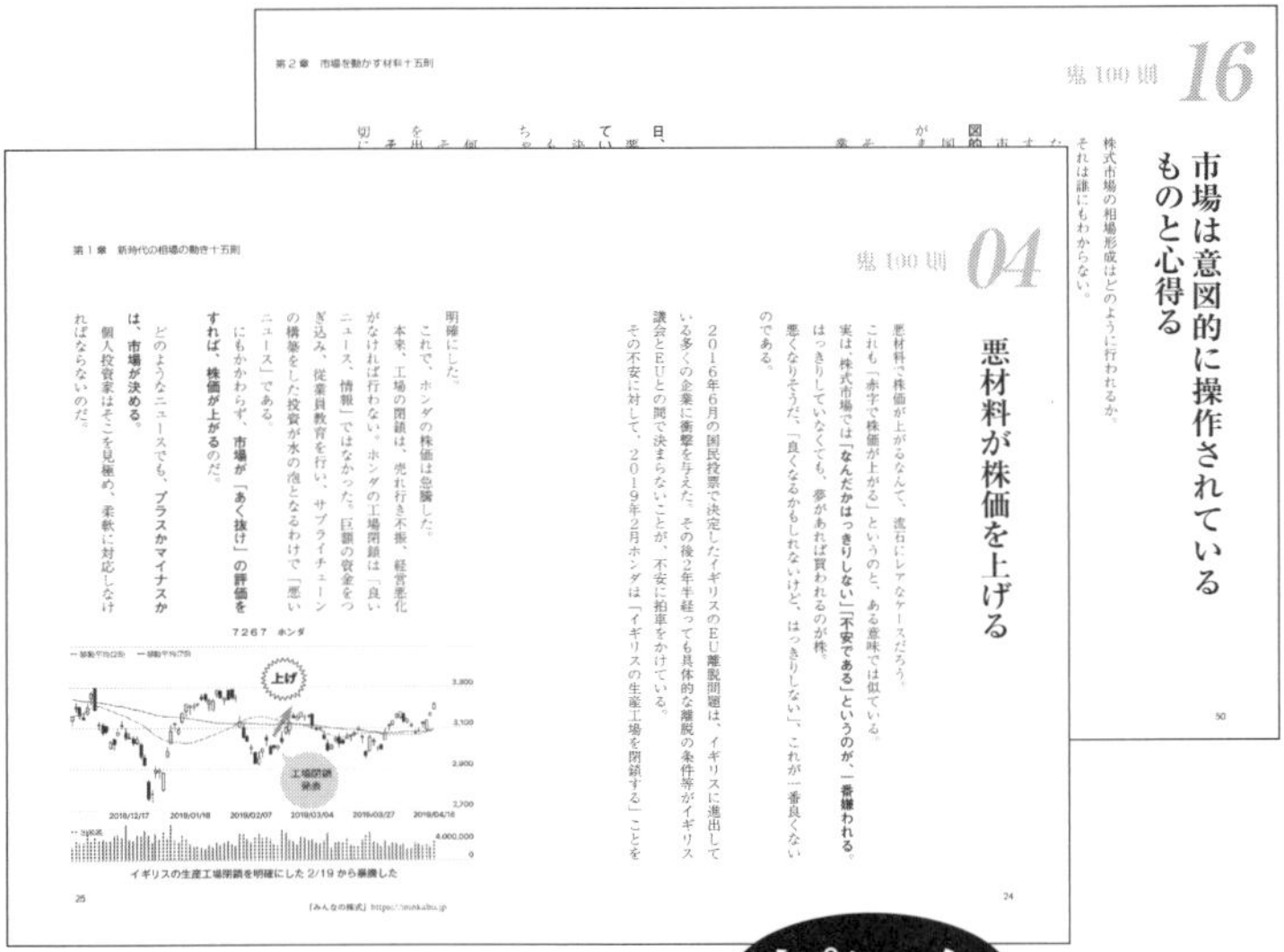

第2章　市場を動かす材料十五則

鬼100則 16

市場は意図的に操作されているものと心得る

株式市場の相場形成はどのように行われるか。

それは誰にもわからない。

50

第1章　新時代の相場の動き十五則

鬼100則 04

悪材料が株価を上げる

悪材料で株価が上がるなんて、流石にレアなケースだろう。

これも「赤字で株価が上がる」というのと、ある意味では似ている。

実は、株式市場では「**なんだかはっきりしない**」「**不安である**」というのが、**一番嫌われる**。

はっきりしていなくても、夢があれば買われるのが株。

悪くなりそうだ、「良くなるかもしれないけど、はっきりしない」、これが一番良くないのである。


2016年6月の国民投票で決定したイギリスのEU離脱問題は、イギリスに進出している多くの企業に衝撃を与えた。その後2年半経っても具体的な離脱の条件等がイギリス議会とEUとの間で決まらないことが、不安に拍車をかけている。

その不安に対して、2019年2月ホンダは「イギリスの生産工場を閉鎖する」ことを明確にした。

これで、ホンダの株価は急騰した。

本来、工場の閉鎖は、売れ行き不振、経営悪化がなければ行わない。ホンダの工場閉鎖は「良いニュース、情報」ではなかった。巨額の資金をつぎ込み、従業員教育を行い、サプライチェーンの構築をした投資が水の泡となるわけで「悪いニュース」である。

にもかかわらず、**市場が「あく抜け」の評価をすれば、株価が上がるのだ。**

どのようなニュースでも、**プラスかマイナスかは、市場が決める。**

個人投資家はそこを見極め、柔軟に対応しなければならないのだ。

7267 ホンダ

イギリスの生産工場閉鎖を明確にした 2/19 から暴騰した

24　25

「みんなの株式」https://minkabu.jp

ピンク

株の鬼100則

石井 勝利：著/
本体価格1600円+税
ISBN978-4-7569-2035-5

株価は教科書通りに動きません。だからこそ、それをどう見切ってどう売買すれば、個人投資家が「勝てる」のかは、経験の中に蓄積されます。

証券会社のアナリスト等ではなく、一個人として45年間市場に対峙してきたからこそ語れる「株で勝つ100則」を百戦錬磨の個人投資家が語ります。